本书是司法部2018年法治建设与法学理论研究部级重点项目
“行政诉讼法修改后实施效果研究”（编号：18SFB1003）的
最终研究成果

ADMINISTRATIVE LAW

新行政诉讼法实施十大热点问题研究

章志远　黄娟／著

北京大学出版社
PEKING UNIVERSITY PRESS

图书在版编目(CIP)数据

新行政诉讼法实施十大热点问题研究/章志远,黄娟著. —北京:北京大学出版社,2023.3

ISBN 978-7-301-33776-9

Ⅰ. ①新… Ⅱ. ①章… ②黄… Ⅲ. ①行政诉讼法—研究—中国 Ⅳ. ①D925.304

中国国家版本馆 CIP 数据核字(2023)第 036183 号

书　　名　新行政诉讼法实施十大热点问题研究
XIN XINGZHENG SUSONGFA SHISHI SHIDA REDIAN WENTI YANJIU
著作责任者　章志远　黄　娟　著
责任编辑　李小舟
标准书号　ISBN 978-7-301-33776-9
出版发行　北京大学出版社
地　　址　北京市海淀区成府路 205 号　100871
网　　址　http://www.pup.cn　　新浪微博:@北京大学出版社
电子信箱　sdyy_2005@126.com
电　　话　邮购部 010-62752015　发行部 010-62750672　编辑部 021-62071998
印 刷 者　河北滦县鑫华书刊印刷厂
经 销 者　新华书店
730 毫米×980 毫米　16 开本　15 印张　215 千字
2023 年 3 月第 1 版　2023 年 3 月第 1 次印刷
定　　价　68.00 元

目录 Contents

上篇　行政诉讼理念篇

下篇　行政诉讼制度篇

上篇

行政诉讼理念篇

第一章

行政争议实质解决论

一、行政争议实质性解决理念的提出

1989年《中华人民共和国行政诉讼法》(以下简称《行政诉讼法》)颁布时,“行政争议解决”并非行政诉讼制度的法定功能,对行政权行使“维护”与“监督”并举、“支持”与“制约”并重一度是人民法院行政审判工作基本的指导思想。[①] 2006年9月,中共中央办公厅、国务院办公厅联合印发《关于预防和化解行政争议健全行政争议解决机制的意见》,这是“两办”历史上第一次就人民法院具体审判工作专门下发的文件,对行政诉讼制度的功能转型起到了关键作用。2007年4月,最高人民法院下发《关于加强和改进行政审判工作的意见》(以下简称最高法2007年《意见》),“化解行政争议”正式与“保护合法权益”“促进依法行政”“优化司法环境”一起成为我国行政审判工作的主要任务之一。自2009年开始,行政案件“两高两低”[②]现象成为困扰人民法院行政审判工作的突出问题,“争议的实质性解决”首度出现于最高人民法院2009年6月印发的《关于当前形势下做好行政审判工作的若干意见》

① 参见《李国光副院长在纪念〈中华人民共和国行政诉讼法〉实施十周年座谈会上的讲话》,载最高人民法院行政审判庭编:《行政执法与行政审判参考》(总第1辑),法律出版社2000年版,第6页。

② “两高”指上诉率高、申诉率高;“两低”指实体裁判率低、原告服判息诉率低。

（以下简称最高法 2009 年《意见》）之中。

作为人民法院全面推行的一项行政审判新理念，“行政争议实质性解决”最早始于 2010 年。在当年 4 月举行的全国法院行政审判基层基础工作座谈会上，致力于行政纠纷实质性解决被视为人民法院行政审判工作的职能定位。“我们所追求的目标应当是法治而不是律制，是纠纷的实质性解决而不是程序性结案。”[①]在当年 5 月举行的全国法院行政审判工作座谈会上，行政争议实质性解决正式成为促进行政审判科学发展的长效机制。“行政争议的实质性解决，要求人民法院在办案过程中着眼于当事人的实质诉求，以践行能动司法为手段，以实现案结事了为目标，力求实质正义与形式正义的统一。”[②]继全国法院 2010 年开展集中治理行政案件申诉上访难题专项活动之后，2011 年全国法院行政审判工作会议的主题是“以解决行政案件申诉上访率高、原告服判息诉率低为抓手，着力实现对相对人权益的实质性有效救济”，2012 年全国法院行政审判工作会议的主题是“积极回应人民群众司法需求，着力解决行政审判突出问题”。正是基于对行政审判“案结事不了”“程序空转”现象的洞察，最高人民法院及时提出了行政争议实质性解决新理念，作为提升行政审判权威性和公信力的长效机制。[③]

2014 年修订后的《行政诉讼法》第 1 条将“解决行政争议”新增为一项立法目的，置于“保护公民、法人和其他组织的合法权益”和“监督行政机关依法行使职权”之前，体现了立法机关进一步强化行政诉讼制度化解行政纠纷

---

① 赵大光：《夯实基层 打牢基础 苦练基本功 全力推动行政审判工作迈上新台阶——在全国法院行政审判基层基础工作座谈会上的讲话》，载最高人民法院行政审判庭编：《行政执法与行政审判》（总第 40 集），中国法制出版社 2010 年版，第 6 页。

② 江必新：《以推进三项重点工作为契机 努力破解行政案件申诉上访难题——在全国法院行政审判工作座谈会上的讲话》，载最高人民法院行政审判庭编：《行政执法与行政审判》（总第 41 集），中国法制出版社 2010 年版，第 8 页。

③ 时任最高人民法院副院长在 2011 年 10 月召开的全国法院行政审判工作座谈会上的讲话中形象地指出：“老百姓到医院就医，希望药到病除；老百姓到法院诉讼，讲究案结事了。行政审判如果不能实质性解决争议，就不可能得到人民群众的真正认同，就不会得到人民群众的信任。”参见江必新：《标本兼治 推动行政审判健康发展——在全国法院行政审判工作座谈会上的讲话》，载最高人民法院行政审判庭编：《行政执法与行政审判》（总第 49 集），中国法制出版社 2012 年版，第 8 页。

功能的明显意图。这一修订得到了行政法学界特别是行政审判实务界的广泛认同，认为此举是对行政诉讼功能的理性回归和正本清源，其积极意义“远不仅仅只是宣示，还起到了对总体架构的整备和对具体制度的完善的统领作用”①。面对一审行政案件数量的增多和行政案件跨区域集中管辖改革的推进，人民法院近年来继续践行行政争议实质性解决理念，不断通过创新工作机制，走出了一条富有中国本土特色的行政审判化解行政争议之路。

2010—2020 年，“促进行政争议实质性化解”频繁出现于最高人民法院的年度工作报告、专项工作报告和重要会议文件之中，逐渐成为引领人民法院行政审判工作发展的指导思想。② 2019 年恰逢《行政诉讼法》颁布三十周年，行政争议实质性化解写入《最高人民法院关于深化人民法院司法体制综合配套改革的意见——人民法院第五个五年改革纲要(2019—2023)》(以下简称《五五改革纲要》)之中，成为未来一段时间内推进行政诉讼制度改革的重要目标。2019 年 6 月，最高人民法院第三巡回法庭在上海召开华东五省(市)行政争议化解府院联动座谈会，释放出通过府院联动促进行政争议实质性化解的改革信号。③ 2019 年 5—7 月，上海、安徽、吉林三地高级人民法院先后向全社会公开发布“行政争议实质性解决十大典型案例”，全方位展示人民法院实质性化解行政争议的有益经验。2019 年 10 月，最高人民检察院在全国部署开展“加强行政检察监督，促进行政争议实质性化解”专项行动，将行政争议实质性化解工作列为行政检察的核心任务，并对两批共 45 件行政争议实质性化解重点案件进行挂牌督办。④ 2021 年 8 月，中共中央、国务院印发《法治政府建设实施纲要(2021—2025 年)》，明确提出“健全行政争

---

① 李广宇:《新行政诉讼法逐条注释》(上)，法律出版社 2015 年版，第 12 页。

② 在 2010—2020 年最高人民法院向全国人大所作的年度工作报告中，“行政争议实质性解决”出现 4 次(2012、2013、2018、2019 年)、“妥善化解行政争议”出现 3 次(2010、2012、2017 年)、“促进化解行政纠纷”出现 1 次(2014 年)。在工作亮点展示的有限空间内，行政争议实质性解决的多次出现表明了最高人民法院的基本立场。

③ 参见何君、周弋博:《江必新在华东五省(市)行政争议化解府院联动座谈会上强调 以人民为中心 加强府院联动 促进行政争议的实质性化解》，载《人民法院报》2019 年 6 月 7 日。

④ 参见闫晶晶:《如何解决行政争议实质性化解“老大难”问题?》，载《检察日报》2020 年 3 月 8 日。

议实质性化解机制，推动诉源治理”。这一系列不同寻常的举措，显示了推广行政争议实质性解决理念的紧迫性，代表了我国行政审判制度未来的发展方向。

与行政审判实践飞速发展形成鲜明对比的是，行政法学理对行政争议实质性解决的理论内涵和实现路径还缺乏深入系统的专门研究，一些零星的研究主要还是法官群体对局部地区行政审判实务经验的介绍。[①] 行政争议实质性解决究竟有何深意，为何受到人民法院和人民检察院的如此青睐，行政审判实践中流行的实质性化解机制该如何评价，2014 年《行政诉讼法》中的哪些制度还需要围绕争议的实质性解决进一步完善，这些问题都亟待行政法学理及时予以回应。上海、安徽、吉林三地 2019 年直接以“行政争议实质性解决”为名发布了 30 个典型行政案例；在“两高”近年首次公布的“本院行政审判十大典型案例”和“行政检察典型案例”中，有 3 个属于行政争议实质性解决典型案例。[②] 就案件类型、区域覆盖、审理层次和发布渠道而言，这 33 个典型案例都具有极高的分析价值。本章以这 33 个样本案例为观察对象，通过分析这些最新代表性案例所展现出的实质性标准认定和化解方式选择的内在逻辑，阐释实质性解决的理论内涵和科学定位，希冀为行政争议实质性解决的判断与适用提供有力的制度支撑。

---

① 参见侯丹华、孙焕焕：《行政争议实质性解决机制实证研究——以 A 直辖市 B 法院行政案件集中管辖实践为分析样本》，载最高人民法院行政审判庭编：《行政执法与行政审判》（总第 71 集），中国法制出版社 2018 年版，第 199—214 页；殷勇、邹加沅：《行政案件集中管辖背景下行政争议实质性化解的审视与路径解构》，载最高人民法院行政审判庭编：《行政执法与行政审判》（总第 74 集），中国法制出版社 2019 年版，第 107—122 页；南京铁路运输法院课题组：《跨区划集中管辖背景下行政争议实质性化解研究》，载《法律适用》2019 年第 12 期。

② 2017 年 6 月，最高人民法院首次发布本院行政审判十大典型案例，其中案例 1“林建国诉济南市住房保障和房产管理局房屋行政管理案”和案例 4“张道文、陶仁诉四川省简阳市人民政府侵犯客运人力三轮车经营权案”就是实质性化解行政争议的典型案例；2019 年 9 月，最高人民检察院首次发布六起行政检察典型案例，其中案例 6“姬某诉某乡政府确认行政行为违法监督案”也是实质性解决行政争议的典型案例。为论述方便，“两高”案例分别简称为“最高法案 1”“最高法案 4”“最高检案 6”，上海、安徽、吉林三地高级人民法院发布的典型案例以“区域简称＋案例序号”组合形式指代（如“沪案 1”）。

二、行政争议实质性解决的理论内涵

2014 年修订的《行政诉讼法》实施以来，除了在工作报告、司法文件中继续大力倡导外，最高人民法院在其自身所作行政裁判文书中也频频使用“程序空转”“实质性解决行政争议”等表述，为全国各级法院践行实质性解决理念树立标杆。[①] 尽管行政争议实质性解决的提出和贯彻已历时十年之久，但最高人民法院从未在权威司法文件中对其内涵作出明确界定，加之 2014 年《行政诉讼法》也未曾正式使用过“实质性”的表述，直接影响了这一行政审判新理念的贯彻实施。从已有零星的研究文献来看，对行政争议实质性解决内涵的表述还存在一些缺陷：一是较为抽象空泛，无法加以具体识别；[②]二是划分实质性解决内涵的逻辑根据不尽一致，将纠纷化解与纠纷预防相提并论；[③]三是呈现绝对化倾向，限缩了实质性解决行政争议的可能路径。[④]

从行政审判实践的发展进程上看，实质性解决行政争议是解决行政争议的“升级版”“加强版”，是对“流于形式”的简单裁判和“迫于形势”的任意协调的双重否定，是向依法裁判为后盾、协调处理为补充、辅助机制为激励

---

① 以“程序空转”“实质性化解行政争议”“实质性解决行政争议”为关键词在“无讼案例网”进行检索，可得出最高人民法院 2015 年至今(2020 年 10 月 20 日)的行政裁判文书数分别为 117 个、30 个、17 个。

② 例如，有论者将行政争议实质性解决的内容分解为三个层面，即纠纷解决的妥善性、一次性和迅速性。参见贾亚强：《论行政诉讼实质性解决行政争议的实现——以争讼行政法律关系的确定为研究进路》，载《法律适用》2012 年第 4 期。人民法院对行政争议的实质性解决往往需要借助各种外力的支持和配合，一次性的迅速化解并非易事，是否妥善也未必能够做到当事人的胜败皆服。

③ 例如，有论者将行政争议实质性解决的内涵分为三层意思：一是案件已经裁决终结；二是当事人之间的矛盾真正得以解决；三是通过案件的审理，明晰了此类案件的处理界限，行政机关和社会成员能够自动根据法院的判决调整自身行为。参见江必新：《论实质法治主义背景下的司法审查》，载《法律科学(西北政法大学学报)》2011 年第 6 期。就论者所主张的行政机关和社会成员根据法院裁判主动调适自身行为而言，实则是人民法院预防行政争议发生的能力，与解决争议并不能等同视之。

④ 例如，有论者将行政争议实质性解决的内涵分为两个方面：一是行政诉讼程序终结后未再启动新的法律程序，即程序上实质终结；二是行政实体法律关系经由行政诉讼程序获得实质处理，即原告权益获得实质救济。参见王万华：《行政复议法的修改与完善——以“实质性解决行政争议”为视角》，载《法学研究》2019 年第 5 期。这一界定似有绝对化、理想化之嫌，是否再行启动相应法律程序是当事人的选择自由，法院根据个案具体情形进行灵活处理后并不妨碍行政机关在裁量空间范围内继续作出适度妥协。

的理性回归。就本章所观察的33个样本案例而言，从案件所涉法律关系、规范依据和原告处境上看，主要集中在三种类型：一是法律关系复杂型案件。这类案件大多表现为行政争议和民事争议的交织，在表面化的行政争议背后存在着高度关联的民事争议，有的还潜藏着其他可能发生的争议。人民法院在审理这类行政案件时，如果就案论案浮在表面进行“依法”处理，就可能引发更多循环诉讼，不仅增加当事人诉累，而且还会无端耗费国家的司法和行政资源。例如，“皖案5”就涉及企业与职工的工资关系、政府与企业的征收强拆关系、法院查封与政府征拆关系等多重法律关系，本案行政强制争议的背后还有劳动仲裁、强制执行等多起案件，加之原告人数众多、情绪激烈、信访不断，法院处理难度加大。二是政策依据变迁型案件。这类案件大多表现为引发行政争议的原始事实年代久远，及至起诉时的政策依据已经历调整，有的案件甚至还面临客观情况的变化。人民法院对于这类案件的处理就不能简单地就事论事，需要综合考虑各种客观因素的变化，借助各种外力作出慎重处理。例如，“沪案5”涉及私房历史遗留问题，从房屋建造到私房落政、发还产权再到申请继承登记，已经有数十年，期间街道名称、门牌号码数度变迁，如果法院机械办案，当事人的登记申请就始终不能被受理。三是基本民生托底型案件。这类案件大多因征地拆迁、城市旧改、工伤认定等行为引发，当事人往往身陷艰难处境需要给予托底式的特殊民生保障。人民法院对这类行政案件的处理尤其需要贯彻司法为民理念，站在困难当事人权益的切实保障角度寻求最佳的处理方案。例如，“吉案6”中被告多个相互矛盾的行政行为直接导致原告土地使用权、房产权等处于不利状态，加之原告周边的土地性质、行政村建制都已发生改变，如果司法过于谦抑，必将使原告吞下“城市伤疤”的苦果。33个样本案例的类型结构如表1所示。

表1　行政争议实质性解决典型案件类型结构表

数比＼类型	法律关系复杂型	政策依据变迁型	基本民生托底型
数量	16	8	9
比例	48.5%	24.2%	27.3%

回溯样本案件中人民法院对行政争议的处理，很多案件都经历了“行政复议——行政一审——行政二审——行政再审”的漫长过程，有的甚至还经历了指令再审、最高人民法院提审等更为复杂的程序。就案例发布主体的初衷而言，都是希望案件终结处理的方式能够对今后类似行政争议的实质性化解提供较为明确的指引和参考。“化解行政争议是行政诉讼的最终目的。一个诉讼制度如果不能够定纷止争，这个制度注定是不能走远的。”[①]从样本案例所提供的信息特别是不同审级法院处理方式的对比上看，所谓行政争议的“实质性”解决主要体现在如下三个方面：

第一，司法审查广度上的整体性。与一般性的行政争议解决模式相比，人民法院实质性解决行政争议的首要特点就在于审查广度的整体性，即不局限于审查被诉行政行为的合法性，对当事人真实的诉讼目的、对案件涉及的其他相关争议和被诉行政行为的合理性同样给予关注。整体性审查标准体现了人民法院行政审判活动的全局观，为不同化解方案的优劣对比提供了可能。以“最高法案 1”为例，作为最高人民法院首次赴基层法院开庭审理的残疾人权益案件，该案案情本身并不复杂。一、二审法院裁判之所以无法消弭纷争，主要原因就在于一、二审法院都拘泥于对被诉取消实物配租资格行为机械进行合法性审查，忽略了本案原告作为重度残疾人的特殊生活需求，进而没有关注被诉行政行为的合理性。最高人民法院充分照顾到残疾人权利行使方式与实现途径的特殊性，不仅就地开庭审理，而且通过调解使行动存在严重障碍的原告获得了合适的公租房和可观的救助金。由此可见，超越行政行为合法性审查的局限，及时掌握和全面回应当事人真实的诉讼目的，是人民法院坚持实质性解决行政争议的首要任务，也是行政争议实质性解决在外延层面的特质。

第二，司法审查深度上的一揽式。行政诉讼案件的发生往往与相关民事争议紧密相连，人民法院只有正视民事争议的存在并对案件涉及的事实

---

① 郭修江：《监督权力 保护权利 实质化解行政争议——以行政诉讼法立法目的为导向的行政案件审判思路》，载《法律适用》2017 年第 23 期。

进行独立审查，才能为行政争议的实质性解决奠定基础。反之，如果人民法院消极对待民事争议，就可能使行政案件陷入“官了民不了”或漫长的等待民事诉讼结果的窘境。在“皖案10”的审理过程中，受案法院积极发挥行政审判的主观能动性，依职权主动追加案涉遗嘱的利害关系人作为第三人参加诉讼，通过调取过往案卷笔迹并委托司法鉴定机构进行鉴定，直接解决了遗嘱未办公证无法证实真伪的难题。这种体现适度职权主义色彩的一揽子做法，拓展了司法审查的深度，为民行交织型案件的一并处理提供了典范，是行政争议实质性解决在内涵层面的特质。

第三，司法审查厚度上的可接受性。作为“强大的行政机关与一介市民站在真正对等的立场上，就事关自己利害关系的事项展开富有诚意的对话”[①]平台，行政诉讼活动的评价应回归“用户体验”，充分彰显当事人寻求司法救济的获得感。与满足于案件表面化处理的一般性行政争议解决模式相比，实质性解决行政争议的要义在于司法审查厚度上的可接受性，避免出现“口惠实不至”的尴尬结果。以“皖案9”为例，从现行《工伤保险条例》的字面规定来看，一审法院直接判决驳回原告诉讼请求的做法似乎无可非议。然而，对因伤瘫痪无法继续工作且家庭陷入绝境的原告而言，这种缺乏温度的敷衍性处理并没有解决困难群体的利益痛点。二审法院深入了解原告家庭及第三人情况，经过反复协调沟通，在不违背法律规定和各方当事人意愿的前提下，最终促成了原告与第三人解除合同、第三人安排原告丈夫工作及按意外保险支付医疗费用的和解方案，取得了良好的社会效果。这种换位思考的做法，实现了人民法院以行政审判解除民忧的初衷，是行政争议实质性解决在结果层面的特质。

上述权威样本案件的观察显示，所谓行政争议的实质性解决，是指人民法院在审查行政行为合法性的基础上，围绕行政争议产生的基础事实和起诉人真实的诉讼目的，通过依法裁判、调解和协调化解相结合并辅以其他审

---

① 〔日〕原田尚彦：《诉的利益》，石龙潭译，中国政法大学出版社2014年版，第242页。

判机制的灵活运用，对案涉争议进行整体性、彻底性的一揽式解决，实现对公民、法人和其他组织正当诉求的切实有效保护。这一概念的内涵包括四个基本要素：一是行政审判权的运用空间不局限于起诉人表面的诉讼请求，辐射到被诉行政行为合法性的全面审查；二是行政审判权的运用方式不局限于依法作出裁判，扩及灵活多样的协调化解手段；三是行政审判权的运用重心不局限于表面行政争议的处理，拓展到对相关争议的一揽子解决；四是行政审判权的运用结果不局限于本案的程序性终结，延伸到对起诉人正当诉求的切实有效保护。行政争议实质性解决理论内涵的界定，既立足2014年《行政诉讼法》的文本规定，也兼顾行政审判实践的最新发展，对新时代人民法院行政审判工作的更好开展具有指导意义。

三、行政争议实质性解决的基本路径

在33个样本案例中，最终采取判决方式实质性解决行政争议的有11件（“皖案8”还采取了判后协调方式），采取协调化解的有22件（“皖案7”为诉前调解），少数案件还运用了出庭应诉、司法建议等辅助机制，具体化解路径数比如表2所示。鉴于样本案件数量有限，加之各地遴选发布过程中带有相应的区域偏好，因而判决与协调之间1:2的悬殊比例未必能够证明协调方式在任何时候都更加有效。相反地，作为《行政诉讼法》修订中“最为丰富和最有特色的内容之一”，行政诉讼判决修改标志着“‘单向度’的行为诉讼转向‘多向度’的关系诉讼”[①]，理应在实质性解决行政争议的过程中拥有广阔的适用空间。

表2　行政争议实质性解决典型案件处理路径表

路径 数比	判决	行政调解书	协调撤诉	诉前调解	出庭应诉	司法建议
数量	11	4	17	1	6	6
比例	33.3%	12.1%	51.5%	3%	18.2%	18.2%

① 梁凤云：《不断迈向类型化的行政诉讼判决》，载《中国法律评论》2014年第4期。

(一) 通过判决的精准适用实质性解决行政争议

在 11 个以判决方式实质性解决行政争议的样本案件中，主要体现为确认违法判决和具有明确指引性的给付类判决的精准适用。

在行政诉讼类型体系中，确认诉讼具有明显的补充性特征。确认诉讼相对于撤销诉讼和给付诉讼的后备性特质，决定了作为其最终结论的确认违法判决也是一种稀缺性方式。“最高法案 4”(即“最高法 88 号指导案例”)和“沪案 3”都是采取确认违法判决实质性解决行政争议的典范。“最高法案 4”历经一审维持判决、二审维持原判、指令再审、再审驳回诉讼请求判决、驳回再审申请等近二十年的复杂诉讼过程，诸多判决之所以没有能够使当事人服判息诉，根源就在于被告简阳市人民政府在作出行政许可时没有履行明确告知许可期限的义务，行政程序违法情形始终没有得到受案法院的指明。最高人民法院提审之后，根据案件本身情况并结合当地政府整治交通秩序、开展惠民行动的实际，在兼顾社会公共利益和个人利益的基础上作出了确认违法判决，彻底解决了久拖不决的行政争议。[①]“沪案 3”也历经一审裁定驳回起诉、二审撤销裁定指令继续审理、一审确认违法、二审维持原判的循环，之所以最终能够化解行政争议，就在于二审法院在审理裁定上诉案件的过程中及时停止了未能产生实际效果的协调、释明活动，作出了附具充分说理的裁定，促使一审法院对被诉行政命令行为作出确认违法判决，为双方当事人后续的协调沟通奠定了基础。[②] 这两起典型案件的处理方式，彰显了原本仅具宣告功能的确认违法判决对实质性解决行政争议同样能够发挥作用。

社会转型时期的行政任务多样复杂，积极行政的面向更为突出。“传统

---

① 有关“张道文、陶仁诉四川省简阳市人民政府侵犯客运人力三轮车经营权案”的具体情况，参见最高人民法院行政判决书(2016)最高法行再 81 号。

② 有关“叶敏丽诉上海市松江区泗泾镇人民政府确认行政行为违法案”的具体情况，参见上海市松江区人民法院行政判决书(2018)沪 0117 行初 173 号。

行政法学之所以受到批评，乃是因为它未能关注到行政任务，或将行政任务限缩在自由法治国危险预防的范围。”[①]伴随着给付行政的兴起，具有直接给付功能的判决类型理应获得广泛运用。2014 年《行政诉讼法》分别规定了履行判决、给付判决以及变更判决和重作判决，如果法院过于谦抑，不愿作出具有明确时间和内容要求的给付类判决，就极易造成循环诉讼，“不仅决定着对原告的救济程度，而且直接影响到司法权对行政权的干预程度”[②]。“吉案 1”到“吉案 8”均为赔偿、补偿类案件，之所以久拖不决形成诉累，一方面在于案件长时间难以进入实体审理，程序空转现象十分明显；另一方面在于即便法院作出实体性判决，也仅限于一般性答复或给付内容不够明确，导致当事人频繁上诉和申诉。在“吉案 7”中，原告付春林、刘长娟的合法权益明明已经遭受被告行为的实际影响，但原审法院先是作出“责令被告于判决生效后 60 日内履行法定职责”的判决，后又以原告无权主张赔偿为由判决驳回诉讼请求。二审法院在查清事实的基础上，秉承解决问题、不纠缠程序、减轻当事人诉累的立场，运用公平原则直接确定赔偿数额，最终作出了具有明确时间和款额要求的给付判决，从实质上化解了长达五年的行政争议。[③] 在“吉案 3”中，原告李德春的房屋已经被龙山区政府征收，后开发商参与征收补偿并与原告签订协议，龙山区征收办同时向原告出具承诺函。在开发商未按照约定给付补偿款引发争议后，受案法院没有对征收活动过程予以整体考虑，仅从形式上认定征收办不具有被告资格驳回原告起诉，导致案件争议无法进入实体审理。在原告后续提起的行政案件中，法院直接将开发商与李德春签订补偿协议的行为认定为接受龙山区政府委托作出的行为，判决龙山区政府按照补偿协议的数额限期向原告进行给付，从而有效化解了行政争议。[④] 综

---

① 〔德〕Eberhard Schmidt-Aβmann:《行政法总论作为秩序理念——行政法体系建构的基础与任务》，林明锵等译，元照出版有限公司 2009 年版，第 169 页。

② 杨伟东:《权力结构中的行政诉讼》，北京大学出版社 2008 年版，第 189 页。

③ 有关“付春林、刘长娟诉蛟河市漂河镇人民政府行政赔偿案”的具体情况，参见吉林市中级人民法院行政赔偿判决书(2018)吉 02 行赔终 1 号。

④ 有关“李德春与辽源市龙山区人民政府履行房屋征收补偿法定职责案”的具体情况，参见辽源市中级人民法院行政判决书(2016)吉 04 行初 26 号。

观这两个案件前后各不相同的处理，法院是拘泥于形式追求“结案了事”还是尊重客观事实果断下判追求“案结事了”，已经成为衡量司法化解行政争议能力高下的重要分水岭。

（二）通过多样化的协调实质性解决行政争议

基于“公权力不得处分”的信条，1989 年颁布的《行政诉讼法》并未规定法院可以对案件进行调解。在以往的行政审判实践中，法院往往通过协调化解方式动员或促使原告撤诉结案。这种方式一度导致行政案件协调和解撤诉率大幅上升，受到行政法学理论界的诟病。① 2014 年修订后的《行政诉讼法》明确承认行政赔偿、补偿及行政裁量权案件可以调解，并将行政调解书列为与行政判决书和裁定书具有同等重要地位的法律文书。耐人寻味的是，行政审判实践中法院出具行政调解书的情形却非常少见，更多还是依赖惯常的协调化解促使原告撤诉的方式结案。在 33 个样本案例中，只有“最高法案 1”（廉租房配租资格争议）、“沪案 1”（房屋征收补偿争议）、“沪案 8”（行政处罚争议）和“皖案 3”（房屋征收补偿争议）以行政调解书方式结案。其中，“最高法案 1”之前的一、二审判决均着眼于行政程序瑕疵问题的表面审查，分别作出确认违法和驳回诉讼请求判决，并没有针对原告真实的诉讼目的进行回应。最高人民法院提审之后，时任行政审判庭庭长亲赴当地公开主持双方当事人调解，首次依据修订后的《行政诉讼法》以行政调解书方式结案，对各地法院产生了良好的示范效应。“沪案 1”一审法院在作出判决驳回诉讼请求之前，曾经组织当事人进行调解但没有成功。二审法院受理后与一审法院充分沟通、保持联动，通过优化调解方案促使双方达成协议，并以行政调解书形式赋予调解协议同等法律效力，实现了征收补偿和限购答复争议同步化解的良好效果。

---

① 有学者不无担忧地指出：“当调解而不是审判成为司法能力的表现形式，当撤诉而不是判决成为法院结案的主要方式，行政诉讼作为司法审查控制行政行为的功能将愈发孱弱。”参见汪庆华：《政治中的司法：中国行政诉讼的法律社会学考察》，清华大学出版社 2011 年版，第 156 页。

通过协调化解当事人撤诉方式结案的17件样本案例，主要集中在征收、登记、裁决等行政争议与民事争议相互交织的领域。实质性解决行政争议理念的兴起，最初就与此类案件处理中普遍存在的“官了民不了”现象有关。[①] 2014年修订后的《行政诉讼法》明确规定了行政诉讼一并解决民事争议制度，承载着推进行政争议实质性化解、提高行政审判质效的使命。近年来的行政审判实践表明，一并解决民事争议制度遭受“冷遇”，法官群体的观望态度较为明显、当事人愿望也不强烈。[②] 在这一特殊背景之下，上海、安徽、吉林三地相继公布通过协调化解行政民事争议交织案件就具有很好的示范作用。以“沪案2”“皖案1”“吉案10”的处理为例，可以看出受案法院所坚持的积极能动化解观。“沪案2”是一起消费者不服市场监管机关对其投诉举报答复案，实质上却是其在投诉举报后与商家无法达成赔偿解决方案进一步产生的争议。在一、二审法院作出驳回诉讼请求判决后，再审法院主动通过案件查询系统检索到当事人启动的民事诉讼，与受案基层法院“相互借力、上下联动”，最终通过协调化解方式达到了保护消费者合法权益、主动撤回民事案件起诉和行政再审申诉申请的三重效果。“皖案1”因土地征收批复引发，历经行政复议被驳回、起诉撤销复议决定被判决驳回诉讼请求及针对征收过程诸多行为已提起十余起行政诉讼等“空转”程序。二审法院及时了解到当事人诉讼的真实目的在于补偿安置，经过反复协调沟通，最终促使当事人之间妥善达成补偿安置协议，不仅解决了当事人最关心的利益问

---

① 最高法2007年《意见》对行政与民事争议交织案件处理采行的基本原则是：如果争议的民事法律关系是行政行为合法的基础性前提性事实和主要构成要件，应当先行中止行政诉讼，等候民事诉讼的判决结果。反之，则可以行政诉讼先行。最高法2009年《意见》则要求充分发挥行政诉讼附带解决民事争议的功能，在受理行政机关对平等主体之间的民事争议所作的行政裁决、行政确权、行政处理、颁发权属证书等案件时，可以基于当事人申请一并解决相关民事争议。对于行政裁决和行政确认案件，可以在查清事实的基础上直接就行政主体对原民事性质的事项所作出的裁决或确认依法作出判决，以减少当事人的诉累。两相对比，后者实质性化解行政争议的要求尤为明显。“河南焦作房产案”从1993年开始，历经三十多场民事和行政诉讼，但房屋权属纠纷仍然没有解决，极大损害了行政审判权威。参见王贵松主编：《行政与民事交织的争议难题》，法律出版社2005年版。

② 参见程琥等：《新行政诉讼法疑难问题解析与实务指引》，中国法制出版社2019年版，第371—375页。

题，而且彻底解决了所有行政纠纷，对推进城市重大项目建设和所征土地上养老院妥善安置都起到了保障作用。“吉案10”因两处房屋产权登记引发，背后却存在复杂的婚姻家庭继承和房屋买卖关系，当事人的继承权只有通过民事诉讼才能得到实现，双方实体争议无法通过行政诉讼解决。受案法院没有机械适用法律一推了之，而是主动将民事争议纳入协调化解之中，促成双方当事人达成了庭外和解协议。上海、安徽、吉林三地这三起典型案件的成功协调化解，充分体现了人民法院在2014年《行政诉讼法》第61条一并解决民事争议条款适用上的主观能动性。

值得关注的是，“皖案7”是唯一以诉前调解方式实质性解决行政争议的案例。该案涉及行政机关退还收费问题，因所涉文件未及时为原告知悉而引发。法院收到诉状后征得起诉人同意，启动诉前调解程序，行政机关随即退还了收费，使得行政争议在诉前就获得了实质性解决。尽管行政法学理对诉前调解“损害法院中立形象”“规避司法评判”①等负面效应已有所揭示，但近年来这种通过司法与行政、社会的联动实现诉源治理的做法还是得到了很多地方的重视和推广。② 在全国基层法院行政案件集中管辖改革典范的上海铁路运输法院，2017年进入诉前调解的行政纠纷有832件，化解成功率为10.8%，平均调解天数约22天。③ 在全国法治建设示范区的浙江，为有效推进行政争议实质性化解，三年来成立了覆盖全省三级法院和政府的行

① 何海波教授认为，诉前调解的做法“有损法院的中立形象，不符合立案登记制的精神”，因而不值得提倡。参见何海波：《行政诉讼法》（第二版），法律出版社2016年版，第508—509页。最高人民法院行政审判庭的一份调研报告指出，协调逐步从诉讼阶段扩张到诉前阶段，甚至有向社会调解转化的趋势，应当在制度上对法院规避司法评判的倾向进行有效遏制。参见最高人民法院行政审判庭调研组：《关于当前行政诉讼协调情况的调研报告》，载最高人民法院行政审判庭编：《行政执法与行政审判》（总第60集），中国法制出版社2014年版，第60页。

② 例如，上海市高级人民法院2018年5月发布的《关于进一步完善行政争议实质性解决机制的实施意见》第2条规定，作为诉调对接中心组成部分的行政争议多元调处中心，是行政争议协调化解的专门平台，对具备诉前协调解决条件的行政案件进行诉前协调化解；安徽省高级人民法院2018年11月发布的《关于完善行政争议实质性解决机制的意见》第2条规定，在行政案件立案前，人民法院对于可以适用调解的案件，通过诉调对接中心向行政机关提出先行化解的建议。

③ 参见侯丹华、孙焕焕：《行政争议实质性解决机制实证研究——以A直辖市B法院行政案件集中管辖实践为分析样本》，载最高人民法院行政审判庭编：《行政执法与行政审判》（总第71集），中国法制出版社2018年版，第199—214页。

政争议调解中心网络，作为行政复议、行政诉讼制度的衔接配套机制，对进入行政复议、行政诉讼的行政争议进行分流，取得了初步成效。[①] 人民法院在尊重起诉人意愿的基础上，对某些事实清楚、法律关系简单、争议不大的纠纷适度运用诉前调解方式，有助于节约实质性解决行政争议的司法成本。

（三）通过辅助性机制配合实质性解决行政争议

在依法裁判和协调化解的主导性路径外，司法建议、行政机关负责人出庭应诉等辅助性机制的配合使用，能够更好地促进行政争议的实质性解决。在以司法与行政良性互动为法治建设特色和亮点的上海，这两项机制在行政审判过程中得到了较为广泛的运用，“沪案 1、4、9、10”使用了司法建议机制，“沪案 2、5、10”使用了负责人出庭化解机制。2014 年《行政诉讼法》明确规定了行政机关负责人出庭应诉制度，扩大了司法建议的适用范围，为人民法院灵活采用这些辅助性配套机制实质性解决行政争议提供了充分的法律依据。尤其是“裁判引导型”“裁判补充型”[②]的司法建议，在某些时候能够弥补行政裁判功能的不足。“最高检案 6”作为最高人民检察院公布的首个通过行政检察监督促进行政争议实质性化解的案例，案情本身并不复杂，但一审、二审、再审法院分别通过驳回诉讼请求判决、驳回起诉裁定和驳回再审申请裁定放弃了对行政争议的实质性化解。检察机关通过举行公开听证和调查核实，最终以向乡政府现场送达检察建议的方式促成了案件的和解。如果一审法院在判决驳回诉讼请求的同时，能够向被告及时发送司法建议，直接指明其介入本案民事纠纷缺乏法律依据，或许就能够迅速达到息诉服判的效果，不至于引发后续更多的法律程序。“皖案 5”是一起涉及多重法律关系的复杂行政案件，如果法院仅对被告强制拆除行为确认违法，也能够体现依法裁判和形式上保护原告合法权益的意旨，但原告权益最终的实际兑

① 参见朱新力：《深化府院联动 强化诉源治理 共同发力全面推进行政争议调解中心建设》，华东五省（市）行政争议化解府院联动座谈会会议材料，2019 年，上海，第 29 页。

② 参见章志远：《我国行政诉讼司法建议制度之研究》，载《法商研究》2011 年第 2 期。

现并未可知。在对案件情况全面分析研判的基础上，法院专门向被告发出司法建议，得到了被告的积极响应，原告的工资及利息一次性拨付到位，最终使涉案纠纷得到圆满解决。在“最高法案 1”中，济南市房管局局长到庭参加诉讼；在“最高法案 4”中，简阳市政府副市长出庭应诉。在“皖案 4”中，池州市政府还首次派副市长出庭应诉。[①] 实践表明，行政机关负责人出庭应诉不仅对原告行使行政诉权具有仪式层面的形式价值，而且对人民法院解决行政争议具有结果层面的实质价值。2020 年 6 月，最高人民法院以司法解释形式发布《关于行政机关负责人出庭应诉若干问题的规定》，明确规定出庭应诉的行政机关负责人“应当就实质性解决行政争议发表意见”，重塑了行政机关负责人出庭应诉作为行政争议实质性解决配套机制的功能定位。

综观上述实质性解决行政争议典型案件的司法处理模式，一个明显的发展趋势是，人民法院行政审判活动正经历由消极型司法向积极型司法、由敷衍性司法向回应性司法、由表面化审查向纵深化审查的转变。对于行政审判资源和能力相对孱弱的基层法院而言，这一行政审判模式的转型还非常艰难，但在新时代社会主要矛盾变化的背景之下，人民法院又必须能够快速适应。最高人民法院近年作出的一些裁判也在引领这一变化。作为“推进中国法治进程十大行政诉讼案例”中唯一由最高人民法院本部直接作出的再审裁定案例，“李波、张平诉山东省惠民县政府行政强制及行政赔偿案”确立了“司法推定初始被告”的特殊规则，为减轻起诉人对被告明确性的证明负担、及时启动行政争议的实质性解决提供了重要保障。[②] “广西壮族自治区武宣县二塘镇樟村村民委第 1 村民小组与广西壮族自治区武宣县人民政府行政复议案”则确立了“判决撤销改变原行政行为错误的复议决定的同时，优先判决恢复原行政行为法律效力”的特殊规则，为双被告行政案件的

① 参见周瑞平：《经营便民自行车市场运行不畅 享有排他性特许经营权的公司起诉要政府赔》，载《人民法院报》2018 年 9 月 1 日。

② 有关“李波、张平诉山东省惠民县政府行政强制及行政赔偿案”的具体情况，参见最高人民法院行政判决书（2018）最高法行再 113 号。

审理节约行政司法资源、减轻当事人诉累、促进争议实质性解决提供了指引。[①] 最高人民法院裁判引领和高级人民法院典型案例发布的结合，有效推动了行政争议实质性解决理念的传播。

四、行政争议实质性解决的属性辨析

经由行政审判实践倒逼的行政争议实质性解决理念，在最高人民法院的强力推动下逐渐成为具有引领性的司法政策。[②] 在2014年《行政诉讼法》并未明确规定“实质性”的现行法律框架之下，如何实现行政审判新政策与法律规定之间的共生融合，避免使其沦为司法权宜之计或发生异化，就需要借助法律解释原理对行政争议实质性解决作出科学合理的定位。立足诉讼功能、司法能力和诉讼行为三维视角，可以较为系统完整地认识其内在属性，实现贯彻实施2014年《行政诉讼法》与追求行政争议实质性解决的有机统一。

（一）作为行政诉讼基本功能的实质性解决行政争议

美国学者达玛什卡曾经提出过两种理想类型的国家与法律程序目的观，一种是把政府视为社会总管的“能动型国家”，司法活动的任务在于致力于贯彻国家的纲领、执行国家的政策，谓之“政策实施型司法”；另一种是政府仅仅负责维持社会平衡的“回应型国家”，司法活动的目的在于解决冲突和纠纷，谓之“纠纷解决型司法”。[③] 对于肩负经济社会发展和社会稳定维护

---

① 有关“广西壮族自治区武宣县二塘镇樟村村民委第1村民小组与广西壮族自治区武宣县人民政府行政复议案”的具体情况，参见最高人民法院行政判决书(2019)最高法行再26号。

② 时任最高人民法院副院长江必新指出：“实质性解决行政争议是最高法院最近几年特别强调的一个命题，围绕这个命题进行了一系列的制度创新和工作机制的改革和完善。回想一下，近年来最高法院出台的有关行政审判的司法解释以及指导性规范文件都是围绕这个命题展开的。因此，抓住行政争议实质性解决，对于我们理解最高法院在行政审判方面出台的方针政策有重要意义。”参见江必新：《论行政争议的实质性解决》，载《人民司法》2012年第19期。

③ 参见〔美〕米尔伊安·R.达玛什卡：《司法和国家权力的多种面孔——比较视野中的法律程序》(修订版)，郑戈译，中国政法大学出版社2015年版，第14—15页。

双重任务、正行进在实现中华民族伟大复兴征程中的我国司法机关而言，则呈现出明显的“混合型”特征，行政诉讼法立法目的条款三十余年间的几度变迁即可佐证。[①] 按照体系解释的方法，作为行政诉讼法总则组成内容的立法目的条款将在具体的程序制度构造中得到充分体现。就实质性解决行政争议而言，行政诉讼程序一般规定中的“调解程序”（第 60 条）、“一并解决相关民事争议程序”（第 61 条）和“协调撤诉程序”（第 62 条）就是相对灵活的配套性实施机制。这种一体化的法解释策略，与实质性解决行政争议样本案件的经验大体相当。为避免陷入诉讼目的“一元论”“二元论”“多元论”的无解纷争，可将解决行政争议归属为行政诉讼的“直接功能和基本功能”，将保障权益和监督行政视为行政诉讼的“间接功能和衍生功能”。[②]

作为解决行政争议“2.0 版”的实质性解决行政争议，其功能实现必须处理好与其他间接功能之间的辩证统一关系，避免走向裁判僵化和协调泛化的极端。在样本案件中，不同案件之间、相同案件不同审级之间的不同处理方式在效果上往往就存在天壤之别。以确认违法判决为例，“沪案 3”的审理一度采取了协调化解方式，但双方当事人各自主张之间存在差距，短时期内无法达成一致。受案法院及时改变思路作出裁判，通过宣示被告行为的违法性，既起到了监督行政的效果，又为以裁判促和解创造了条件，行政诉讼制度的三项功能得以兼容。“最高法案 4”本以维持判决和被告惠民举措而告终，但原审法院放弃行政行为合法性审查的结果并未赢得当事人的服判息诉。最高人民法院提审之后，及时作出违法确认判决最终平息了纷争。相比之下，“皖案 5”的受案法院通过直接作出确认违法判决也能够起到监督行政、维护权益的效果，但多重法律关系的交错必然会影响到原告合法权益

---

① 1989 年《行政诉讼法》第 1 条将“保护合法权益”“维护和监督依法行政”作为两大立法目的，最高法 2007 年《意见》将行政审判的主要任务表述为“保护合法权益”“促进依法行政”“优化司法环境”“化解行政争议”，2014 年《行政诉讼法》第 1 条将“解决行政争议”“保护合法权益”“监督依法行政”作为三大立法目的，2019 年《五五改革纲要》则将行政审判任务表述为“保护合法权益”“争议实质性化解”“监督和支持依法行政”。

② 参见江必新：《完善行政诉讼制度的若干思考》，载《中国法学》2013 年第 1 期。

的及时兑现。基于对实质性解决行政争议的追求，受案法院最终通过发送司法建议、指出行为违法、促成协调化解的方式圆满结案，实现了寓监督行政、权益保障功能于争议解决过程之中的目标。原本仅具宣示意义的确认违法判决，在三起案件中的用与不用，都起到了实质性解决行政争议的功效，同时还整合了行政诉讼制度监督行政和保障权益的衍生功能。面对社会主要矛盾的变化和行政国家时代任务形态的扩张，行政诉讼制度的功能定位应当与时俱进。在 2014 年《行政诉讼法》的规范基础上，将实质性解决行政争议视为我国行政诉讼制度的基本功能，并将监督行政和保障权益功能寓于其中，这一属性定位能够顺应新时代的现实需要。

（二）作为人民法院司法能力的实质性解决行政争议

作为一种“通过产出司法产品参与并实现国家治理”的能力，司法能力是党的执政能力和国家治理能力的有机组成内容，已经成为司法改革的新取向，实现从“让司法更像司法”向“让司法更能司法”的转变。[①] 最高人民法院一直重视行政审判的司法能力建设，2004 年全国法院行政审判工作座谈会的主题就是“全面提高行政审判司法能力，为党的执政能力建设提供有力司法保障”；2005 年 4 月，最高人民法院印发《关于增强司法能力、提高司法水平的若干意见》，将“增强支持和促进依法行政，推进社会主义民主政治建设的能力”列为人民法院的司法能力之一，要求行政审判工作“既要到位，又不越位”，努力做到“监督有力，保障有方”；2006 年之后，“解决行政争议、维护社会和谐”成为新的行政审判能力要求。从法律的目的和合法性内涵上看，我国当下的法治状况正处于聚焦法律的正统化和程序公正的“自治型法”与追求实际能力和实体正义的“回应型法”同步发展阶段。[②] 身处利益关系重组、社会风险叠加和发展稳定并重的时代，实质性解决行政争议已经成

---

① 参见顾培东：《人民法院改革取向的审视与思考》，载《法学研究》2020 年第 1 期。

② 参见〔美〕P. 诺内特、P. 塞尔兹尼克：《转变中的法律与社会：迈向回应型法》，张志铭译，中国政法大学出版社 2004 年版，第 18 页。

为现行体制下人民法院司法能力的重要表征。

作为司法能力定位的实质性解决行政争议,要求人民法院在行政审判活动过程中克服"司法无能"和"司法万能"的极端倾向。一方面,人民法院要依法履职,充分运用法律赋予的行政审判权积极化解行政争议;另一方面,人民法院要善于从体制内寻求外力支持,在多元化行政纠纷解决体系中合力发挥作用。行政诉讼案件的发生,往往具有复杂的社会经济发展背景。"只有微小的现实生活片段呈现在法庭面前,许多现实生活无论在原则上还是在事实上均被排除在诉讼程序之外。"①因此,实质性解决行政争议能力的提升有赖于法官对社会生活的切身观察,力图在完整还原生活图景的基础上寻求最佳的化解路径。在很多样本案件中,一审法院都是以作出驳回诉讼请求判决方式结案的。仅就形式意义上的法律适用能力而言,这种去实体化审查的处理似乎无可厚非。二审法院之所以能够选择协调化解方式结案,都源于对社会事实和生活常识的探究和尊重,因而能够达至实质性解决行政争议的目标。在"沪案 2"的二审过程中,承办法官通过与当事人推心置腹的沟通,探究到其提起多起诉讼的真实原因是所购手机中存放的大量蜜月旅行照片无法恢复。正是出于对这种特殊生活常情的尊重,二审法院最终以协调方式圆满化解多起诉讼。在"皖案 9"的二审过程中,合议庭充分掌握了上诉人的身体状况、家庭情况及所属企业情况,从最有利于伤者后续生活保障的角度出发,积极协调各方当事人达成了和解协议。这两起案件以协调化解置换依法裁判成功地实现了行政争议的实质性解决,个中对困难群体的真切关怀、对社会公众朴素正义观的认同,都彰显了人民法院司法能力的提升。

(三)作为诉讼行为表现形态的实质性解决行政争议

"诉讼过程或者通过诉讼解决纠纷的过程,本身表现为双方当事者和法

---

① 〔奥〕欧根·埃利希:《法社会学原理》,舒国滢译,中国大百科全书出版社 2009 年版,第 547 页。

院所从事的一系列行为的累积。”[①]受起源于民事诉讼法学的影响，以往诉讼行为论的中心一直是当事者的行为，法院的行为较少被关注。与民事诉讼法律关系所不同的是，行政诉讼本质上就是一种国家不同权力之间的结构设计，“行政诉讼的存在及其运作无时不涉及权力的配置、冲突及协调”[②]，因而只有通过微观的权力关系运作才能谋求良好的行政诉讼制度。除了传统的判决、裁定、决定、建议、程序选择、程序审查、程序制裁等诉讼行为之外，法院的调解、协调、释明、救助等解决行政争议的诉讼行为也需要引起重视，通过对这些诉讼行为的规范提升司法公信力。

作为诉讼行为表现形态之一的实质性解决行政争议，主要体现为对行为合法性的关切。相比较行政判决行为具有较为明确具体的适用条件而言，协调化解行为因依托的法律文书无法记载过程详情可能遭受合法性和正当性的质疑。从这个意义上来说，定期公布通过协调化解方式实质性解决行政争议的案例是践行司法公开理念、提高司法公信力的必要举措。从文义解释角度上看，2014 年《行政诉讼法》第 62 条规定的撤诉审查制度并未禁止法院采用协调化解方式。不过，这一解释策略还不足以为法院的协调行为提供正当性依据。在很多样本案件中，法院的协调化解行为实际上都存在相应的合法性连接点，能够为类案的实质性化解提供指引。在“皖案 6”中，面对作为被诉物业处理行为依据且存在与上位法冲突条款的行政规范性文件，二审法院并未像一审法院那样坐视不管，而是采取协调文件制定机关、审查机关和执行机关共同进行审查处理的变通做法，此举与法律规定的规范性文件附带审查制度的监督旨趣并不违背。在“吉案 10”中，面对房屋产权登记纠纷背后存在的一连串民事争议，受案法院并未采取常规的裁定中止行政诉讼、建议当事人先行提起民事诉讼的做法，而是主动介入进行整体化解达到了减轻当事人诉累的效果，此举与法律规定的一并审查相关民事争议

---

① 〔日〕谷口安平：《程序的正义与诉讼》(增补本)，王亚新、刘荣军译，中国政法大学出版社 2002 年版，第 164 页。

② 杨伟东：《权力结构中的行政诉讼》，北京大学出版社 2008 年版，第 201—202 页。

制度的旨趣并不冲突。这两起案件以法院主动实施协调行为促进行政争议实质性解决的成功实践,表明了人民法院对诉讼行为合法性底线的坚守。

五、行政争议实质性解决的制度构造

人民法院践行行政争议实质性解决理念已久,期间积累了有益的审判经验,也体现了丰富的地方智慧,但这并不表明相关制度构造已经完备。伴随着行政案件跨区域集中管辖改革的推进和最高人民法院巡回法庭的运行,案件协调化解难度进一步增大,“倒金字塔型”诉讼格局引发案多人少的矛盾,不同巡回区之间的裁判标准不尽统一,不同区域行政审判的发展并不平衡。行政争议实质性解决理想目标的真正实现,还有赖诸多行政诉讼制度的进一步完善。

(一)构建科学的行政审判绩效考评体系

构建科学、合理的行政审判绩效考评体系,既能够通过激励、约束法官的审判行为选择提升实质性解决行政争议的能力,也能够保障和提高行政案件办案的质量和效率。与海量的民事、刑事案件相比,行政案件的绝对数量难以企及。因此,行政审判绩效考评指标体系不宜简单照搬照抄。特别是在行政案件管辖模式发生重要变化、行政审判区域性差异日益扩大的新形势下,差异化、个性化的行政审判绩效考评体系尤为迫切。回望三十余年来行政审判制度运行的艰难历程,绩效考评体系随不同时期形势与任务的变化不断调整,个中有不少值得反思之处。例如,一段时间以来,通过协调方式化解行政争议备受重视,一些地方甚至盲目下达协调撤诉指标,导致撤诉率急剧上升。这种偏离司法公正底线、以排序通报倒逼数据比拼的做法,对行政审判工作造成了误导,引起了一线行政法官的反感。① 行政审判工作

① 参见最高人民法院行政审判庭调研组:《关于当前行政诉讼协调情况的调研报告》,载最高人民法院行政审判庭编:《行政执法与行政审判》(总第 60 集),中国法制出版社 2014 年版,第 57 页。

本身具有特殊性，加之各地司法环境、法官队伍情况差异性大，因而行政审判绩效考评指标种类和所占权重要力求科学合理，既要避免违背司法规律，也要顾及法治建设阶段，真正发挥绩效考评的正面导向作用。

就行政争议实质性解决目标的实现而言，有赖于行政审判绩效考评体系的科学构建，尤其需要实现如下三个方面的转变：一是从“数比型考核”转向“质效型考核”。数比型考核具有直观明了的优点，但过度使用可能会陷入“数据膜拜”之中。[①] 例如，一审案件数量增加或减少并不能完全反映当地行政审判的真实状况，某类阶段性案件的爆发或消减都可能是其中诱因；二审率、再审率高也未必就反映行政争议没有得到实质性解决，二审再审改判率、发回重审率也是重要指标。为此，行政审判绩效考评要避免走向完全以数据论英雄的极端，注重以案件审理质效为核心，将具体数据及排名变化作为质效衡量的依据之一。二是从“决定型解决”主导走向兼顾“合意型解决”。根据纠纷解决是否基于当事者之间的自由合意为依据，解决纠纷的过程分为决定型解决和合意型解决两种模式。前者是纠纷各方根据第三者有拘束力的决定来解决，后者是纠纷各方根据彼此之间的合意来解决。[②] 在以往的行政审判实践中，依法裁判与协调化解往往被人为对立起来，陷入“非此即彼”的认知误区之中。解决行政争议是人民法院行政审判的基本职能，依法裁判和协调化解都是有益的解决争议方式，二者本身并无绝对优劣之分，关键取决于不同行政案件的具体情况和当事人的实际需求。在样本案件中，有些最终就是以协调和解方式取代原先的裁判方式结案的（如“最高法案 1”“最高检案 6”“沪案 1”“沪案 5”“皖案 1”“皖案 7”等），有些则是通过及时裁判结案的（如“沪案 3”等）。为此，行政审判绩效考评应回归“能调则调、当判则判、以判兜底”的常态策略。三是从“刚性监督行政”主导走向兼

① 诚如顾培东教授所言：“人们评价某一社会法治水平或社会秩序的状况，基本依据并不在于该社会中社会冲突发生的频度和烈度，而在于诉讼对于现实社会冲突的排解能力和效果。”参见顾培东：《社会冲突与诉讼机制》（修订版），法律出版社 2004 年版，第 18 页。

② 参见〔日〕棚濑孝雄：《纠纷的解决与审判制度》，王亚新译，中国政法大学出版社 2004 年版，第 7 页。

顾"柔性监督行政"。在既往的行政审判绩效考评体系中,以依法作出裁判特别是被告败诉判决书为中心的刚性监督行政占据中心地位,以行政调解书、司法建议书、行政审判白皮书为代表的柔性监督行政没有获得相应的体现。行政案件本身及其所处司法环境的复杂性,决定了人民法院行政审判工作需要采取必要的"迂回"策略,通过"绵里藏针式"的柔性方法彰显对行政机关的间接监督功能。为此,应适时将"刚柔并济"的监督模式纳入行政审判绩效考评体系之中。"近五年来,法治政府建设示范区上海行政审判'案件数量下降、审判质效提升'的别样图景就为行政审判绩效考评体系的重建提供了样本。"①

(二)提炼行政诉讼类型构造的具体规则

行政诉讼类型制度的初衷,旨在实现"对于侵犯公民权利的每一种国家权力行为,都必须有一个适当的诉讼种类可供利用"。② 在2014年《行政诉讼法》修订之前,行政法学理论界和实务界不断呼吁通过行政诉讼类型化的改造,提高人民法院实质性解决行政争议的能力,为行政相对人合法权益提供有效且无漏洞的司法救济。③ 受制于多种因素影响,2014年《行政诉讼法》并没有直接规定行政诉讼类型制度,而是采用判决类型化方式予以代替。《最高人民法院关于适用〈中华人民共和国行政诉讼法〉的解释》(以下简称《行诉解释》)第68条通过对"有具体的诉讼请求"的列举和释明,大体上表达了一种"隐形诉讼类型化"的旨趣。2014年修订的《行政诉讼法》实施以来,最高人民法院在一系列行政案件的裁判中运用了诉讼类型化的审理思路,分别从"诉讼类型化意义的宣示""不同类型诉讼审理规则的发展""各类不同诉讼

---

① 章志远:《地方法院行政诉讼制度创新的法理解读——以上海法院近五年的实践为例》,载《华东政法大学学报》2020年第4期。

② 参见〔德〕弗里德赫尔穆·胡芬:《行政诉讼法》(第5版),莫光华译,法律出版社2003年版,第204页。

③ 参见章志远:《行政诉讼类型构造研究》,法律出版社2007年版,第74—99页;李广宇、王振宇:《行政诉讼类型化:完善行政诉讼制度的新思路》,载《法律适用》2012年第2期。

之间关系的厘清”“无名之诉存在可能的探索”四个方面试图激活《行诉解释》的有限规定。[①]“法律规定的隐含表达——司法解释的细化列举——典型裁判的规则塑造”已经成为我国行政诉讼类型特殊的生长方式，为行政争议实质性解决能力提升提供了广阔的运行空间和有效的程序保障。

行政诉讼类型构造的意义在于打破传统撤销诉讼一体主义的封闭格局，使人民法院不再拘泥于单一的行政行为合法性审查，而是紧紧围绕原告的诉讼请求予以全方位的回应和审理，使行政争议能够在实质上而不是形式上得到彻底圆满解决。因此，行政诉讼类型构造暗合了行政争议实质性解决功能目标的需要，应该充分整合提炼已有的本土行政审判经验，发展出更多有利于实质性解决行政争议的诉讼规则。从法解释学立场上看，可以通过对 2014 年《行政诉讼法》第 1、2 条和《行诉解释》第 68 条进行体系性解释，使其成为行政诉讼类型构造的规范基础。同时，要着力从繁简分流和审理方式上加以完善。一方面，以诉讼类型构造为契机，大力推行行政审判繁简分流机制，通过“简案快办”实现“繁案精审”。现行法律有关简易程序的规定过于原则、可操作性不强，加之绩效考核、当庭宣判、范围受限等其他因素影响，实施效果并不明显。对于法律关系简单、案件事实清楚、法律规定明确、双方当事人争议焦点单一的纠纷，人民法院可以在审前程序快速化解，甚至通过速裁程序即刻办结。同时，将简易程序适用扩展到一审案件之外的其他环节，实现繁简分流的整体性改造。鉴于部分特殊行政案件的实质性解决需要耗费相当多的司法资源，行政案件繁简分流改革刻不容缓。另一方面，要针对撤销诉讼、变更诉讼、履行诉讼、给付诉讼、确认诉讼等不同种类的诉讼采取“类案要素式”审理方式，扩大调解程序的适用范围，使“依法调解”真正成为人民法院敢于使用、善于使用的实质性解决行政争议

---

① 参见章志远：《新时代我国行政审判的三重任务》，载《东方法学》2019 年第 6 期。最高人民法院行政审判庭前副庭长李广宇法官近年来一直致力于通过践行诉讼类型化方式提高实质性解决行政争议的能力，其所作出的诸多行政裁判文书都体现了以判决推动诉讼类型化改造的努力。参见李广宇“行政裁判文书自选集”：《理性诉权观与实质法治主义》，法律出版社 2018 年版；《诉讼类型化与诉的利益》，法律出版社 2018 年版；《司法的温度与界限》，法律出版社 2019 年版。

方式，增强审判行为的合法性、正当性和公开性。鉴于当事人诉讼认知水平的有限性，人民法院在诉讼请求类型归属上负有及时释明义务，避免简单采取裁定驳回起诉方式影响行政争议进入实体性审理。“如果原告选择了错误的诉讼种类，法院必须首先通过解释，必要时也可以通过转换，但至少要通过一个具体的指示，使之成为一个适当的诉讼种类。”①

（三）区分适用宣告性判决和引领性判决

虽然判决与协调本身并无明显高下之分，但案件庭审的充分展开、裁判文书的主动公开和裁判内容的是非断定等特质，还是决定了判决方式在实质性解决行政争议中的主导地位。诚如何海波教授所言：“倡导行政诉讼协调处理，必须以一个独立和权威的司法体系为前提，以法院能够确保依法判决为后盾。舍此，协调处理只能成为对法治理想乃至法官尊严的嘲讽。”②总体上看，全国一审行政案件被告败诉率仅占受案数的一成之多，且呈现出“宣告性判决多、引领性判决少”的发展态势。③ 在司法权与行政权之间关系的处理上，司法过度谦抑现象仍然十分明显。这也是行政争议难以实现实质性解决的一大写照。

就规范文本而言，2014 年《行政诉讼法》第 77 条扩大了变更判决的适用范围，《行诉解释》第 91、92 条规定了具有明确指引性的履行判决和给付判决。这三类判决对行政争议的实质性解决和行政相对人合法权益的有效保护都具有至关重要的作用，充分体现了人民法院对行政机关依法行政的有力监督，可谓彰显司法能力的“重器”。在很多样本案件中，行政争议之所以迟迟得不到实质性解决，原因就在于人民法院对于赔偿或补偿款额不敢实

① 〔德〕弗里德赫尔穆·胡芬：《行政诉讼法》（第 5 版），莫光华译，法律出版社 2003 年版，第 204 页。

② 何海波：《行政诉讼法》（第二版），法律出版社 2016 年版，第 508 页。

③ 例如，福建省 2018 年全省法院一审行政案件行政机关败诉案件 1316 件，一审败诉率为 16.78%。其中，确认违法 663 件，占 50.38%；变更判决 2 件，不足 0.01%。参见《福建省高级人民法院全省法院行政案件司法审查报告》（2018 年）。

事求是地直接作出认定（如“吉案 1”“吉案 2”等），导致新的法律程序频繁启动。因此，为谋求行政争议实质性解决，对于“裁判时机成熟”[①]的行政案件，人民法院应当依法作出具有明确时间和内容指引性要求的判决。从目前行政案件集中管辖改革缓解审判干扰的实际效果来看，更多适用引领性判决、审慎适用宣告性判决的司法环境已经有所改善。行政案件集中管辖法院应当抓住这一有利时机，发挥依法裁判在实质性解决行政争议中的兜底作用，避免出现判决“口惠而实不至”的敷衍性司法局面。

（四）规范三类协调化解方式的梯度适用

在协调化解撤诉结案方式备受质疑、2014 年《行政诉讼法》明确承认特殊类型行政案件可以调解的背景之下，各地法院仍然习惯于沿用过去的做法，个中原因值得探究。除了现行法律关于行政案件调解的规定较为粗陋之外，还与全社会特别是有关国家机关对行政调解书法律属性的认知匮乏有关。在行政争议实质性解决路径谱系中，应当鼓励人民法院在征得当事人同意的基础上，以制作行政调解书的规范化方式进行结案。在样本案件中，“最高法案 1”是 2014 年修订的《行政诉讼法》实施以来最高人民法院首次依法以行政调解书方式结案的典型案件，对全国法院具有重要的示范作用。在行政审判绩效考评体系的完善中，应当将行政调解书置于与行政判决书同等重要的地位，从制度和机制上引导中国式“合意型解决”行政审判模式的生长。

相比较规范化、制度化、公开化程度较高的行政调解结案而言，经协调化解由原告撤诉方式结案的做法只能在特殊类型行政案件中有限度地适用。这种做法虽然在表面上不违反现行法律的规定，但协调过程无法通过一纸简单的准许撤回起诉行政裁定书得到呈现，自然就无法消除外界对法

① 在德国行政法上，裁判时机成熟意味着当“所有事实和法律上的前提皆已具备”时，法院应当径行作出具有明确内容的判决。参见〔德〕弗里德赫尔穆·胡芬：《行政诉讼法》（第 5 版），莫光华译，法律出版社 2003 年版，第 443 页。

院“以拖压调”“以判压调”的本能怀疑。因此,协调化解要尽可能地通过开庭审理方式进行,避免频繁的私下接触引发协调公正性和合法性危机。至于近年来在多元化行政争议解决体系构建中兴起的诉前调解,因缺乏行政诉讼法上的直接依据,更应克制适用。作为落实诉源治理理念的载体,诉前调解对于少数行政争议可能具有一定的实际效果,但也存在法院借机规避合法性审查的风险。在“司法更像司法”改革尚在积极推进的环境之下,不宜低估诉前调解的过度适用对行政审判制度可能造成的负面影响。只有人民法院坚持依法裁判和依法调解并举、适度运用协调化解予以补充,才能够真正促进行政争议的实质性解决,并最终实现从源头上预防和减少行政争议发生的功效。

在任何时代,法的发展重心“既不在立法,也不在法学或司法判决,而在于社会本身”。[①] 行政诉讼法制度和学说的发展,只有在社会变迁中不断寻找时代之问,充分体现时代特质,才能形成真正具有原创性和生命力的时代理论。行政争议实质性解决理念的兴起,源于我国行政审判实践之惑,同时也反哺我国行政诉讼制度的完善和发展,在立法、司法、行政之间形成了更为紧密的联系纽带。面对 2019 年政法系统围绕行政争议实质性解决采取的集体行动,行政审判制度正迎来新的改革契机,行政法学应当及时对此作出系统的理论回应。本章在追溯行政审判政策变迁的基础上,围绕“两高”及三地公布的典型行政案例样本,对行政争议实质性解决的理论内涵、基本路径、属性定位和规范构造进行了深入解读,希冀把我国行政审判的制度优势更好转化为司法的社会治理效能。有理由相信,行政争议实质性解决理念的践行和制度的完善,将进一步提升人民法院的行政审判能力,实现行政诉讼制度解决行政争议的基本功能和保障公民权益、监督依法行政的衍生功能,为未来“3.0 版”行政诉讼法提供丰富的本土实践素材,发挥行政审判制度在法治国家进程中应有的重要作用。

---

① 参见〔奥〕欧根·埃利希:《法社会学原理》,舒国滢译,中国大百科全书出版社 2009 年版,“作者序”。

第二章

行政诉讼府院互动论

一、行政诉讼府院互动理念的提出

司法权与行政权之间的关系，既是贯穿于行政诉讼活动始终的主线，也是观察行政诉讼制度走向的窗口。1989 年《行政诉讼法》的颁布，开启了中国法治进程的新里程。20 世纪 90 年代，“维护”与“监督”并举、“支持”与“制约”并重一直是人民法院行政审判工作坚持的指导思想。进入 21 世纪之后，社会转型滋生更多社会矛盾，发展至上强化行政主导模式，加之司法权自身地位孱弱，行政诉讼制度日益陷入“立案难、审理难、执行难”的尴尬境地，修订《行政诉讼法》在“入世”后几乎成为众口一词的摆脱行政诉讼制度困境的出路。

自 2004 年 3 月印发《关于进一步加强行政审判工作的通知》开始，最高人民法院以发布司法文件、司法解释、工作报告、召开行政审判工作会议等多种形式调整行政审判政策，走出了一条极具中国本土特色的“府院互动”[①]

① “府院互动”并非规范意义上的法律概念，其意旨主要以“司法与行政良性互动”“府院联动”为名体现在各级法院和行政机关的文件、报告和媒体报道之中。与理想类型的司法权与行政权相互制约关系相比，“府院互动”一语简约生动地传递了司法权与行政权之间存在的积极协作关系，故本章采用这一词语。

之路，在相当程度上改变了司法权与行政权之间的关系形态，对行政审判制度发展产生了深远影响。从 2006 年 12 月《关于妥善处理群体性行政案件的通知》首度使用"增进司法与行政的良性互动"一词，到最高法 2007 年《意见》专篇阐述"建立司法与行政良性互动机制"，再到最高法 2009 年《意见》专篇阐述"建立健全司法与行政的良性互动机制"，直至 2014 年 3 月"促进司法与行政良性互动"首次写入最高人民法院向全国人大所作的年度工作报告，府院互动历经十年实践探索，成为行政审判常态化机制。

2014 年《行政诉讼法》的修订通过增加"解决行政争议"目的性条款、确定适用调解的行政案件范围、明确被诉行政机关负责人出庭应诉义务等方式，间接肯定了法院系统府院互动的实践成果。2014 年修订的《行政诉讼法》实施以来，府院互动经由"促进行政争议实质性化解""优化行政审判外部环境""推进行政应诉"等话语，体现在最高人民法院的年度工作报告、行政审判工作专项报告和《五五改革纲要》之中，继续引领行政审判制度发展。2019 年 6 月，最高人民法院第三巡回法庭在上海召开华东五省(市)行政争议化解府院联动座谈会，释放出人民法院行政审判工作继续坚持推动府院互动的强劲信号。[①]

就制度本质而言，行政诉讼是一种国家权力之间的结构设计。因此，良好的行政诉讼需要"诉诸司法与行政关系的调整和国家权力结构的重新构造"才能实现。[②] 作为人民法院和行政机关在行政诉讼内外各自履职过程中的交互性活动，府院互动是植根于中国本土行政审判实践的制度创造，预示着行政诉讼领域司法权与行政权关系的嬗变和行政审判模式的转向。府院互动的产生和发展，映射出社会转型时期中国行政审判制度的艰难运行和人民法院坚持不懈的实践探索，应当成为理解中国式行政诉讼制度的一把

---

① 参见余东明:《华东五省(市)行政争议化解府院联动座谈会召开 府院联动实质性化解行政争议》，载《法制日报》2019 年 6 月 10 日。

② 参见杨伟东:《权力结构中的行政诉讼》，北京大学出版社 2008 年版，第 30 页。

钥匙。遗憾的是，行政法学理论界对此并未给予应有的关注。[①] 在全面推进依法治国的进程中，作为"衡量一国法治发达程度与社会文明程度重要标尺"的行政诉讼制度，将扮演越来越重要的角色。[②] 本章立足十几年来府院互动的实践演进，揭示其存在的法理基础和适用空间，探讨法律框架内府院互动的规范化路径，希冀更好发挥府院互动在行政审判中的积极作用。

二、行政诉讼府院互动的实践演进

行政诉讼中的府院互动，是指人民法院和行政机关围绕行政案件审理，在履行各自职责的过程中，通过行政诉讼内外的沟通、协调等交互活动方式，形成的司法权与行政权之间互相支持、互相促进的关系。与传统的以"法院发展成为令行政机关望而生畏的讨厌的存在"为旨趣的行政诉讼制度不同的是[③]，府院互动凸显了司法权与行政权之间更为积极的协作关系。作为中国本土司法实践所孕育的行政审判理念，府院互动展示出有别于司法权监督行政权主流观念的另类权力运行状态。[④] 就互动载体而言，人民法院和行政机关应当围绕行政案件审理展开。就互动依据而言，人民法院和行政机关应当立足各自所承担的职责。府院互动本身虽缺乏直接法律依据，但互动行为必须基于双方法定职责。就互动空间而言，府院互动既可以存在于行政诉讼之内，也可以存在于行政诉讼之外。诉讼内互动以人民法院妥善化解行政争议为导向，诉讼外互动以人民法院延伸行政审判职能为导向。就互动功能而言，府院互动包括个案处理型和法治促进型两类。前者

---

① 个别学者曾经撰文简略探讨过司法与行政互动的合理性、消极性及规制方式，参见顾越利：《建立司法与行政良性互动机制探讨》，载《东南学术》2010 年第 6 期；黄先雄：《司法与行政互动之规制》，载《法学》2015 年第 12 期。有关府院互动的法理基础、类型构造、生存空间和限度设置问题，尚需在全面梳理行政审判实践经验的基础上展开更为深入的研究。

② 参见马怀德：《行政审判体制重构与司法体制改革》，载《国家行政学院学报》2004 年第 1 期。

③ 参见〔日〕原田尚彦：《诉的利益》，石龙潭译，中国政法大学出版社 2014 年版，第 243 页。

④ 从这个意义上来说，府院互动不宜被泛化理解为"不仅意味着相互配合而且意味着相互制约""不仅意味着相互支持而且意味着相互监督"。参见吕岩峰：《全面构建司法与行政的良性互动联动机制》，载《人民法院报》2010 年 4 月 21 日。

是人民法院与行政机关围绕具体个案妥善化解展开的互动，包括协调化解、出庭应诉和司法建议等机制；后者是人民法院与行政机关围绕促进依法行政进行的互动，包括行政审判白皮书、府院联席会议和能力助推提升等机制。与司法权与行政权相克对抗的消极定位相比，府院互动追求的是共生协作。整体上看，当代中国行政诉讼实践中的府院互动，在 2014 年修订《行政诉讼法》前后，倚重了不同的进路。

（一）2014 年修订《行政诉讼法》前的府院互动

府院互动协调案件审理的做法可追溯至《行政诉讼法》施行之初。最高人民法院在办理“京龙公司诉江苏省工商局行政处罚案”的过程中，曾就相关政策理解问题多方沟通，最后说服了国家工商局，由江苏省工商局主动撤销行政处罚决定，使案件得到圆满解决。[①] 府院互动的相对体系化则始于 2007 年，标志就是最高法 2007 年《意见》首次将建立府院互动机制列为加强和改进行政审判工作的一项主要任务。作为最高人民法院迄今为止发布的最具权威性、全局性和指导性的行政审判政策文件，最高法 2007 年《意见》对府院互动的方式、重点和界限提出了明确要求，正式确立府院互动理念源于社会背景的深刻变化。党的十六届六中全会提出构建社会主义和谐社会的目标，明确了加强社会和谐司法保障的具体任务。2006 年 9 月，中办、国办联合下发《关于预防和化解行政争议 健全行政争议解决机制的意见》，提出“从源头上预防和化解行政争议”司法新理念。我国法院历来就有“及时地并尽最大努力地回应作为执政党的中国共产党在基本路线、方针、政策方面变化”[②]的传统，随即围绕构建和谐社会司法保障迅速作出反应。2006 年 10 月 25 日，全国法院加强行政审判工作妥善处理行政争议电视电话会议在北京举行；2007 年 1 月 15 日，最高人民法院下发《关于为构建社会

---

① 参见《夹缝前行 30 年——最高人民法院行政庭原审判长蔡小雪法官访谈》，载何海波编：《行政法治奠基时：1989 年〈行政诉讼法〉史料荟萃》，法律出版社 2019 年版，第 526 页。

② 贺卫方：《司法的理念与制度》，中国政法大学出版社 1998 年版，第 42 页。

主义和谐社会提供司法保障的若干意见》;2007 年 3 月 1 日,最高人民法院下发《关于进一步发挥诉讼调解在构建社会主义和谐社会中积极作用的若干意见》《关于进一步加强司法建议工作为构建社会主义和谐社会提供司法服务的通知》。这些司法文件和会议精神的贯彻,为府院互动的正式提出营造了氛围。

真正促成最高法 2007 年《意见》印发的是 2007 年 3 月 27 日至 28 日举行的第五次全国行政审判工作会议。无论在形式还是内容上,这次会议都是《行政诉讼法》实施以来规格最高、规模最大、效果最好的一次会议。时任中共中央政治局常委、中央政法委书记罗干在会议上提出衡量行政审判工作的三项新标准,即"是否化解了行政争议""是否理顺了群众情绪""是否促进了社会的和谐稳定"。他意味深长地指出:"司法机关和行政机关分工不同,但在执行国家法律和维护社会和谐稳定方面目标是一致的,要努力实现司法和行政的良性互动。"时任国务委员兼国务院秘书长华建敏要求,各级行政机关以正确态度和实际行动积极支持行政审判工作。"行政机关要加强与人民法院的沟通互动,相互支持协调配合,共同解决行政争议。"[①]党和国家领导同志重视、支持行政审判工作最全面的公开讲话,为府院互动成为行政审判新政策奠定了基础。

最高法 2007 年《意见》的施行使 2007 年成为《行政诉讼法》实施以来真正意义上的"拐点"之年。一方面,最高人民法院相继印发《关于行政诉讼撤诉若干问题的规定》《关于充分发挥行政审判职能作用为保障和改善民生提供有力司法保障的通知》《关于在全国法院开展行政审判"白皮书"活动的通知》《关于依法保护行政诉讼当事人诉权的意见》《关于进一步贯彻"调解优先、调判结合"工作原则的若干意见》《关于加强司法建议工作的意见》等司法解释和文件,举行"纪念行政诉讼法颁布二十周年座谈会""全国法院探索

---

① 《建设公正高效权威的行政审判制度——第五次全国行政审判工作会议综述》,载最高人民法院行政审判庭编:《行政执法与行政审判》(总第 23 集),人民法院出版社 2008 年版,第 429—431 页。

化解行政争议新机制经验交流视频会"等行政审判工作会议，不遗余力地建立健全府院互动新机制。另一方面，自2007年始，全国法院一审行政诉讼案件数量终结了在10万件关口上长达十年的徘徊不前局面，稳步增长到2014年的14.1万余件。个案协调化解型府院互动机制发挥了重要作用，全国法院2007年、2010年、2012年的协调和解撤诉率分别为33.82%、35.9%和48%，这被作为行政审判工作的主要亮点写入最高人民法院年度工作报告。[①] 从最高法2007年《意见》将行政审判定位为"保护合法权益、促进依法行政、优化司法环境、化解行政争议"，到府院互动作为行政审判工作特色正式写入最高人民法院2014年工作报告，行政诉讼法修订的前夜已经进入到行政案件数量和协调化解比例共升、监督行政与府院互动并举的阶段。

在个案处理型府院互动中，协调和化解最为典型也备受质疑。为了消弭协调和化解结案的形式合法性，最高人民法院制定专门的撤诉司法解释，既回避了"审理行政案件不适用调解"的限制性规定，又为不违反法律精神的实践探索提供了规范依据。[②] 最高人民法院在"青岛W热电有限公司诉青岛市李沧区人民政府应急预案行为上诉案""天津市H医院诉天津市卫生局医疗纠纷行政处理再审案"的审理过程中，为防止程序空转、实质解决问题，通过长达一年时间的努力，最终成功协调化解。[③] 江苏省海安县自2004年始全面推行行政机关负责人出庭应诉，"海安样本"成为改革开放以来中国行政法发展的"大事"之一。[④] 司法建议素材来自个案审理，具有"裁判引导型""裁判补充型""纠纷预防型""裁判执行型"等功能形态。[⑤] 法治促进型府院互动方式主要规定在最高法2007年《意见》之中，但更多来自地方实践探索。上海市三级法院自2004年始率先发布行政审判白皮书，注重"统

① 参见最高人民法院2007年、2010年、2012年工作报告。

② 参见李广宇：《〈关于行政诉讼撤诉若干问题的规定〉的理解与适用》，载最高人民法院行政审判庭编：《行政执法与行政审判》（总第27集），人民法院出版社2008年版，第119页。

③ 参见蔡小雪：《审判业务专家是怎样炼成的》，法律出版社2017年版，第170—206页。

④ 参见何海波等编著：《法治的脚步声——中国行政法大事记（1978—2014）》，中国政法大学出版社2015年版，第214—215页。

⑤ 参见章志远：《我国行政诉讼司法建议制度之研究》，载《法商研究》2011年第2期。

分结合""虚实结合""针对性和可接受性结合""法理结合",走出了一条优化司法环境、促进依法行政和增进良性互动的特色之路。[①] 江苏省常州市中级法院与常州市政府自2000年始率先建立府院联席会议制度,成为推进行政审判司法环境良性循环"江苏模式"的重要内容。[②] 山东省五莲县法院自2004年始率先建立行政诉讼案件败诉考核机制,使行政机关的执法水平得到明显提升。[③] 法治促进型互动与个案处理型互动虽然目标不同,但同样是建立在个案处理基础上的行政审判职能延伸。

在2014年修订《行政诉讼法》前,府院互动总体上是在缺乏直接法律依据的背景下展开的。个中不仅蕴涵着各地法院的积极探索和最高人民法院的强力推动,体现了法院系统内部自下而上和自上而下创新方式的融合;而且中央到地方各级政府也积极出台相关措施,反映了行政系统对司法系统主动作为的积极回应。这一时期国务院相继发布《全面推进依法行政实施纲要》《关于加强市县政府依法行政的决定》《关于加强法治政府建设的意见》,"自觉接受司法监督""认真做好行政应诉""积极配合法院审判""认真对待司法建议"等代表府院互动理念的机制被吸纳其中,表明行政系统对司法系统主动作为的积极回应,使这一阶段的府院互动呈现"地方大胆创新——司法文件助推——行政系统响应"的生长轨迹。

（二）2014年修订《行政诉讼法》后的府院互动

《行政诉讼法》在2014年的修订,直面社会反映强烈的行政诉讼"三难"问题,吸收了行政审判实践中的有益经验,确立了一系列具有现实针对性的

---

① 参见上海市高级人民法院:《优化司法环境 增进良性互动 不断深入推动行政审判"白皮书"工作》,载最高人民法院行政审判庭编:《行政执法与行政审判》(总第37集),中国法制出版社2010年版,第78—80页。

② 参见江苏省高级人民法院行政审判庭:《拓展 服务 优化——推进行政审判司法环境良性循环的"江苏模式"》,载最高人民法院行政审判庭编:《行政执法与行政审判》(总第35集),人民法院出版社2010年版,第106—107页。

③ 参见山东省五莲县人民法院:《实施行政诉讼败诉考核 优化行政审批环境》,载最高人民法院行政审判庭编:《行政执法与行政审判》(总第34集),人民法院出版社2009年版,第152—155页。

应对举措。[①] 最高人民法院几年来不断创新工作方式，指导推进行政诉讼中的府院互动。一方面，作为对国办印发的首个全面规范行政应诉工作专门性文件的积极回应，最高人民法院印发《关于行政诉讼应诉若干问题的通知》，依法推进行政机关负责人出庭应诉，将其作为工作亮点连续写入2017年和2018年最高人民法院工作报告。另一方面，最高人民法院于2015年11月2日首次在全国人大常委会会议上专门就行政审判工作进行专项汇报，重点提及2010年以来人民法院一审行政案件协调化解率、司法建议发送数和行政审判白皮书发布数等府院互动成果。除不定期发布指导性案例外，最高人民法院还从全国行政审判一线挖掘典型案例，向全社会发布了“征收拆迁十大典型案例”“信息公开十大案例”“行政不作为十大案例”“环境保护行政案件十大案例”“十大经济行政典型案例”“第二批十大环境保护行政案件典型案例”“第二批征收拆迁典型案例”“行政诉讼附带审查规范性文件典型案例”“行政协议十大参考案例”“推动中国法治进程十大行政诉讼典型案例”，引起了社会各界的广泛关注。

近年来，行政诉讼中的府院互动呈现个案处理型与法治促进型并重趋势。究其原因，主要在于妥善化解行政争议和助力法治政府建设成为人民法院行政审判工作面临的两大紧迫任务。一方面，人民法院一审行政案件受案数在2015年首次突破20万件大关，呈现逐年稳步增长之势，加之行政诉讼管辖体制改革，妥善化解行政争议的压力不断增大。另一方面，党的十八届四中全会通过的《中共中央关于全面推进依法治国若干重大问题的决定》（以下简称《全面依法治国决定》）明确了“坚持法治国家、法治政府、法治社会一体建设”的战略任务，作为“法治国家的主体”的法治政府建设进入快车道。[②] 中办、国办联合下发《党政主要负责人履行推进法治建设第一责任人职责规定》，明确地方党委政府主要负责人是法治建设的重要组织者、推

---

① 参见时任全国人大常委会法制工作委员会副主任信春鹰2013年12月23日在十二届全国人大常委会第六次会议上所作的《关于〈中华人民共和国行政诉讼法修正案（草案）〉的说明》。

② 参见中共中央宣传部：《习近平新时代中国特色社会主义思想三十讲》，学习出版社2018年版，第189页。

动者和实践者，法治政府建设外力支持更加迫切。

围绕行政争议实质性化解目标，各级法院在 2014 年《行政诉讼法》的指引下，展开了灵活多样的个案处理型府院互动。上海市高级人民法院将"深化行政争议实质性解决机制改革，细化完善行政案件协调化解相关工作规范"作为 2018 年行政审判重点工作，率先发布《关于进一步完善行政争议实质性解决机制的实施意见》(以下简称《实施意见》)，对需要实质性解决行政争议的具体情形、行政争议多元调处中心、推进争议实质性解决具体机制作出详细规定。2019 年，上海、安徽、吉林三地高级人民法院相继发布"实质性化解行政争议十大典型案例"，向全社会公开展示协调化解的主要经验和典型意义。最高人民法院已在 29 份行政裁判文书中明确提及"实质性化解行政争议"①，2019 年将"促进实质性化解行政争议"分别写入年度工作报告和《五五改革纲要》之中。出庭应诉的行政机关负责人级别不断提高，时任贵州省人民政府副省长陈鸣明和中国证监会党委委员黄炜分别于 2016 年、2017 年开创了省部级领导干部出庭应诉先例；规范出庭应诉的行政立法不断增多，河北、广东、福建、吉林四省人民政府相继发布行政应诉规章。上海市政府与上海市高级人民法院联合推出行政机关负责人出庭应诉"升级版"——出庭旁听讲评"三合一"，该项创举获得第五届"中国法治政府奖"。②致力于行政争议实质性化解的司法建议在各级法院得到更为广泛的运用，取得了多方共赢的社会效果。③

在法治政府建设步伐明显加快背景下，法治促进型府院互动方式异常活跃。地方三级法院普遍开展行政审判白皮书发布活动，形成发布时间固

---

① 笔者于 2020 年 10 月 3 日以"实质性化解行政争议"为关键词在"无讼案例"进行检索，可获得最高人民法院行政裁判文书 30 份。

② 参见中国政法大学法治政府研究院主编：《中国法治政府奖集萃》(第五届)，社会科学文献出版社 2018 年版，第 29—38 页。

③ 2017 年兰州铁路运输中级法院在审理专车"非法营运"系列案件时，主动邀请交通委和城运处负责人就如何规范执法当面进行交流，向行政机关提出区分不同情况进行处罚的司法建议，得到行政机关的采纳，避免类似争议的发生。参见昆明铁路运输中级法院：《跨行政区划集中管辖行政案件审判机制研究》，载最高人民法院行政审判庭编：《行政执法与行政审判》(总第 68 集)，中国法制出版社 2018 年版，第 66—67 页。

定化、发布方式公开化、内容数据图式化、十大典型案例附随化、问题把脉精准化、建议措施规范化、政府反馈及时化等特点。北京市第四中级人民法院、上海铁路运输法院等行政案件集中管辖法院针对各区政府涉诉案件情况发送"私人定制式"分报告,起到了法治"体检报告"作用。福建省首创的"省—市—县"三级府院联席会议机制不断向项目化、清单化管理方式转化,助力法治政府建设的成效日益明显。[①] 能力助推提升机制朝着规范化、多样化方向发展。行政诉讼败诉率、被诉行政机关负责人出庭率被纳入中央全面依法治国委员会办公室 2019 年 5 月印发的《关于开展法治政府建设示范创建活动的意见》附件"市县法治政府建设示范指标体系"之中。2018 年 1 月,上海市法治政府建设工作领导小组办公室、上海市高级人民法院、上海市人民检察院共同签署《关于本市建立行政规范性文件审查衔接工作机制的指导意见》,在全国率先建立法院事前建言和事后监督相结合的规范性文件审查衔接工作机制。最高人民法院自 2015 年起连续五年将"'支持'与'监督'行政机关依法行政"写入年度工作报告,并将"围绕推进法治政府建设"作为改革完善行政审判工作机制的中心写入《五五改革纲要》。

行政诉讼中府院互动的实践演进显示,最高人民法院发挥了关键性"高位推动"作用。[②] 地方法院与行政机关的各种有效互动,经最高人民法院提炼初步实现规范化和体系化,部分实践成果得到最高国家权力机关和行政机关的支持,进一步夯实了府院互动的规范依据。

---

① 参见福建省高级人民法院:《福建省高级人民法院全省法院行政案件司法审查白皮书(2017年)》,载最高人民法院行政审判庭编:《行政执法与行政审判》(总第 73 集),中国法制出版社 2018 年版,第 200 页。

② 对最高人民法院行政法规范创造功能的分析,参见余凌云:《法院如何发展行政法》,载《中国社会科学》2008 年第 1 期。时任最高人民法院副院长江必新在一次讲话中指出:"全国的行政审判寄希望于最高人民法院,寄希望于行政庭的全体同志。行政审判的发展要靠我们大家去推动。行政审判的命运很大程度上就掌握在我们自己手中,我们不去推动谁去推动?"参见江必新:《抓住机遇,加大工作力度,把行政审判工作提高到一个新水平——在最高人民法院行政审判庭全庭会上的讲话》,载最高人民法院行政审判庭编:《行政执法与行政审判》(总第 28 集),人民法院出版社 2008 年版,第 206 页。

三、行政诉讼府院互动的法理基础

府院互动兴起展现了行政诉讼中司法权与行政权的另类关系形态，2014 年修订《行政诉讼法》之前，行政诉讼制度发展成为“来自地方法院在最高人民法院所开拓的局面下的自行突围”。[①] 近几年府院互动的持续推进，表明法院系统特别是最高人民法院对行政审判新政策的坚持。与官方积极认同的立场不同，理论界对某些府院互动方式尤其是过度协调化解造成的司法监督功能萎缩普遍担忧。[②] 司法高层对行政诉讼非正常撤诉现象、“两高四低”（即“上诉率高、申诉率高”“实体裁判率低、被告败诉率低、发回重审和改判率低、原告服判息诉率低”）现象其实早有关注，甚至通过部署集中治理行政案件申诉上访难题专项活动予以纠偏。[③] 鉴于行政诉讼法已明确规定部分行政案件可以适用调解，全社会对法院以府院互动方式促成双方当事人自愿和解应当给予理解和尊重。

从近几年司法统计数据来看，行政诉讼法立案登记制的红利并未明显呈现。与海量民事案件和行政执法决定相比，28 万件的一审行政案件量依旧稀少，井喷式增长局面在相当长时间内恐难以实现。受管辖制度改革等因素影响，行政案件协调化解率有明显回落。在全国公认的法治环境示范区上海，一审行政案件数量最近两年出现连续下降，行政机关败诉率跌至 3%。这些迹象表明，既往以受案数和败诉率来评价行政审判工作绩效的做法未必科学。人民法院终结行政纠纷的能力，人民群众在每一个行政案件

① 参见于晓虹：《策略性服从：我国法院如何推进行政诉讼》，载《清华法学》2014 年第 4 期。

② 汪庆华认为：“当调解而不是审判成为司法能力的表现形式，当撤诉而不是判决成为法院结案的主要方式，行政诉讼作为司法审查控制行政行为的功能将愈发孱弱。”参见汪庆华：《政治中的司法：中国行政诉讼的法律社会学考察》，清华大学出版社 2011 年版。

③ 时任最高人民法院副院长江必新 2010 年 5 月 22 日在全国法院行政审判工作座谈会上强调指出，切实把人民群众的合法权益保护到位，是对行政审判能否坚持人民性和群众路线的考验，也是对行政审判能否沦为“名存实亡”的前途和命运的考验。参见江必新：《以推进三项重点工作为契机努力破解行政案件申诉上访难题——在全国法院行政审判工作座谈会上的讲话》，载最高人民法院行政审判庭编：《行政执法与行政审判》（总第 41 集），中国法制出版社 2010 年版，第 2 页。

中对公平正义的感受度，应该成为新时代行政审判工作的衡量标准。[①] 与此密切关联的是，府院互动理念在未来行政诉讼实践中仍有践行之必要，其正当性体现在如下三个方面：

（一）社会治理政策变迁之司法回应

我国行政诉讼制度始终“与民主法治进程同步前进”，“与改革开放一起成长”。[②] 在以加快和深化改革为中心任务的党的十三大报告中，“制定行政诉讼法”是政治体制改革的重要任务之一，成为1989年《行政诉讼法》迅速颁布的直接依据。在党政分开的改革语境中，行政诉讼制度承载起司法权监督行政权的使命。作为一个肩负崇高历史使命、领导人民创造经济快速发展和社会长期稳定奇迹的马克思主义政党，中国共产党在改革开放进程中始终探索党的领导和执政方式的改进和完善。《行政诉讼法》在2014年的修订，起步于十八届三中全会作出“全面深化改革”部署之际，完成于十八届四中全会作出“全面依法治国”部署之后，承载着推进国家治理体系和治理能力现代化建设的使命。党的十八大以来，加强党的集中统一领导成为政治体制改革的根本遵循，把党的领导贯彻落实到国家治理各领域各方面各环节成为坚持和完善中国特色社会主义制度的首要任务。从“坚持党的一元化领导”到“实行党政分开”，直至“加强党的全面领导”，行政诉讼赖以生存的“党政体制”发生了深刻变化。[③] 一方面，党政体制下的现代行政国家有效实现了“执政党政治领导权与政府机构行政权”的平衡；另一方面，党政体制下的司法工作实现了“坚持党对政法工作的绝对领导”和“保证司法机关依

---

① 司法和行政良性互动始终是上海法治建设的特色和亮点，其中的一条重要经验就是将实质性化解行政争议作为府院互动的出发点，这一立足中国国情、政情和民情的实践创新得到了最高人民法院的充分认可。参见张斌：《增进府院联动 扩大互动效果 不断提高上海法院行政审判工作水平》，华东五省（市）行政争议化解府院联动座谈会会议材料，2019年，上海，第8页。

② 参见江必新：《行政诉讼三十年发展之剪影——从最高人民法院亲历者的角度》，载《中国法律评论》2019年第2期。

③ 参见景跃进等主编：《当代中国政府与政治》，中国人民大学出版社2016年版，第27—28页。

法独立公正行使职权”的统一。在这种新型权力关系网络中,司法权与行政权之间绝非单向度的监督制约关系,司法权对行政权的支持和促进功能同样应当置于二者关系谱系之中。[①]

我国行政诉讼实践中的行政诉讼府院互动,源于对执政党社会治理政策变迁的积极回应。在全面建设小康社会进程中,中国共产党与时俱进地推进实践创新、理论创新和制度创新,相继提出以人为本、全面协调可持续发展的科学发展观和习近平新时代中国特色社会主义思想,成为党领导人民进行伟大社会革命的指导思想。“社会和谐是中国特色社会主义的本质属性”“构建社会主义和谐社会是一个不断化解社会矛盾的持续过程”“解决好人民最关心、最直接、最现实的利益问题”等政治论断的提出,表明中国共产党在改善民生、化解矛盾和创新治理中构建社会主义和谐社会的决心,这一重大政策变迁对行政审判工作提出了新要求。审判制度的首要任务是化解纠纷,源头治理和系统治理新理念要求人民法院变“结案了事”为“案结事了”,通过积极探索多元化处理新机制预防和化解行政争议,为协调化解式府院互动的兴起提供了正当性基础。诚如棚濑孝雄所言:“完全把视线集中在规范上而无视与审判过程发生关系的个人在实际上进行行为选择的可能性,并不能真正究明以审判解决纠纷的机制。”[②]人民法院和行政机关依托行政案件审理,通过对各方信息加工整理和沟通交流,能够最大限度弥合分歧、增进和谐,积极回应执政党提出的创新社会治理、建设法治社会的政策主张。作为“公权力运作系统之外的社会生活的法治化”,法治社会能够将法治国家和法治政府建设成果融入社会生活之中,“使法治成为一种可察、可感、可知的社会生活样态和社会治理状态”。[③] 在今后相当长一段时间,人民法院应当抓住执政党重视法治一体建设的契机,将现有体制优势转化为

---

① 继 2014 年修正后的《行政诉讼法》第 1 条删除了“维护”保留“监督”之后,最高人民法院 2015—2019 年工作报告中仍然使用了“支持”(4 次)、“促进”(1 次)行政机关依法行政的表述。

② 〔日〕棚濑孝雄:《纠纷的解决与审判制度》,王亚新译,中国政法大学出版社 2004 年版,第 6 页。

③ 参见陈柏峰:《中国法治社会的结构及其运行机制》,载《中国社会科学》2019 年第 1 期。

府院互动的治理效能,引领中国特色行政审判制度走上自主性发展道路。

(二)行政审判外部环境优化之应对策略

行政诉讼制度健康发展离不开良好的司法环境。这既是我国行政审判工作多年来积累的宝贵经验,也是行政诉讼制度艰难运行的真实写照。无论是在第四、五次全国行政审判工作会议还是最高人民法院举行的年度行政审判工作会议上,行政审判司法环境的"改善""优化""营造"都是重要任务之一;[①]在最高人民法院历年工作报告中,有7次专门提及"司法环境的改善"。正是基于司法环境制约行政审判发展的深刻认识,最高法2007年《意见》不仅将"优化司法环境"明确为行政审判制度发展四大任务之一,还确立了以管辖制度改革为突破口的"硬性优化"策略和以府院互动为切入点的"柔性优化"策略。以最高人民法院2008年印发《关于行政案件管辖若干问题的规定》为起点,改革和完善管辖制度成为人民法院内部积极优化司法环境、提升行政审判公信力的关键一招。最高人民法院2013年印发的《关于开展行政案件相对集中管辖试点工作的通知》和2015年印发的《关于人民法院跨行政区域集中管辖行政案件的指导意见》,是进一步排除行政干扰、改善司法环境、保证人民法院依法独立行使行政审判权的有效应对策略。

行政审判司法环境优化除了依靠法院自身努力之外,还应当善于采取迂回策略从外部借力。"行政审判需要经常与政府和行政机关打交道,能否得到行政机关的理解、信任和支持,对于开展行政审判工作、改善司法环境至关重要。"[②]司法权本身就是国家政治权力的有机组成部分,主流政治意识

---

① 时任最高人民法院副院长江必新2003年10月21日在全国法院行政审判工作座谈会上强调指出,要增强改善司法环境的自觉性、主动性和创造性,好的司法环境"等不来""靠不来",要靠自己"去争取""去改善"。参见江必新:《牢固树立司法为民思想 把行政审判工作提高到一个新的水平——在全国法院行政审判工作座谈会上的讲话》,载最高人民法院行政审判庭编:《行政执法与行政审判》(总第8集),法律出版社2003年版,第17页。

② 曹建明:《当前行政审判工作中的几个问题》,载最高人民法院行政审判庭编:《行政执法与行政审判》(总第28集),中国法制出版社2012年版,第225页。

形态当然影响司法权运作，司法权运作反过来也能够对政治有机体产生作用。要辩证看待司法与政治之间的关系，以更加积极的姿态全面提高司法话语权，消除司法权在国家权力结构中孱弱地位对行政审判的不利影响。“一个政治功能缺失或弱化的法院，实际上既无政治地位，更无力担当实现法治的重任，还势必影响其一般司法功能的发挥。”[①]人民法院主动向党委、政法委汇报情况，主动向人大报告行政审判工作，能够寻找到政治体制支持；人民法院运用个案审理优势，或主动或应邀与行政机关就行政执法、行政复议或其他法治政府建设问题进行沟通交流，不仅能够有效防范行政权运行风险，还能积极展示法治政府“建设者”角色。府院互动对行政审判司法环境优化具有潜移默化功效。在法治政府建设与责任落实督察工作和示范创建活动“双管齐下”的当下，人民法院行政审判工作面临重要机遇，应当充分发挥府院互动的溢出效应，形成司法环境优化和司法公信力提升的双赢局面。

（三）行政任务导向下审判功能之适度拓展

1989 年《行政诉讼法》颁布时，我国行政权表现形式过于单一，以治安行政处罚为中心的秩序行政活动容易侵犯行政相对人合法权益，加之计划经济时代全能型政府对经济社会的全面管控，立法机关选择了以优先保护公民权益为目的的行政诉讼制度。这一功能定位的基本哲学是：行政权力的恣意行使容易侵害公民权益，应当由依法独立行使审判权的司法机关通过制约行政权实现对公民权益的司法救济。[②]《行政诉讼法》实施三十年恰逢我国政府职能不断转变、行政活动方式日新月异的变革时期，建立在公私对立、权力控制基础之上的行政诉讼制度日渐捉襟见肘。在行政从“本来作为统治行为执行过程的承担者”同时进入“国家基本政策形成决定的政治过

① 江必新：《正确认识司法与政治的关系》，载《求是》2009 年第 24 期。

② 参见叶俊荣：《行政法案例分析与研究方法》，三民书局 1999 年版，第 9 页。

程,甚至起到中心的决定性作用”的行政国家时代[①],作为司法权监控对象的行政权真实运行图景经历裂变:社会转型、经济发展和民生改善呼唤积极行政,“最少干预最好政府”的自由法治国理念为“最多给付最好政府”的社会法治国家理念代替,经济调节、市场监管、社会管理、公共服务和生态保护构成了新时代政府必须依法全面履行的职责体系。伴随简政放权、放管结合、优化服务改革的持续推进,政府与市场、政府与社会、政府与公民之间的关系逐渐理顺。相对于政府直接干预而言,市场优先、社会自治、公民自主、事中事后监管的作用更为凸显;相对于“命令—服从”式威慑性执法策略而言,“协商—激励”式合作性执法策略正在推广使用。[②] 置身公共行政大变革时代,以行政行为合法性审查为中心、以公民权益司法救济为目标的行政诉讼制度,已经遭受整体性和结构性挑战。

面对给付行政、规制行政、发展行政、环境行政等更多积极型行政活动的兴起,行政法发展应当坚持行政任务新取向。“行政法体系的广度必须足以掌握当代行政任务的光谱。传统行政法学之所以受到批评,乃是因为它未能关注到行政任务,或将行政任务限缩在自由法治国危险预防的范围。”[③] 一方面,行政任务应成为行政法新范畴,行政法治发展应围绕更好完成行政任务进行制度设计;另一方面,行政组织存在形式、行政活动具体方式和行政诉讼功能配置,应以“能够与扩大了的行政任务的形态相适应”为原则进行改造。[④] 行政诉讼府院互动实践通过整合“经济制度的压力、政治控制的要求和民众对于正义的渴望”等相互冲突的合法性诉求,塑造了行政诉讼

① 参见〔日〕大须贺明:《生存权论》,林浩译,法律出版社 2001 年版,第 52 页。

② 以国务院 2019 年 9 月印发的《关于加强和规范事中事后监管的指导意见》为例,依法监管、科学监管、有效监管和精准监管成为进一步加强政府监管、优化营商环境的基本原则,包括“信用监管”“双随机监管”“智慧监管”“包容审慎监管”在内的多种新型监管手段正在得到广泛运用。

③ 〔德〕Eberhard Schmidt-Aβmann:《行政法总论作为秩序理念——行政法体系建构的基础与任务》,林明锵等译,元照出版有限公司 2009 年版,第 169 页。

④ 参见〔日〕大桥洋一:《行政法学的结构性变革》,吕艳滨译,中国人民大学出版社 2008 年版,第 52 页。

“多中心主义的司法”面向[1]，实现了对行政任务拓展的初步回应。党的十九大报告提出，我国社会主要矛盾已经转化为人民日益增长的美好生活需要和不平衡不充分的发展之间的矛盾。“把我国建设成为富强民主文明和谐美丽的社会主义现代化强国，实现中华民族伟大复兴”已载入宪法，成为国家发展的基本目标。新时代行政诉讼制度发展有必要在府院互动既有成果基础上，进一步跳出机械化解行政争议的窠臼，坚持行政任务导向，将行政审判功能适度拓展到“化解和消除冲突”“实现合法权益和保证法定义务的履行”“法律或统治秩序的尊严与权威得以恢复”“避免或减少同类冲突的重复出现”等方面[2]，真正发挥行政审判制度在国家治理现代化进程中的应有作用。

四、行政诉讼府院互动的生存空间

美国学者达玛什卡基于“回应型国家”和“能动型国家”理想类型的区分，将法律程序运作区分为“纠纷解决型程序”和“政策实施型程序”。在以维持社会平衡为己任的回应型国家，司法的主要目标是解决纠纷；在以按照政治理想改造社会为己任的能动型国家，司法的主要目标是政策实施。[3] 我国行政诉讼制度发展尤其是府院互动实践，在很大程度上应验了达玛什卡“多面孔审判”的学术洞见。在从计划经济体制下管控型政府转向市场经济体制下规制型政府的过程中，国家模型经历了“全能行政——有限行政——有为行政”的复杂嬗变，司法身处的国家模型相互交替。承载权利保护和权力监督理想的行政诉讼制度，在社会转型中不得不担负起纠纷化解和政策实施功能，原本清晰的司法中立者角色逐渐模糊，行政法官事实上扮演着

---

① 参见汪庆华：《政治中的司法：中国行政诉讼的法律社会学考察》，清华大学出版社 2011 年版，第 64 页。

② 参见顾培东：《社会冲突与诉讼机制》（修订版），法律出版社 2004 年版，第 27—29 页。

③ 参见〔美〕米尔伊安 · R. 达玛什卡：《司法和国家权力的多种面孔——比较视野中的法律程序》（修订版），郑戈译，中国政法大学出版社 2015 年版，第 92—234 页。

"裁判者""协调者""建议者""释明者""沟通者""咨询者""教化者"等多重角色,"混合型司法"特征尤为明显。在未来相当长时间内,我国行政诉讼制度整体上仍然处在"法律与政策、实质正义与程序正义、维护政府权威与实现个人权利之间"不断游移的"选择性司法"状态[①],行政诉讼中两类府院互动还有较为充足的生存空间。不同种类府院互动活动的展开,既指向特定的司法目标,也能够拓展行政审判的实际功能,这些方式的合理使用有助于公正高效权威的司法制度体系的形成。

(一) 个案处理型府院互动的空间

依法办案是人民法院行政审判工作的首务。只有把已经受理的行政案件公正、及时审理好,法院才有了拓展行政审判功能的必要和底气。与民事审判相比,行政审判所面对的纠纷往往蕴含着复杂的利益纠葛和特殊的时代背景,作为"同时存在权力和裁量"的司法机关,如同其他政策决定机关一样,"不得不卷入各种利害关系错综复杂的对立的漩涡之中"。[②] 法院自身出于摆脱"案子收进来却难以下判"尴尬境地的考虑,具有通过府院互动妥善处理个案的内生动力。2014 年修订的《行政诉讼法》实施以来,从个案处理型府院互动的动向上看,未来还需要从尊重司法规律、坚持"以审判为中心"的诉讼改革理念出发,在实质性解决行政争议标准引领下,统筹运用好依法裁判、依法调解、协调化解、司法建议和出庭应诉等机制。

近年来,个案处理型府院互动实践存在"三喜""三忧"现象。所谓"三喜",是指协调化解率不再作为法官办案硬性指标、协调化解率趋于回落、出庭应诉和司法建议常态化。行政诉讼法确立的立案登记制和多样化裁判方式,为人民法院通过依法裁判结案提供了制度支撑,加之政法系统内部对

① 参见汪庆华:《政治中的司法:中国行政诉讼的法律社会学考察》,清华大学出版社 2011 年版,第 68 页。

② 参见〔日〕棚濑孝雄:《纠纷的解决与审判制度》,王亚新译,中国政法大学出版社 2004 年版,第 161 页。

2008 年前后过于强调协调化解结案的政策的调整，人民法院对行政案件协调化解的态度日趋理性。2014 年修订的《行政诉讼法》，在总则部分明确规定出庭应诉制度，增加了司法建议类型，使得这两项制度的推行更为有力。所谓“三忧”，是指依法调解和协调化解界限模糊、诉前调解制度悖论和出庭应诉司法建议目标偏移。《行政诉讼法》第 60 条明确规定三类行政案件可以调解，第 94 条将行政调解书置于行政判决书和裁定书同等重要地位，但法院仍然习惯于通过协调促使双方和解由当事人撤诉结案，很少出具行政调解书，有意无意地模糊调解与协调边界，个中考量耐人寻味。一些地方近年来兴起的行政争议调解中心模式，试图通过公开化、组织化的府院互动方式在诉前化解行政争议。此举虽然具有实现诉源治理的良好初衷，但与法律规定的立案登记制之间存在紧张关系。出庭应诉和司法建议虽被高调推进，但在《最高人民法院关于全面深化人民法院改革的意见——人民法院第四个五年改革纲要(2014—2018)》中却被当成优化行政审判外部环境之举，并未充分体现围绕个案处理互动的旨趣。

《全面依法治国决定》发出了“推进以审判为中心的诉讼制度改革”的号召，刑事诉讼领域细化举措随后密集跟进，但行政诉讼领域至今未见回应。“以审判为中心”的诉讼制度改革，依旧还是“一场未完成的讨论”“一场未完成的改革”。[①] 坚持以审判为中心是司法权向判断权和中央事权属性的回归，体现出对司法规律的尊重，应当同样落实到行政诉讼制度改革之中。无论如何定位行政诉讼制度功能，解决行政争议属于行政诉讼的直接功能和基本功能都是一个基本共识。[②] 行政诉讼“以审判为中心”就是要凸显人民法院庭审活动的实质化，避免人民法院及其庭审活动在解决行政争议过程中被边缘化、形式化。最高人民法院自 2010 年起强调行政审判要致力于“实

① 参见顾永忠:《一场未完成的讨论:关于“以审判为中心”的几个问题》,载《法治研究》2020 年第 1 期。

② 参见江必新:《完善行政诉讼制度的若干思考》,载《中国法学》2013 年第 1 期。

质性化解行政争议”，在法律框架内对当事人争议的实质性问题作出合法、公正、及时、妥善处理。“我们所追求的目标应当是法治而不是律制，是纠纷的实质性解决而不是程序性结案。”[①]近年来，“实质性化解行政争议”不断被写入裁判文书之中，成为法院审理行政案件遵循的基本原则，对切实解决行政审判“程序空转”“裁判口惠实不至”问题发挥了重要作用，赢得了广泛社会认同。在《五五改革纲要》中，“推动行政争议实质性化解”与“依法保护行政相对人合法权益”“监督和支持行政机关依法行政”一起，成为行政诉讼制度改革的基本目标。

在“以审判为中心”和“实质性化解行政争议”双重观念的指引下，法院应当就行政案件类型进行羁束行为和裁量行为、侵害行政和受益行政、违法行为和不当行为、单纯行政争议和行民交织争议、法律争议和政策争议区分基础上，围绕“根据合意的纠纷解决”和“根据决定的纠纷解决”[②]，通过依法裁判、依法调解和协调化解的有机结合，辅以运用出庭应诉和司法建议机制，达到“调判结合、案结事了”的处理效果。在当下行政审判实践中，涌现出一批统筹运用多种府院互动形式促进行政争议实质性化解的典型案例。最高人民法院在“黄绍花诉辉县市政府提高抚恤金标准案”裁定书中[③]，就案件涉及的政策性问题难以审查进行充分说理，通过对案外协调活动和司法建议发送情况的记载，表达了对再审申请人实际利益的关切。这种融说理与说情于一体的“对话式”裁判文书，是法院实质性化解行政争议的重要载体。上海市高级人民法院2019年5月率先向社会公布首批行政争议实质性解决十大案例，其中有7件通过协调化解，2件通过出具调解书化解，1件通过确认违法判决化解。

---

① 赵大光：《夯实基层 打牢基础 苦练基本功 全力推动行政审判工作迈上新台阶——在全国法院行政审判基层基础工作座谈会上的讲话》，载最高人民法院行政审判庭编：《行政执法与行政审判》（总第40集），中国法制出版社2010年版，第6页。

② 参见〔日〕棚濑孝雄：《纠纷的解决与审判制度》，王亚新译，中国政法大学出版社2004年版，第7页。

③ 参见最高人民法院行政裁定书（2017）最高法行申7073号。

（二）法治促进型府院互动的空间

在全面推进依法治国的进程中，行政机关工作人员特别是领导干部能否自觉运用法治思维和法治方式深化改革、推动发展、化解矛盾、维护稳定，是法治建设的重点和难点。党的十九大以来，随着党中央对法治建设的进一步重视，各级政府学法、用法积极性普遍提高，为法院适度拓展审判功能、为党和国家政策实施提供法治护航创造了良好环境，法治促进型府院互动有了更为广阔的空间。在"发展是解决我国一切问题的基础和关键"目标导向下，行政机关更愿意采取能够有效实现行政任务和效益最大化的行政手段，对"行政效能"原则更为倚重。[①] 鉴于司法与行政之间的角色分工，并考虑法治建设区域差异性、城乡差异性以及行政任务和方式自身差异性，法治促进型府院互动形式应当更为灵活多样。中共中央、国务院 2015 年 12 月联合印发《法治政府建设实施纲要(2015—2020 年)》，设定了法治政府总体目标和衡量标准，成为法治政府建设督察和示范创建的直接依据，应当被奉为法治促进型府院互动的行动指南。在法治政府建设呈现以约束公权力、保障私权利为核心的"合法性考量"和提高政府效能为核心的"最佳性考量"二维结构中[②]，人民法院只有坚守行政合法性底线，才能体现对行政机关最佳性判断的尊重。

近年来，法治促进型府院互动实践存在"两喜""两忧"现象。所谓"两喜"，是指立足行政案件审理情况发布行政审判白皮书已成为法院常态化工作，旨在助推提升依法行政能力的府院互动方式渐趋制度化。所谓"两忧"，是指行政审判白皮书发布呈现运动化、形式化之势，能力助推提升机制存在谦抑过度和角色模糊风险。各级法院自 2017 年起频繁发布行政审判白皮书，既充分展示自身行政审判成绩，也积极为当地政府法治建设出谋划策。

---

① 参见沈岿:《论行政法上的效能原则》，载《清华法学》2019 年第 4 期。

② 参见朱新力、唐明良:《法治政府建设的二维结构——合法性、最佳性及其互动》，载《浙江学刊》2009 年第 6 期。

但仔细阅读各级法院向社会公开的行政审判白皮书，却给人留下“千书一面”的总体观感。除了各类统计数据和浮在表面的改进执法对策外，鲜有提供对症下药式的精准策略。在忙于互动助力政府提升依法行政能力过程中，法院对现有其他正式制度功能有所忽略，更多展现出支持和促进行政机关的谦抑者角色，甚至将府院互动当作“法院在行政审判中谋取合法性的一种策略性手段”。[①] 从长远来看，这种淡化甚至弱化法定监督功能的做法，未必能够通过行政审判外部环境优化实现司法公信力的提升。相反，法院在立足合法性审查、顾及最佳性判断的基础上依法果断作出裁判，才是对行政机关依法行政能力提升的最好助推。[②]

在“合法性底线论”和“行政过程论”双重观念的指引下，法院应当在明确行政权与司法权界限的基础上展开良性互动，避免陷入“乱动”“盲动”。[③] 就各类法治促进型府院互动方式而言，要注意树立互动效果的靶向性、精准性导向，满足不同地区法治建设水准的差异性需求。府院联席会议首创地福建省，新近结合行政案件集中管辖改革实际，积极探索跨区域联席会议制度，已经形成了福莆宁（福州、莆田、宁德）、厦漳泉（厦门、漳州、泉州）、南三龙（南平、三明、龙岩）三大片区，有效实施片区内协调联动。[④] 行政机关工作人员依法行政能力提升固然需要依靠外力支援，但主要还是靠自身努力，特别是《法治政府建设实施纲要（2015—2020 年）》提出的通过积极参加法治实践去提升。府院互动高地上海市，新近推出行政机关负责人出庭旁听讲评

---

① 参见何海波：《实质法治——寻求行政判决的合法性》，法律出版社 2009 年版，第 359 页。

② 开庭后四次延期宣判、备受社会关注的“全国专车第一案”的撤销判决就是很好例证。受案法院在“陈超诉济南市城市公共客运管理服务中心行政处罚案”的裁判中指出：“既要依据现行有效的法律规定审查被诉行政行为的合法性，以体现法律的权威性和严肃性；同时也要充分考虑科技进步激发的社会需求、市场创新等相关因素，作出既符合依法行政的当下要求，又为未来的社会发展和法律变化留有适度空间的司法判断。”参见山东省济南市市中区人民法院行政判决书（2015）市行初字第 29 号。

③ 参见江必新：《在全国法院行政审判工作座谈会上的讲话》，载最高人民法院行政审判庭编：《行政执法与行政审判》（总第 65 集），中国法制出版社 2014 年版，第 5 页。

④ 参见黄岩生：《同心协力 良性互动 共谱法治福建建设新篇章》，华东五省（市）行政争议化解府院联动座谈会会议材料，2019 年，上海，第 22 页。

“三合一”改革举措，实现了个案处理型和法治促进型互动的互通。[①] 党的十九大提出到2035年法治国家、法治政府、法治社会基本建成的目标，《法治政府建设实施纲要（2015—2020年）》擘画出了法治政府的基本脸谱。法治促进型府院互动应当对照这些标准，补齐现有法治政府制度体系短板，使法院能够利用审理行政案件优势适度拓展行政审判服务功能，对法治政府建设发挥“输血”功能，与个案处理型府院互动之间形成良好分工。（如表3所示）

表3　个案处理型与法治促进型府院互动的生存空间

模式 要素	个案处理型府院互动	法治促进型府院互动
司法目标	纠纷解决型司法	政策实施型司法
互动理念	以审判为中心、实质性化解行政争议	合法性底线论、行政过程论
主要方式	依法裁判、依法调解、协调化解、出庭应诉、司法建议	行政审判白皮书、府院联席会议、能力助推提升

五、行政诉讼府院互动的法治建构

关于改革与法治的关系，《全面依法治国决定》提出“重大改革于法有据”和“立法主动适应改革和经济社会发展需要”的重要论断。作为根植于我国行政审判实践的制度创新，府院互动更新了有关司法权与行政权关系的传统认知。对于现代国家治理中“连接着公法与私权、政府与社会、司法与行政”的行政诉讼制度而言，府院互动已成为行政诉讼制度变迁中的结构性问题。[②] 2014年《行政诉讼法》修订，部分记载了此前十年府院互动实践成果，结束了府院互动法外运行的窘境。新时代行政审判实践的发展，特别是兼具纠纷解决和政策实施功能的“混合型司法”仍然存在府院互动的生存空

① 参见刘平：《加强府院联动 推进法治建设》，华东五省（市）行政争议化解府院联动座谈会会议材料，2019年，上海，第12页。

② 参见薛刚凌：《行政诉讼法修订基本问题之思考》，载《中国法学》2014年第3期。

间，可以从法解释适用、过程公开化和救济失效上完成府院互动的生存空间，寻找到一条适合中国国情“把正式法律制度与非正式法律制度的其他社会控制相结合”的行政诉讼发展道路。[①]

（一）府院互动的法解释适用

行政诉讼法为个案处理型府院互动的三种方式提供了明确依据，但有效实施尚需借助相应的法律解释与适用技术。就协调化解机制而言，目前的规范性文件大多停留在各地高级人民法院，缺乏应有的权威性和统一性。最高人民法院虽大力倡导实质性化解行政争议理念，但并未以文字形式写入《行政诉讼法》之中。较为可行的法制化应对策略是：一方面，对《行政诉讼法》第60—62条进行体系化解释，将调解、一并审理民事争议和协调化解撤诉视为实质性化解行政争议的匹配机制。各级法院要更多采取出具行政调解书方式实质性化解行政争议，尽可能在裁判文书中概略记载协调化解过程，避免非正常撤诉现象的死灰复燃。另一方面，最高人民法院在条件成熟时，可专门就实质性化解行政争议制定专项司法解释，实现2008年撤诉司法解释的“换代升级”，回应理论界对“既不化解争议、也不依法监督，不给原告出路”现象的质疑。[②] 就出庭应诉和司法建议机制而言，已有较为充分的规范依据，法制化主要任务是针对《行政诉讼法》第3条第3款“应当出庭应诉”的强制性情形予以明确，增强出庭应诉规定的刚性。

法治促进型府院互动方式的法律依据一直匮乏，目前主要散见于一些司法文件和其他规范性文件中，有的还仅仅是一种正在探索中的工作机制。由于正式法律依据缺失，一些府院互动方式备受质疑。最高人民法院应当因势利导，适时针对行政审判白皮书的主体和对象、内容和格式、程序和效

---

① 参见朱景文：《比较法社会学的框架和方法——法制化、本土化和全球化》，中国人民大学出版社2001年版，第778页。

② 参见廖希飞：《新时代的行政审判——当前的形势和任务》，载最高人民法院行政审判庭编：《行政执法与行政审判》（总第72集），中国法制出版社2018年版，第180页。

力制定专门的司法文件予以规范，使其产生与已经法定化的“行政复议工作状况分析报告”“政府信息公开工作年度报告”类似功效。[①] 至于联席会议和其他旨在提高行政机关依法行政能力的府院互动方式，因多由行政机关主动发起，采取府院联合发文方式更加可行。

（二）府院互动的过程公开化

司法公正是法治国家的生命线，司法公开是司法公正的前提。以往一些府院互动活动之所以受到质疑，主要原因在于这种互动都是法院和行政机关之间私下进行的，给人留下一种二者合谋压服原告的负面印象。特别是围绕个案处理展开的府院互动活动，明显与诉讼法中的禁止单方接触原则存在紧张关系，加之一段时间以来行政案件协调化解撤诉率一路飙升，就更容易引起外界诟病。上海、安徽、吉林三地 2019 年主动向全社会公布十大实质性化解行政争议典型案例的做法，起到了与法院生效裁判文书统一上网和公开查询制度类似效果，值得在全国推广。法院只有通过典型案例发布、制作行政调解书或在裁判文书中以文字记载方式适当展示协调化解过程，才能彰显对当事人诉讼法律地位平等的司法保护。[②] 行政审判实践中围绕个案化解发出的司法建议日益增多，涵盖了“地方公共政策调整型”“给予当事人抚恤救助型”“行政程序瑕疵补正型”等多种类型，一些司法建议的相关事实和内容还一并记载在裁判文书之中。[③] 这种做法固化了司法建议作为府院互动妥善处理个案的功能，经由裁判文书记载达到了一并公开的效果。《人民法院报》自 2011 年 9 月 22 日起，在每周四“实务周刊”版中专门设置“司法建议精选”栏目，公布了全国各地一大批优秀司法建议书。这些稳

---

① 参见章志远：《我国行政审判白皮书研究》，载《行政法学研究》2018 年第 4 期。

② 最高人民法院在以往不同形式的典型案例公布实践中，有意识地公布某些经法院协调成功化解行政争议的案件，如最高人民法院公布的行政不作为十大案例中的“张美华等五人诉天水市公安局麦积分局行政不作为赔偿案”（案例 10）、最高人民法院行政审判庭公布的中国行政审判案例中的“李贵宝诉南京市住房保障和房产局行政赔偿案”（第 157 号案例）等。

③ 参见卢超：《行政诉讼司法建议制度的功能衍化》，载《法学研究》2015 年第 3 期。

步公开司法建议的做法，契合了司法公开潮流，增强了个案处理型府院互动方式的公信力。

在法治促进型府院互动的诸种形态中，行政审判白皮书公开度日益提高，体现了法院的审判自信。鉴于行政审判白皮书是在法院大量个案审理基础上制作的专项报告，相当于一个地区年度行政审判工作和法治政府建设水平的全方位体检报告，其需要通过健全成文化的公开依据，改变目前法院仅凭自身喜好进行公开的非正常状态。根据中办、国办 2019 年 4 月印发的《法治政府建设与责任落实督察工作规定》第 24 条规定，各类法治政府建设年度报告必须在每年 4 月 1 日之前通过报刊、网站等新闻媒体向社会公开，接受人民群众监督。这一强制性的规定能够倒逼各级政府认真对待法治政府建设年度报告撰写，值得在行政审判白皮书的法治化建构中予以吸收。至于联席会议及其他法治促进型府院互动方式，可以采取新闻报道、工作报告等渠道加以灵活处理。

（三）府院互动的救济实效保障

府院互动彰显了党政体制下司法权与行政权之间一种别样的协作治理关系形态，并不意味着司法权监督行政权、保障公民权功能的自我放弃。“行政诉讼法既非单纯的‘行政法’，又非单纯的‘诉讼法’。在广义上，它是公法上法律争议的法院程序法；同时，它也是通过各种具体裁判去实现宪法和行政法的方式。”[①]2014 年《行政诉讼法》第 1 条删除“维护”保留“监督”，2019 年《五五改革纲要》第 42 条将“依法保护行政相对人合法权益”置于争议化解和监督支持行政之前，传递出行政诉讼制度继续承载宪法赋予的权力监督和权利保障双重功能的“初心”。法院行政审判工作的底色是审理案件、化解争议，使命是权力监督、权利保护。在外部司法环境有待进一步改善、司法地位相对弱小的社会转型时期，法院通过与行政机关之间的沟通、

---

① 〔德〕弗里德赫尔穆·胡芬：《行政诉讼法》（第 5 版），莫光华译，法律出版社 2003 年版，第 4 页。

配合与协调，具有“司法的自我限缩和自我保护功效”，但长期沉湎于此的恶果必然是“司法的中立、消极、自治如梦幻泡影”。[①] 府院互动积极功能的发挥，应以人民法院坚守公民权利获得无漏洞且有效司法救济、行政权力得到有效司法监督的底线作为前提。

从法律与政治秩序和社会秩序关系进化的阶段上看，我国目前实际上处于“自治型法”和“回应型法”并存的发展时期，法律既需要作为一种“能够控制压制并维护自己完整性”的特别制度而存在，同时也需要作为一种“回应各种社会需要和愿望”的便利工具而存在。[②] 我国行政诉讼制度十几年的发展，特别是府院互动现象的出现，就是司法制度运行徘徊于政治认同与社会认同、秩序维护与权益保障之间真实状态的写照。行政诉讼中形式多样的府院互动活动承载着多重功能，协调化解的良好初衷，但因使用过度而受到批评，根源就在于“倡导协调处理必须以一个独立和权威的司法体系为前提，以法院能够确保依法判决为后盾”。[③] 最高法 2007 年《意见》在总结我国多年行政审判工作取得的经验时，将“依法保护行政相对人合法权益”视为行政审判的首要任务，将“正确处理监督与维护的关系”作为全面发挥行政审判职能的重要原则。时隔十多年之后，这些论断对包括府院互动在内的行政诉讼活动依旧具有根本指导作用。人民法院府院互动活动对救济实效的坚守，体现在践行“以人民为中心”的诉权充分保障理念，在“有案必立、有诉必理”原则的指引下依托依法裁判、调解和协调达到实质性化解行政争议的基本目标。

本章有关行政诉讼中府院互动实践的功能阐释，揭示了社会转型时期我国司法权运行的特殊机理。面对权利保障、权力监督的使命和纠纷化解、服务大局的现实，人民法院借助体制资源不断创新工作方式，以富有生存智

---

① 参见汪庆华：《政治中的司法：中国行政诉讼的法律社会学考察》，清华大学出版社 2011 年版，第 118 页。

② 参见〔美〕P. 诺内特、P. 塞尔兹尼克：《转变中的法律与社会：迈向回应型法》，张志铭译，中国政法大学出版社 2004 年版，第 16 页。

③ 参见何海波：《行政诉讼法》（第二版），法律出版社 2016 年版，第 508 页。

慧的行动诠释了“有为才能有位、有位更能有为”的道理。看似悖论的府院互动揭开了司法权与行政权之间复杂关系的面纱，个中蕴藏着一系列两难选择：“在打破对司法解决纠纷能力的迷信的同时，树立司法解决纠纷的权威；在扬弃司法中心主义的同时，强化我们原本并不存在的司法中心主义；在正式的法律控制尚未落实时去发展非正式控制。”[①]法院通过府院互动谋求行政审判发展空间的持续努力，提高了行政诉讼的制度能力和法院的实际地位，为行政诉讼制度在下一个三十年的顺利发展奠定了基础。在法治政府建设步伐加快、多元化行政纠纷解决体系不断健全的当下，作为人民司法事业有机组成部分的行政审判，同样会迎来新的发展契机，进一步助力司法改革实现从“让司法更像司法”向“让司法更能司法”的转变。[②]

① 耿宝建：《行政纠纷解决的路径选择》，法律出版社 2013 年版，第 30 页。

② 参见顾培东：《人民法院改革取向的审视与思考》，载《法学研究》2020 年第 1 期。

第三章

行政诉讼因应诉源治理论

一、行政诉讼因应诉源治理理念的提出

党的十九届四中全会通过的《中共中央关于坚持和完善中国特色社会主义制度 推进国家治理体系和治理能力现代化若干重大问题的决定》指出："新中国成立七十年来，我们党领导人民创造了世所罕见的经济快速发展奇迹和社会长期稳定奇迹。""两个奇迹"的取得是我们党治国理政经验日臻成熟的重要标志，也是中国特色社会主义制度优势的集中体现。加强预防和化解社会矛盾机制建设对恢复秩序、凝练共识和安顿民心具有特殊的"压舱石"作用，是加强和创新社会治理的重要内容，也是国家治理现代化的题中应有之义。习近平总书记高度重视矛盾纠纷的多元化解和源头治理，强调"我国国情决定了我们不能成为'诉讼大国'"[①]，"法治建设既要抓末端、治已病，更要抓前端、治未病"[②]。

源头防控、多元解纠社会治理理念的提出，回应了新时代我国社会主要

① 习近平《坚定不移走中国特色社会主义法治道路 为全面建设社会主义现代化国家提供有力法治保障》，载《求是》2021年第5期。

② 同上。

矛盾变化的现实需求，是开启全面建设社会主义现代化国家新征程、续写“两个奇迹”的坚实保障和根本遵循。“矛盾消解于未然，风险化解于无形”社会治理观已嵌入我国政法改革实践之中，“坚持把非诉讼纠纷解决机制挺在前面，把诉讼作为纠纷解决最后防线，加快构建起分类分工、衔接配套的多元化纠纷解决体系”成为新时代政法改革的主体内容之一。[①]《五五改革纲要》明确提出“完善‘诉源治理’机制，坚持把非诉讼纠纷解决机制挺在前面，推动从源头上减少诉讼增量”的多元解纠机制改革任务；2019 年 8 月，最高人民法院印发《关于建设一站式多元解纷机制 一站式诉讼服务中心的意见》（以下简称《一站式意见》），将“主动融入党委和政府领导的诉源治理机制建设”列为首项工作措施，强调切实发挥人民法院在诉源治理中的“参与、推动、规范和保障”作用；2020 年 1 月，最高人民法院印发《关于进一步完善委派调解机制的指导意见》（以下简称《委派调解指导意见》），将“完善诉源治理机制，切实把非诉讼纠纷解决机制挺在前面，满足广大人民群众多元、高效、便捷的解纷需求”作为委派调解的指导思想。几年来，发轫于四川成都法院着力破解民商事纠纷“案多人少”矛盾的“诉源治理”探索实践，在得到高层认可之后迅速向全国推广，成为当下完善发展诉讼制度的热词。[②] 继山东、黑龙江、福建、安徽之后，四川、吉林、海南、河北等四省人大常委会相继颁行以实现诉源治理为目标的“多元化解纠纷（促进）条例”。2020 年 5 月 25 日，最高人民法院院长周强在十三届全国人大三次会议上代表最高人民法院所作的工作报告中指出，各地法院融入党委领导的社会治理体系，坚持把非诉讼纠纷解决机制挺在前面。在 2020 年 1 月和 2021 年 1 月召开的省自治区直辖市人大会议上，有 11 个高级人民法院工作报告明确提及“诉源治理”。

---

① 参见黄文艺：《新时代政法改革论纲》，载《中国法学》2019 年第 4 期。

② 有关成都法院发扬首创精神、深入推进“诉源治理”探索实践的经验总结，参见王鑫：《成都：矛盾纠纷源头治理》，载《人民法院报》2018 年 10 月 16 日；王鑫：《多种机制共振参与纠纷源头化解——四川成都法院推进诉源治理工作纪实》，载《人民法院报》2019 年 10 月 10 日；郭彦：《内外共治：成都法院推进“诉源治理”的新路径》，载《法律适用》2019 年第 19 期。

全国法院一审行政案件总量近年虽仅占民商事案件的 2%，但行政案件社会影响之大、时间跨度之广、法律关系之杂、实质化解之难远超一般的民商事案件。行政争议的产生及其解决过程，就是检验国家治理能力的过程。萌发于民商事纠纷解决领域的诉源治理策略，经由“行政争议实质化解”“将行政争议化解在行政程序中”“发挥行政复议化解行政争议主渠道作用”“从源头上预防和减少行政争议”等话语切换迅速扩展到行政争议解决中，对行政审判制度产生了广泛影响。以诉前调解、诉调对接、协调化解、简案快审、示范诉讼为代表的一系列诉源治理措施悄然兴起，各级法院通过制发文件、设置平台、发布典型案例和行政审判白皮书等方式，向社会全方位展示行政审判活动因应诉源治理的成就。[①] 2020 年 12 月 10 日，最高人民法院第二巡回法庭发布《东北三省行政审判白皮书(2015—2020)》，展示巡回区法院五年来推进行政争议诉源治理和实质性化解成绩。[②] 最高人民法院第三巡回法庭通过诉前协调成功化解“杨祥民等 41 人诉江苏省邳州市人民政府、江苏邳州经济开发区管委会、邳州市房屋征收管理办公室强拆行政行为及行政赔偿系列案”，探索出行政争议诉源治理新思路。[③]

与人民法院诉源治理改革热闹非凡的实践相比，法学理论界尚未对此给予应有关注。[④] 行政争议的诉源治理，既涉及司法权与行政权关系的调整，也影响到行政诉讼制度在行政争议解决体系中的定位，是当下中国特色

---

① 例如，最高人民法院除在《五五改革纲要》《一站式意见》《委派调解指导意见》等文件中明确“诉源治理”改革任务外，还在 2020 年度司法研究重大课题中专门安排三个课题组同时开展唯一的行政审判课题“行政争议诉源治理机制研究”调研工作，参见《人民法院报》2020 年 8 月 12 日。

② 参见孙兵：《最高法二巡发布〈东北三省行政审判白皮书(2015—2020)〉及行政审判典型案例并通报行政案件审理情况》，载《人民法院报》2020 年 12 月 11 日。此外，上海、广东、山东、贵州、云南等地高级人民法院发布的 2019 年度行政审判白皮书都重点介绍了当地行政审判促进诉源治理的积极成效。

③ 参见孙航：《风起潮涌江海间——最高人民法院第三巡回法庭服务长三角区域一体化发展回顾》，载《人民法院报》2021 年 2 月 5 日。

④ 曾有学者撰文简略探讨过法院参与诉源治理存在的伦理风险、法治风险和技术风险，参见周苏湘：《法院诉源治理的异化风险与预防——基于功能主义的研究视域》，载《华中科技大学学报(社会科学版)》2020 年第 1 期。

行政审判制度运行中的重大课题。人民法院在行政审判活动中积极参与、推动行政争议诉源治理格局的形成，能够提升行政审判在党政体制中的实际地位，但部分机制的运用与行政诉讼制度法定目的之间也存在张力，需要进行系统的理论反思和精准的制度设计。[①] 本章立足近年国内行政审判因应诉源治理具体样态的成效观察，揭示其存在的制度逻辑和理想类型，探寻诉源治理制度存量和增量的规范构造，希冀通过人民法院行政审判依法因应诉源治理，把我国行政审判制度优势更好转化为司法社会治理效能。

二、行政诉讼因应诉源治理的实践反思

“诉源治理”已被频繁写入权威司法文件之中，但其确切内涵迄今并未获得正式解释。成都法院此项改革主事者曾提出，诉源治理是指社会个体及各种机构“对纠纷的预防及化解所采取的各项措施、方式和方法”，使潜在和已在纠纷当事人的相关利益和冲突得以调和。[②] 此后，有研究者立足纠纷化解过程论，提出“源头预防为先”“非诉机制挺前”“法院裁判终局”的三维解读；[③]有研究者立足“原发性纠纷”和“继发性纠纷”二元区分论，提出“诉源同治”“诉源共治”“诉源根治”的三层次解读。[④] 这些描述大体上概括了诉源治理的工作流程，但未能展现人民法院行政审判诉源治理的针对性。从近年各地法院的探索来看，实际上存在两种意义上的行政审判诉源治理，即“诉讼”的源头治理和“诉求”的源头治理。前者强调对已经形成争议的行政案件的多元共治，后者强调对诉求产生基础的源头防控。行政审判的诉源治理，是指人民法院在依法履行行政审判职责的过程中，围绕行政争议化解

---

① 有学者指出：“将‘解决行政争议’替换成‘实质性解决行政争议’，可能会导致行政诉讼多重立法目的之间的价值冲突，从而影响行政诉讼法的整体性实效。”参见章剑生：《行政诉讼“解决行政争议“的限定及其规则——基于〈行政诉讼法〉第1条展开的分析》，载《华东政法大学学报》2020年第4期。

② 参见郭彦：《内外并举全面深入推进诉源治理》，载《法制日报》2017年1月14日。

③ 参见薛永毅：《“诉源治理”的三维解读》，载《人民法院报》2019年8月11日。

④ 参见汤媛媛：《行政争议的诉源“三治”》，载《人民法院报》2020年6月18日。

和诉求源头防控，通过诉讼内外单独或联合行动，实现确立公权行使规则和融入社会治理进程有机统一的状态。诉源治理观嵌入人民法院的行政审判活动，明确了司法政治效果的判断标准，回应了人民群众不断增长的司法需求，能够推进行政审判活动法律效果、社会效果和政治效果相统一，促进"司法能力提升取向"的行政诉讼制度改革目标的实现。①

（一）行政审判因应诉源治理的三重形态

《五五改革纲要》实施以来，各地法院以"把非诉解纠机制挺在前面"为原则，将法定诉讼调解程序前置到立案阶段，促进行政争议诉前分流。争议调解未果转入立案程序之后，通过繁简分流机制的设置实现行政案件审理快慢分道。在繁案精审过程中，将府院联动协调化解挺在前面，实现协调与裁判结案的分进。三重形态的行政审判诉源治理机制，孕育于行政争议多元化解体系构建的时代背景之中，依托于各地司法政策文件的推动，逐渐获得最高人民法院的认可。

1. 非诉调解前置的分流

与民事争议非诉调解存在程序基本法依据所不同的是，行政争议非诉调解并无直接法律依据。2016 年 6 月，最高人民法院印发《关于人民法院进一步深化多元化纠纷解决机制改革的意见》（以下简称《多元化纠纷解决意见》），有关"探索建立调解前置程序"的规定主要针对民事案件而言。2017 年 3 月，浙江省安吉县在全国率先建立行政争议调解中心；2019 年 12 月，浙江省行政争议调解中心揭牌，在全国率先实现省市县三级行政争议调解中心全覆盖。法院与行政机关共同设立的行政争议调解中心，承载着将非诉讼纠纷解决机制挺在行政诉讼之前的历史使命，经由实体化、规范化、实质化运作，实现了行政纠纷化解"最多跑一地"、一审行政案件上升态势得到扭转和协调撤诉率持续领跑全国的"双赢"局面。行政争议调解中心诉前过滤

---

① 参见顾培东：《人民法院改革取向的审视与思考》，载《法学研究》2020 年第 1 期。

作用的充分发挥,为"社会调解优先,法院诉讼断后"的分层递进式行政纠纷化解体系构建奠定了坚实基础,成为擦亮诉源治理"浙江模式"的"金招牌"。[①] 2019年6月,山东省高级人民法院印发《关于建立行政争议审前和解机制的若干意见》,推动全省市县两级普遍建成实体化运行的行政争议审前和解中心,将"委派和解案件数占一审行政案件收案数50%以上"作为实体化运行达标的主要标准之一。审前和解中心的规范化运作释放出诉源治理的红利,山东省2019年行政审判上诉率全国最低,率先发布的"行政争议审前和解中心十大典型案例"展示了审前和解对于行政争议化解的积极成效。[②] 2018年5月,上海市高级人民法院印发《实施意见》,全市三级法院相继设立行政争议多元调处中心,作为诉调对接中心的组成部分和行政争议协调化解的专门平台,为实质性解决行政争议提供全方位保障。虽然名称各异,但行政审判特色区域诉源治理创新实践的共性都是关口前移,通过固定化平台以委派或联合调解方式最大限度在诉讼程序前防范化解矛盾纠纷,实现从源头上减少诉讼案件增量的目标。这种"御行政争议于法院门外"的主动介入之举,逐渐取得由点到面的试验成果,正在向更多地方推广。2020年2月,最高人民法院印发《关于人民法院深化"分调裁审"机制改革的意见》(以下简称《分调裁审意见》),明确提出"探索建立行政争议审前和解(调解)中心,促进行政争议实质性化解""逐步将人民法院调解平台调解事项从民事纠纷扩展到行政纠纷"等改革任务,非诉调解前置的分流作用将进一步被激发。

---

① 有关浙江行政争议调解中心建设及运行情况,参见危辉星、管征:《实质性化解行政争议的路径探寻——基于浙江法院"行政争议调解中心"实践分析》,载最高人民法院行政审判庭编:《行政执法与行政审判》(总第75集),中国法制出版社2019年版,第266—276页;朱新力:《深化府院联动,强化诉源治理,共同发力全面推进行政争议调解中心建设》,华东五省(市)行政争议化解府院联动座谈会会议材料,2019年,上海,第25—33页;浙江省高级人民法院2019年、2020年、2021年工作报告。

② 有关山东行政争议审前和解中心建设及运行情况,参见《山东法院提升行政审判质效取得较大发展》,载最高人民法院行政审判庭编:《行政审判通讯》(2020年第2期),第29—31页;《山东省高级人民法院多措并举提升行政审判质效》,载最高人民法院行政审判庭编:《行政审判通讯》(2020年第5期),第43—45页。

2. 案后繁简分流的分道

行政争议固有的复杂性和对抗性特质，决定了诉前调解分流功能的有限性。当诉前无法达成和解或者当事人明确拒绝调解的行政争议转入诉讼程序成为具体的行政案件之后，繁简分流、速裁快审成为行政审判因应诉源治理的又一实践创新。行政诉讼法单设的第一审简易程序虽为人民法院快速审理部分简单行政案件提供了直接依据，但受制于“法律规定过于原则”“不同审级程序同质”“激励保障机制缺失”“分流一体化程度不高”等因素影响，简易程序规定几乎从一开始就成为“休眠条款”。《多元化纠纷解决意见》最早提出“按照行政诉讼法规定，完善行政案件繁简分流机制”的设想。2016 年 9 月，最高人民法院印发《关于进一步推进案件繁简分流优化司法资源配置的若干意见》（以下简称《繁简分流若干意见》），明确提出“简化行政案件审理程序”“探索建立行政速裁工作机制”“探索实行示范诉讼方式”等系统性改革任务。《一站式意见》进一步提出“普遍开展一审案件繁简分流工作，探索二审案件的繁简分流”“建立简案速裁快审配套机制”“实行类案集中办理”“建立示范诉讼模式”等深度改革任务，《分调裁审意见》则提出“完善案件繁简分流标准”“推动建立行政速裁、快审团队”“推行要素式审判和示范裁判”等具体目标。这一旨在优化司法资源配置、全面提升司法效能的行政案件繁简分流改革，契合了当下“倒金字塔型”行政案件审理结构造成人案矛盾的现实需求，通过简案速裁快审、类案参照示范案例批量办理，从诉讼程序流程再造上实现行政案件的源头减量。江苏南通法院积极拓展简易程序适用功能，用最简便程序、最短时间和最小成本审理政府信息公开行政滥诉案件、不履行法定职责案中案，依法限缩当事人借案发挥的时空机会，有效遏制这类案件频发势头。[①] 广州铁路运输两级法院通过组建新型行政审判专业团队，不断优化调整审判资源配置，积极运用行政速裁有效应对跨区划集中管辖后审判压力骤增、程序空转、滥诉行为“抬头”等问题，

① 参见《精简、拓展、规范、创新——南通法院关于深入推进行政诉讼简易程序的实践、思考及展望》，载最高人民法院行政审判庭编：《行政审判通讯》（2018 年第 4 期），第 48—49 页。

行政案件审理质效得到明显优化。[①] 作为"化行政争议于法院之内"的主动调适之举,行政诉讼繁简分流通过程序机制变革提升司法效能,有助于从源头上减少征地补偿安置案件、政府信息公开案件等系列性或群体性行政诉讼案件的发生。

3. 诉中府院协调的分进

在诉前过滤和案后分流之外,案情复杂、影响重大的行政争议能否获得实质性化解,是行政审判因应诉源治理的关键。《五五改革纲要》在规划行政诉讼制度改革方向时,将"推动行政争议实质性化解"置于"依法保护行政相对人合法权益""监督和支持行政机关依法行政"同等重要的地位。行政诉讼法为行政案件的实体处理提供了"依法判决""依法调解""和解撤诉"三种常规方式。对实质性化解行政争议典型案例的实证观察显示,人民法院尚存在明显的通过府院互动协调化解的路径偏好。在法治建设示范区的上海,府院互动一直是其行政审判工作的特色和亮点所在,一条重要的经验就是"始终将化解行政争议作为府院联动的出发点,各项工作都是围绕化解争议本身以及为化解争议创造必要的环境与条件"。[②] 2020 年 12 月,最高人民法院在吉林长春召开东北三省行政争议化解联动工作机制座谈会,"促进依法行政和纠纷实质性化解"依旧被视为构建矛盾纠纷化解联动工作机制的立足点。就诉讼中的府院协调化解争议而言,表现出"协调化解撤诉准许的裁定——附记协调未果事实的判决——寄望未来协调化解的判决"分层递进的发展态势。最高人民法院在"郴州饭垄堆矿业有限公司诉中华人民共和国国土资源部国土资源行政复议决定案"再审判决中,载明"本院审理期间,曾多次组织各方当事人并邀请湖南省国土厅、郴州市人民政府、前期曾

---

① 参见林晔晗:《广铁法院:打造行政案件集中关系改革"羊城样本"》,载《人民法院报》2021 年 2 月 1 日。

② 参见张斌:《增进府院联动,扩大互动效果,不断提高上海法院行政审判工作水平》,华东五省(市)行政争议化解府院联动座谈会会议材料,2019 年,上海,第 8 页。

经签订整合并购协议的相关公司参与协调整合事宜，但因故协调未果”的事实；[①]在“李建珍诉广西壮族自治区人民政府行政复议案”再审判决中，表达“广西区政府在重新作出复议决定时，应当按照实质化解争议的要求，力争采取协调化解等多种方式一次性解决纠纷”的期许。[②] 这种“记府院协调于判决之前”“寓府院协调于判决之后”的时兴做法，代表了诉源治理观嵌入行政争议解决过程后人民法院行政裁判文书发展的新模式。

（二）行政审判因应诉源治理的双重效应

从近年全国各地行政审判相关统计数据、典型案例和媒体报道上看，依据文件推行的诉源治理改革似已取得显著成效。覆盖浙江全省的行政争议调解中心被誉为新时代的“枫桥经验”，是国家治理现代化在司法领域的生动写照，开创了浙江社会治理新格局。[③] 福建省深入推进诉源治理减量行动，以无讼夯基、化讼解纷、息讼止争三大工程为依托，推动多元解纷功能整合、资源聚合、力量统合。[④] 以行政诉讼制度功能的视角观察，诉源治理在行政审判活动中的嵌入，同时产生了积极效应和消极效应。

行政审判因应诉源治理举措的推进，使得行政案件数量增幅放缓，行政审判结构不断优化，司法参与社会治理能力得以增强。2014 年《行政诉讼法》修订之后，行政案件数量持续高速增长，加之管辖制度经过重大调整，行政诉讼人案矛盾陡增。近几年诉源治理系列措施的推行，开始释放控制行政案件增长过快的改革红利。尽管这种诉讼增量减少效应主要还是针对进入诉讼程序的案件量而非整个社会的行政争议量而言，但诉前分流对于“减轻员额法官工作负担、调动非员额法官力量从而优化配置司法资源”的作用

---

① 参见最高人民法院行政判决书(2018)最高法行再 6 号。

② 参见最高人民法院行政判决书(2019)最高法行再 184 号。

③ 参见陈东升、王春:《诉源治理开创浙江社会治理新格局》,载《法治日报》2021 年 1 月 20 日。

④ 参见何晓慧:《诉源治理新模式多元解纠新路径——福建法院一站式多元解纠和诉讼服务体系建设纪实》,载《人民法院报》2020 年 9 月 1 日。

还是不容忽略的。[①] 行政案件繁简分流、快慢分道的稳步实施，形成了一种特殊的分层递进式解纠格局，使得大一统的行政审判程序结构得到了整体性优化，客观上也起到了诉讼减量作用。法院无论在诉讼之内还是诉讼之外、单独还是联合采取旨在实现行政争议多元分层化解的举措，都展现出司法积极参与社会治理、推动社会发展的崭新面貌，在增强司法能力的同时提升了自身实际地位，诠释了“司法不能脱离政治而存在”“司法只有充分发挥政治功能才能真正显现作用”的司法政治观。[②]

行政审判对诉源治理过急的功利性回应，也造成了法律规定落空、司法角色模糊和诉讼功能异化的隐忧。当下行政审判实践对诉源治理的参与和推动，主要还是出于一种从外部控制并减少进入行政诉讼程序案件数量的本能反应，疏解办案压力事实上取代源头预防争议成为行政审判因应诉源治理的首要目标。基于“管控型理念”的诉前分流机制在实践中备受推崇，与行政诉讼法规定的立案登记制之间明显存在紧张关系。[③] 受万人成讼率、无讼社区量、协调和解率、快速办结率等现实指标考核的利益驱动，行政审判固有的监督行政、保障诉权、定分止争功能呈现一定萎缩态势，不仅有悖诉源治理的初衷，而且容易造成致力解决行政诉讼“三难”最突出的“立案难”一系列诉权保障法律规定的落空。[④] 在坚持全面依法治国的时代语境中，这种整体上主要依靠政策性力量推动的制度改革还需要接受法律规范层面的检验，通过法律解释和修订缓解文件推行与规范供给之间的张力，促进中国特色行政审判制度在加强和创新社会治理的进程中行稳致远。

---

① 参见左卫民：《通过诉前调解控制“诉讼爆炸”——区域经验的实证研究》，载《清华法学》2020 年第 4 期。

② 参见江必新：《司法与政治关系之反思与重构》，载《湖南社会科学》2010 年第 2 期。

③ 参见张卫平：《民事诉讼法学：分析的力量》，法律出版社 2016 年版，第 106 页。

④ 参见信春鹰：《关于〈中华人民共和国行政诉讼法修正案（草案）〉的说明》，载全国人大常委会法制工作委员会行政法室编：《行政诉讼法立法背景与观点全集》，法律出版社 2015 年版，第 5—6 页。

三、行政诉讼因应诉源治理的逻辑证成

1989 年颁布的《行政诉讼法》实施以来，行政诉讼制度与国家民主法治进程同步前进，与社会转型同频共振，已经成为观察国家治理体系和治理能力现代化的重要窗口。2014 年《行政诉讼法》的修订，回应了全社会对行政诉讼制度摆脱实施困境的期待，但“行政诉讼能否从此走向新天地，仍然有待观察”。[①] 法律修订推出了一批新的行政诉讼程序制度，拉高了行政诉讼案件数量，但实效未必理想甚至引发诸多新的争论。[②] 最高人民法院不断通过印发司法文件、公布典型案例等方式，继续弥合行政诉讼法与社会发展之间的缝隙，各地法院围绕诉源治理观的贯彻实施所展开的一系列行动就是典型例证。面向 2035 年基本实现社会主义现代化“法治国家、法治政府、法治社会基本建成”的远景目标，行政诉讼应该成为可以撬动三个“一体建设”的“有力制度支点”。[③] 人民法院行政审判工作未来仍然具有进一步因应诉源治理观的必要，其逻辑基础体现在如下三个层面。

（一）坚持党对人民法院工作绝对领导的政治逻辑

党的十八大以来，党中央把政法工作摆到治国理政全局中更加重要的位置来抓，作出一系列重大决策，实施一系列重大举措，政法工作取得举世瞩目的成就。习近平总书记在党的十九大报告中指出：“中国特色社会主义

---

① 参见何海波：《行政诉讼法》（第二版），法律出版社 2016 年版，第 28 页。

② 以 2014 年修订的《行政诉讼法》第 26 条第 2 款规定的行政复议“双被告”制度而言，原本希望借此“倒逼”行政复议机关认真履职进而通过行政复议渠道分流大部分行政争议，结果非但没有实现预期目标反而滋生更多问题，被学者定位为“本质上是通过行政诉讼来解决复议问题的一剂‘头痛医头脚痛医脚’的‘问题导向性’药方”，并主张予以废除。参见曹鎏、冯健：《行政复议“双被告”制度的困境与变革》，载《中外法学》2019 年第 5 期。《行政复议法（修订）征求意见稿》第 10 条作出了事实上废除行政复议“双被告”的规定，再次引发行政法学理的争论。参见潘巧：《行政复议“双被告”制度引热议》，载《民主与法制时报》2020 年 12 月 12 日。

③ 参见江必新：《行政诉讼三十年发展之剪影——从最高人民法院亲历者的角度》，载《中国法律评论》2019 年第 2 期。

最本质的特征是中国共产党领导，中国特色社会主义制度的最大优势是中国共产党领导。”[①]这一政治论断随即载入修订后的《中国共产党章程》，并写入十三届全国人大一次会议通过的《中华人民共和国宪法修正案》。2019年1月，中共中央印发《中国共产党政法工作条例》，以党内基本法规形式将“加强党对政法工作的绝对领导”确立为新时代政法工作应当遵循的首要原则，实现了党领导政法工作的规范化、系统化和法治化。人民法院作为国家审判机关和政法工作专门力量，在“中国特色党政体制”下必须始终坚持党对人民法院工作的绝对领导。[②] 党对人民法院工作的领导主要是方针政策和政治思想的领导，并非介入具体案件的审判过程。《全面依法治国决定》明确提出“建立领导干部干预司法活动、插手具体案件处理的记录、通报和责任追究制度”，中办、国办2015年3月联合印发专门党内法规予以落实，此举还写入2018年10月十三届全国人大常委会第六次会议修订通过的《中华人民共和国人民法院组织法》，彰显了“全面加强党对人民法院工作的绝对领导”与“人民法院依法独立公正行使审判权”之间的有机统一。

作为使命型政党的中国共产党，在百年奋斗历程中始终坚持实践创新、理论创新和制度创新。中华人民共和国成立以来政法体制“专政逻辑——稳定逻辑——治理逻辑”的生成和演变，就贯穿着执政党对国家治乱之道与时俱进的不懈探索。[③] 从党的十八大“加强和创新社会管理”到党的十九大“加强和创新社会治理”，“管理”与“治理”的一字之差，体现出治国理政观念思维的新变化。诉源治理就是创新社会治理理念在社会矛盾预防和化解领域的具体体现，契合了新时代政法工作“维护国家政治安全、确保社会大局稳定、促进社会公平正义、保障人民安居乐业”的任务定位。[④] 行政审判作为

① 《习近平谈治国理政》(第三卷)，外文出版社2020年版，第16页。

② 参见景跃进等主编：《当代中国政府与政治》，中国人民大学出版社2016年版，第27页。

③ 参见黄文艺：《中国政法体制的规范性原理》，载《法学研究》2020年第4期。

④ 参见习近平：《论坚持全面依法治国》，中央文献出版社2020年版，第193页。

人民法院审判事业的重要组成部分，面对的争议都因公民私权与国家公权冲突所致，化解的方式都因公平正义与社会稳定兼顾所需，因而更需要法治思维和政治思维的贯通。尤其是在立足新发展阶段、贯彻新发展理念、构建新发展格局的新发展阶段，人民日益增长的美好生活需要与民生保障短板、社会治理弱项之间的矛盾更加凸显。这就要求行政审判工作既要努力减少行政诉讼案件存量，也要有效缓解行政诉讼案件增量，使进入到人民法院的行政案件数量保持在合理的区间范围；既要从人民法院内部挖掘潜能提高审判质效，也要善于借助外力协同化解，使行政诉讼制度在行政争议多元化解决体系中更好发挥作用。诉源治理所追求的“化于未发、止于未诉”理想，就是人民法院行政审判活动执行党的政策与国家法律有机统一的目标。在迈向国家治理现代化的征程中，行政审判主动融入党委领导的诉源治理格局，就是坚持党对人民法院工作绝对领导的最好诠释，也是其存在的政治逻辑基础。

（二）人民法院纾解行政审判工作面临困境的现实逻辑

2014 年修订的《行政诉讼法》实施以来，人民法院行政审判工作在取得新成就的同时也遇到很多新问题和新挑战。受案范围的拓宽和立案登记制的推行，使得行政案件数量持续大幅增长，各级人民法院特别是高级人民法院和最高人民法院案多人少矛盾日益突出。一些当事人利用法律规定疏漏非理性行使诉权，频繁提起不解决实际问题、无端耗费司法资源的“连环诉讼”“同类诉讼”；[①]在政府信息公开领域，当事人要求公开“会议纪要”“政府领导行程安排”“领导签字”“拆迁补偿明细”等行政案件逐年增多。[②] 这种“一人多案”“一事多案”滥诉、缠诉现象的发生，使得行政案件审理时常陷入程序空转境地，无助

① 参见蔡超等：《“连环型诉讼”与“同类型诉讼”引发“程序空转”的困境与出路——以中部某省 2013—2017 年五年数据为样本》，载最高人民法院行政审判庭编：《行政执法与行政审判》（总第 73 集），中国法制出版社 2019 年版，第 43—44 页。

② 参见河南省高级人民法院行政庭：《2015—2017 年河南省法院行政案件司法审查报告》，载最高人民法院行政审判庭编：《行政执法与行政审判》（总第 76 集），中国法制出版社 2019 年版，第 229 页。

于核心行政争议的实质性化解，大量泡沫争议的衍生还干扰了人民法院正常的审判工作。城市化进程的迅猛推进，导致征收补偿安置、违法建筑拆除等时间跨度长的行政争议多发易发。行政机关往往片面追求签约率、搬迁率，忽略行政行为的合法性和行政相对人正当财产权益的保护。[①] 有些行政案件因地方党委政府集中整治行动引发，处理不慎极易滋生群体性事件。在维护行政相对人财产权益和保障党委政府中心工作顺利推进之间，人民法院时常陷入两难困境。[②] 一些新类型案件大量出现，行政争议与相关民事争议交织，特别是行政协议诉讼引入之后，案件审理思路尚不成熟，亟需确立明确统一的法律适用规则。

人民法院难以从行政诉讼法中直接找到解决行政审判工作新困难的方案，行政诉讼法新增加的一些制度在实践中反而屡受"冷遇"。[③] 为了最大限度弥合法律文本与审判实践之间的缝隙，人民法院本能地抓住《行政诉讼法》第1条"解决行政争议"的规定，对其扩大解释为"行政争议实质性解决"，以回应官方和民间对行政诉讼程序空转的诘问。在行政诉讼制度功能工具化生存策略的引导下，一幅游移在"法外"的行政审判运行图景依稀可见：诉讼制度改革"以审判为中心"转至"以协调化解为中心"，"以当事人行政诉权保障为原则"转至"引导当事人选择非诉方式解决纠纷"，"以普通程序为主、以简易程序为辅"的一审行政案件审理模式转至"繁简分流、快慢分道"在行政案件审理程序中的全面铺开，"多样化、精细化"行政判决的适用反而被"积极拓展行政审判职能"的司法建议、行政审判白皮书、行政机关负责人出庭应诉等边缘性制度创新冲淡。这种"另类"行政审判画卷展现了人民法院

---

① 参见孙焕焕等：《国有土地上房屋征收补偿协议案件实证研究——以上海市四区2016—2018年度641起案件为分析样本》，载最高人民法院行政审判庭编：《行政执法与行政审判》（总第74集），中国法制出版社2019年版，第135—137页。

② 参见浙江省高级人民法院联合课题组：《关于"三改一拆迁"行政诉讼案件有关问题的调研》，载最高人民法院行政审判庭编：《行政执法与行政审判》（总第72集），中国法制出版社2018年版，第226—261页。

③ 有研究者专门撰文剖析了规范性文件附带审查制度的"冷热现象"，参见谭爱华等：《规范性文件附带审查制度的"冷热现象"思考》，载最高人民法院行政审判庭编：《行政执法与行政审判》（总第74集），中国法制出版社2019年版，第76—91页。

在自身资源有限和负载期望过重之间的生存智慧，恰与旨在实现社会矛盾纠纷源头预防和化解的诉源治理策略相契合，呈现出强劲的发展势头。[①] 置身社会转型加速、利益格局重组的新发展阶段，人民法院纾解行政审判工作面临困境的应对之举顺应了诉源治理观的推行，具备充分的现实逻辑基础。

（三）中国特色行政审判模式时代变迁的理论逻辑

回溯我国行政诉讼制度建立的过程，规范政府权力、保护公民权利的法治理想浸润其中。从党的十三大报告明确提出“制定行政诉讼法”的立法任务，到 1989 年 4 月 4 日七届全国人大二次会议审议通过《行政诉讼法》，“条件尚不成熟”“执行可能造成混乱”“先试行再完善”“束缚行政机关手脚”的担忧和质疑并非鲜见。[②] 如果不是党中央的高度重视和有力支持，这些争议和干扰就不可能被及时排除，更无法想象《行政诉讼法》能够迅速获得通过。这段弥足珍贵的行政诉讼制度史表明，“权力结构设计”是理解中国特色行政审判模式的绝佳窗口。旨在用法治给行政权力“定规矩、划界限”的行政诉讼法，在全社会开启了权力应当受限的思想启蒙，使之成为“通过各种具体裁判去实现宪法和行政法的方式”。[③] 有关“行政案件审理坚持行政行为合法性审查”“不适用调解”等诸多强制性规定，凸显了行政审判“权力对抗”模式的特质。

《行政诉讼法》实施的过程，正值我国经济社会快速发展、利益格局不断调整的特殊时期。面对社会矛盾纠纷的增多和社会运行风险的加剧，执政党不断探索治国理政新方式，党政关系结构随之出现新变化。在确保党始

① 来自行政审判一线的实践经验表明，“对内”挖掘行政诉讼制度本身潜力、“对外”健全行政争议多元解决机制和“创新”构建行政案件诉前调解机制，已经成为推进行政争议实质性解决的“系统化”机制。参见侯丹华等：《行政争议实质性解决机制实证研究——以 A 直辖市 B 法院行政案件集中管辖实践为分析样本》，载最高人民法院行政审判庭编：《行政执法与行政审判》（总第 71 集），中国法制出版社 2018 年版，第 209—214 页。

② 参见何海波编：《行政法治奠基时：1989 年〈行政诉讼法〉史料荟萃》，法律出版社 2019 年版，第 110—125 页；蔡小雪编撰：《行政诉讼 30 年：亲历者的口述》，法律出版社 2019 年版，第 7 页。

③ 参见〔德〕弗里德赫尔穆·胡芬：《行政诉讼法》（第 5 版），莫光华译，法律出版社 2003 年版，第 283 页。

终总揽全局、协调各方的基础上，司法机关和行政机关之间分工有别、目标一致。党政主导的经济社会发展模式，使得地位孱弱、资源有限的司法机关难以担当权力对抗的角色，一种新的强调司法机关与行政机关“权力互动”的行政审判模式开始兴起。“作为执行同一法律法规、追求同一法治目标的国家机关，司法与行政具有协调一致、取得共识的前提和基础，应当相互理解和良好合作。”[①]最高人民法院2007年《意见》首次正式提出“司法与行政良性互动”。最高人民法院院长周强2015年11月2日在十二届全国人大常委会第十七次会议上，代表最高人民法院首次报告行政审判工作情况。此后，人民法院就行政审判工作情况主动向党委汇报、向人大常委会报告、积极与政府进行沟通成为“新常态”。人民法院主动接受权力机关监督、寻求权力机关支持行政审判工作的做法，既体现了与时俱进的生存智慧，也彰显出司法应对行政的借力策略。[②] 在这种新型的国家权力结构设计中，人民法院行政审判工作对党政主导的诉源治理自然十分敏感，具备当然的理论基础。

四、行政诉讼因应诉源治理的理想类型

诉源治理既是执政党创新社会治理政策在司法领域的具体体现，也是深化社会矛盾纠纷多元化解决机制改革的内在要求。在当代中国，创新社会治理、建设法治社会是实现国家治理体系和治理能力现代化的重要组成内容。2020年12月，中共中央印发《法治社会建设实施纲要(2020—2025年)》，提出社会主义法治社会的六项基本标准——信仰法治、公平正义、保障权利、守法诚信、充满活力、和谐有序，明确“依法有效化解社会矛盾纠纷”

---

① 曹建明：《当前行政审判工作中的几个问题》，载《法律适用》2007年第5期。

② 近年来，全国多个高级人民法院主动向省级人大常委会报告工作、人大常委会经审议后作出专门决定，此举使“权力互动”行政审判模式趋于定型。最近的实例是2020年11月25日云南省十三届人大常委会第二十一次会议通过《关于加强行政审判工作的决定》，明确提出各级人民法院和行政机关“要加强行政争议源头治理”“合力推进行政争议实质性化解”。

是“推进社会治理法治化”的重要内容。就此而言，人民法院因应诉源治理展现出一副兼容“纠纷解决型司法”与“政策实施型司法”的“混合型司法”新面孔。[①] 诉源治理观嵌入司法活动因民商事案件爆发式增长而起，以波及其他类型案件审理而兴。行政审判承载权力监督、权利保护的法治理想，贯彻实施诉源治理不宜简单沿袭民事审判做法。行政审判实践中出现的若干应景式改革举措，反映了一些地方法院急于求成的功利心态。究其原因，还在于未能全面、准确地理解诉源治理的内涵以及人民法院行政审判在行政争议诉源治理格局中的定位。从功能主义立场上看，人民法院因应诉源治理存在“外与内”和“近与远”之分，前者指人民法院是立足司法外部还是内部贯彻诉源治理，后者指人民法院是聚焦当下纠纷化解还是立足长远预防因应诉源治理。行政审判因应诉源治理据此可以区分为“政策参与型”和“法治规范型”两种理想类型，二者在司法观念、目标、手段和角色上都存在明显差别，要努力形成“法治规范型为主、政策参与型为辅”的诉源治理新格局。

（一）有效调控行政诉讼增量的政策参与型诉源治理

“把非诉机制挺在前面”“减少诉讼增量”是诉源治理政策的核心要义，也是民商事审判工作的基本遵循。受行政案件管辖制度改革影响，行政审判领域一度也出现过案多人少的矛盾，但这一现象近年已得到有效缓解。一则《五五改革纲要》明确提出“规范行政案件管辖机制，完善案件管辖标准及类型”任务，行政案件审理中的“倒金字塔”结构正在得到改变；[②]二则既往行政诉讼案件存在一定的“虚高”现象，征地拆迁等领域“案中案”经由滥诉

① “纠纷解决型司法”与“政策实施型司法”是美国学者达玛什卡在考察现代国家中的司法制度时，结合“司法与国家权力结构之间的关系”和“司法与政府职能的关系”的双重视角得出的理想类型。参见〔美〕米尔伊安·R.达玛什卡：《司法和国家权力的多种面孔——比较视野中的法律程序》（修订版），郑戈译，中国政法大学出版社2015年版，第114页。

② 2020年2月，湖南省高级人民法院印发《关于正确执行案件管辖制度 充分发挥基层人民法院化解行政纠纷作用的指导意见（试行）》，明确提出七类行政案件由基层人民法院管辖，实现“努力把矛盾纠纷化解在基层”的目标。

规制已经得到遏制。相较民商事审判而言，行政审判因应诉源治理减少行政诉讼案件产生并无多少现实急迫性，人民法院只是引导适宜通过非诉方式解决的行政争议在立案之前向诉外分流。从贯彻实施“发挥行政复议化解行政争议主渠道作用”“努力将行政争议化解在行政程序之中”的社会治理政策要求上看，人民法院行政审判工作仍然需要积极参与其中。

就政策参与型诉源治理的目标而言，应当定位为“有效调控”行政诉讼增量，使行政诉讼案件数量处于可控范围之内。至于具体年份行政案件数量的适度回落或小幅上涨，则无须过度解读。与“国家鼓励和支持人民调解”“民事案件审理以调解优先为原则”“民事争议先行调解”已经入法不同的是，行政复议强制前置、行政争议先行调解并无明确法律依据。人民法院在司法外部因应行政争议诉源治理，毋宁是对政法机关外部关系中“社会自治优位”“基层治理优位”“前端治理优位”规范性原理的遵循。[①] 背后的逻辑是，人民法院在行政诉讼程序开启之前，利用自身专业优势分析研判行政争议可能走向，引导、鼓励和支持当事人积极选择行政复议、行政裁决、行政调解或者申请仲裁等非诉方式解决。非诉方式能否获得实际利用、能否最终化解已经出现的行政争议，主要取决于当事人的意愿和非诉方式本身的公信力。人民法院既不能在诉前强行对行政争议进行调解，也不能硬性将行政争议推向其他非诉通道，更无必要自我设定行政案件万人起诉率、行政争议审前调解率等刚性指标负载不可承受之重。[②] 人民法院只有准确理解和执行立案登记制的有关规定，才能实现 2014 年修订《行政诉讼法》解决行政案件起诉难的旨趣，避免再度陷入“立案政治学”境地。[③]

---

① 参见黄文艺：《中国政法体制的规范性原理》，载《法学研究》2020 年第 4 期。

② 2020 年 4 月，湖南省高级人民法院印发《关于推进诉源治理，加强“两个一站式”建设的实施意见（试行）》，提出“确保在 2020 年各地将行政案件万人起诉率等指标和加强诉源治理有关工作纳入平安建设考核的覆盖率达到 100％”“逐步实现行政案件万人起诉率下降至合理区间”的目标；2020 年 5 月，福建省高级人民法院印发《关于进一步深化诉源治理减量工程建设的实施意见》，提出“诉前分流调解案件占比争取达到 40％”“万人成讼率不高于 2019 年水平并争取逐年下降”的目标。

③ 参见汪庆华：《政治中的司法：中国行政诉讼的法律社会学考察》，清华大学出版社 2011 年版，第 44 页。

(二) 根除行政争议产生土壤的法治规范型诉源治理

如果说“解纠纷于萌芽”只是诉源治理的初级目标,那么“止纠纷于未发”就是诉源治理的终极目标。在行政案件总量峰值已经来临、人案矛盾趋于缓和的当下,行政审判因应诉源治理的重心应当及时转向司法内部,通过繁简分流的程序再造和行政裁判的示范引领,促进行政争议的高效公正化解,实现面向未来社会的“规则之治”。诉讼机制的社会价值除了通过解决社会冲突得以展示外,还在于为“抑制后续冲突发生提供一种常规性手段”。[①] 当行政争议无法通过诉前分流进入诉讼程序之后,人民法院既不能简单一判了之致使行政争议得不到实质性化解,也不能一味诉诸府院联动协调化解漠视司法裁判对潜在行政争议发生的预防功能。特别是在行政案件协调化解之风复苏、实体裁判率持续低迷之际,更要认真对待行政诉讼中司法的过度谦抑现象,有效遏制“法院规避司法评判倾向”的蔓延。[②]

相比较程序封闭、面向过去的府院联动协调化解而言,依托程序保障、面向未来的司法裁判对类似行政争议的发生更具预防价值。依法裁判是行政审判工作的底色,人民法院在任何时候、任何情况下都不能失去依法审判的底线。“司法谦抑是在依法审判的大前提下需要兼顾考量的,绝对不能将司法谦抑凌驾于依法审判之上。”[③]为了真正达到从源头上减少行政争议发生的实际功效,应当在今后的行政审判实践中大力倡导“法治规范型”诉源治理,通过个案公正裁判树立明确法律规则,使“审一案、推全案、管类案、减量案”成为行政诉讼制度新的生长点。最高人民法院近年来公布的若干典型行政案例,事实上已经起到明确示范规则、预防争议发生的治理效果。在“贝汇丰诉海宁市公安局交通警察大队道路交通管理行政处罚案”中,法院

---

① 参见顾培东:《社会冲突与诉讼机制》(修订版),法律出版社 2004 年版,第 17 页。

② 参见最高人民法院行政审判庭调研组:《关于当前行政诉讼协调情况的调研报告》,载最高人民法院行政审判庭编:《行政执法与行政审判》(总第 60 集),中国法制出版社 2014 年版,第 60 页。

③ 黄永维、郭修江:《司法谦抑原则在行政诉讼中的适用》,载最高人民法院行政审判庭编:《行政执法与行政审判》(总第 79 集),中国法制出版社 2020 年版,第 11 页。

生效判决通过解释何为“正在通过人行横道”，支持了被告行政处罚决定，为机动车驾驶人确立了礼让行人的基本规则。① 在“陈超诉济南市城市公共客运管理服务中心行政处罚案”中，法院生效判决以作为新业态经济形式的网约车社会危害性较小、行政处罚未遵循比例原则为由，撤销了被告行政处罚决定，为新产业、新业态经济发展确立了包容审慎监管原则。② 在“广州德发房产建设有限公司诉广东省广州市地方税务局第一稽查局税务处理决定案”中，法院生效判决以“拍卖行为有效并不意味税务机关不能行使应纳税额核定权，另行核定应纳税额也并非否定拍卖行为的有效性”为由，部分撤销了被告作出的税务处理决定，为行政机关专业认定确立了应予尊重的一般原则。③ 这些具有示范引领意义判决的作出，为行政机关和行政相对人的行为提供了明确指引和稳定预期，从源头上防止类似行政争议的再度产生。以裁判引领为核心的法治规范型诉源治理，契合了从源头上防止“诉求”发生的机理，与以案前分流为核心、旨在实现调控“诉讼”增量的政策参与型诉源治理相辅相成，共同构成了行政审判因应诉源治理的理想格局。（如表4所示）

表4　政策参与型诉源治理与法治规范型诉源治理的比较

类型 要素	政策参与型诉源治理	法治规范型诉源治理
司法观念	诉讼源头治理	诉求源头治理
司法目标	有效调控行政诉讼增量	根除行政争议产生土壤
司法手段	诉前释明引导、委派调解	诉后依法判决、示范诉讼
司法角色	参与者、分流者	主导者、裁判者

五、行政诉讼因应诉源治理的规范构造

社会矛盾化解是新时代各级政府承担的一项基本职能，基于源头治理

① 参见最高人民法院指导案例90号。
② 参见《最高人民法院公报》2018年第2期。
③ 参见最高人民法院行政判决书(2015)行提字第13号。

的“多元纠纷解决体系构建”是习近平法治思想中法治政府理论的重要组成内容。[①] 人民法院行政审判工作主动融入党委政府领导的诉源治理格局，既是贯彻习近平法治思想的具体体现，也是践行司法为民宗旨的生动实践。诉源治理的兴起及其嵌入，对行政审判的观念、原则、制度和程序产生了整体性影响。《五五改革纲要》提出，要“围绕推进法治政府建设”改革完善行政审判工作机制；中共中央印发的《法治中国建设规划（2020—2025年）》提出，中国特色社会主义司法制度建设要“坚持符合国情和遵循司法规律相结合”。在当下行政审判因应诉源治理的工具箱中，有的仅仅依托司法文件推行，有的经由法律解释可以证成，有的最终需要通过法律修订才能提供正当化依据。作为助力法治政府、法治社会一体建成的重要制度，行政审判因应诉源治理的规范构造尚需从五个方面展开：

（一）诉讼目的条款内涵的延展

诉源治理观嵌入人民法院行政审判活动过程，对行政诉讼制度影响最大的当属诉讼目的。2014年修订的《行政诉讼法》第1条新增“解决行政争议”作为行政诉讼制度的目的，虽可扩大解释为实质性解决行政争议，但难以兼容诉源治理所蕴含的源头预防行政争议发生的观念。在以往的研究中，虽然行政诉讼中“预防性保护”措施常被提及，但立足点还停留在为行政相对人提供“富有实效性的司法保护”。[②] 习近平总书记指出：“要完善预防性法律制度，坚持和发展新时代‘枫桥经验’，促进社会和谐稳定。”[③]预防性法律制度的建立和完善，离不开立法目的条款的引领和支撑。在多元化解纠纷的地方立法中，“预防和化解相结合”“源头预防”等表述已经明确载入。今后在进一步修改《行政诉讼法》时，可以将诉讼目的条款中的“解决行政争议”延展为“预防和解决行政争议”，实现“把非诉讼纠纷解决机制挺在前

---

① 参见马怀德：《论习近平法治思想中的法治政府理论》，载《政法论坛》2020年第6期。

② 参见罗智敏：《我国行政诉讼中的预防性保护》，载《法学研究》2020年第5期。

③ 习近平：《论坚持全面依法治国》，中央文献出版社2020年版，第4页。

面”国家治理政策的法律化。这一调整能够为行政审判因应诉源治理具体手段的运用提供基础性规范依据，促进政策参与型诉源治理逐步转向法治规范型诉源治理，形成人民法院行政审判“依法”因应诉源治理的理想格局。

（二）诉前调解合法性的补强

在行政法学理上，有观点认为，可将诉前调解解释为“将《行政诉讼法》第60条规定的诉讼调解程序提前到了诉讼开始之前而已”，以此为诉前调解披上形式合法性“外衣”。[①] 不过，诉前调解与诉讼调解的区别不仅在于运行的时空环境不同，而且后者适用的范围相对明确，具备基本的程序保障和法律文书支撑。相比之下，诉前调解既缺乏直接的法律依据，这一做法本身还与立案登记制规定相悖。诉前调解客观上能够起到分流部分行政争议的功效，应当进行必要的合法性补强。首先，可对《行政诉讼法》第51条规定的诉状必备要素“释明”进行扩张性解释，使立案阶段释明的事项范围涵盖“诉讼潜在风险提示”“非诉适宜机制优先”，以释明的中立性和服务性弱化其前置强制性。其次，应将立案前适宜调解的行政争议导入委派调解程序，按照《多元化纠纷解决意见》《委派调解指导意见》《分调裁审意见》的规定，充分发挥法院之外行业性、专业性调解组织和特邀调解员的专业优势，避免法院因诉前过度介入混淆立案调解与诉讼调解的界限。最后，可参酌全国人大常委会授权最高人民法院在部分地区开展民事诉讼程序繁简分流改革试点工作的有益做法，探索建立行政争议诉前调解司法确认程序，实现诉调对接的规范化和法治化。[②] 作为诉源治理的重要机制创新，行政争议诉前委派调

---

① 参见章剑生：《行政诉讼“解决行政争议”的限定及其规则——基于〈行政诉讼法〉第1条展开的分析》，载《华东政法大学学报》2020年第4期。

② 2020年1月，最高人民法院印发《民事诉讼程序繁简分流改革试点实施办法》，“优化司法确认程序”是排在首位的改革措施。此举将进一步激活实践中的委派调解机制，发挥其在诉源治理中的基础性作用。根据授权改革试点工作方案，两年试点期满后，对实践证明可行的，将修改完善有关法律。2021年12月24日，十三届全国人大常委会第三十二次会议修正后的《中华人民共和国民事诉讼法》已经对此项予以确认。

解及其司法确认，涉及行政相对人诉权保护规定的调整和行政诉讼立案前程序的再造，属于《中华人民共和国立法法》（以下简称《立法法》）第 8 条规定的“法律绝对保留事项”，只能通过修改《行政诉讼法》最终夯实其合法性基础。

（三）案后繁简分流的程序规范

自《繁简分流若干意见》颁行以来，各地法院掀起行政案件繁简分流改革热潮。以优化行政审判资源配置、提高行政审判效能为旨趣的“行政速裁工作机制”和“示范诉讼方式”，与从源头上减少行政案件理念相契合而备受青睐，先后被《一站式意见》《分调裁审意见》持续肯定。2020 年 7 月，重庆市高级人民法院印发《全市法院行政案件标准诉讼规则（试行）》，推动示范行政诉讼制度的试行；安徽省高级人民法院印发《关于行政诉讼案件繁简分流的实施意见（试行）》，率先在全省范围内整体推进行政诉讼繁简分流改革。就法律属性而言，行政速裁并非简单的工作机制，实则一类独立于普通程序和简易程序之外的行政诉讼程序。尽管行政速裁的适用范围与法定简易程序的案件范围具有一定的重叠性，但行政速裁适用的空间更广、灵活度更大、审限要求更严，难以寄居在简易程序之下发展。示范诉讼是法院依据职权针对多个当事人分别提起的同类型或系列性行政案件，先行选取个别案件进行示范审理，其他类案则直接参照示范案件批量办理的审理方式。对于因土地房屋征收补偿安置等引发的系列性、群体性行政诉讼案件而言，示范诉讼是比法定代表人诉讼更为有效的化解方式，可以及时防范、阻却更多同类纠纷涌向法院。示范诉讼承载“解决纠纷和法律秩序之社会实现的整合性功能”，对行政争议诉源治理尤为必要。[①] 行政速裁和示范诉讼的引入，涉及行政案件审理方式改革和现行行政诉讼程序结构调整，在提升行政案

---

① 参见俞惠斌：《示范诉讼的价值再塑与实践考察》，载《北方法学》2009 年第 6 期。

件审理效率的同时，也可能影响到当事人的基本程序保障。[①] 为此，应当在总结各地行政案件繁简分流实践经验和行政诉讼案件发展态势的基础上，通过进一步修改《行政诉讼法》，明确行政速裁和示范诉讼的适用范围和程序规范，使之成为行政审判因应诉源治理的有力制度支撑，避免行政诉讼案件反复出现异化性增长。

（四）一并解决民事争议条款的扩容

在行政审判实践中，大量行政争议或因原始民事争议引发，或其背后存在高度关联民事争议。人民法院在审理这类行政案件时，如果就案论案就会出现“官了民不了”现象，后续更多循环诉讼的产生既会增加当事人诉累，也无端耗费国家司法和行政资源，成为行政诉讼中程序空转、争议无法获得实质性化解现象的典型。2014 年修订的《行政诉讼法》第 61 条明确规定“一并解决相关民事争议”制度，试图从源头上一揽子解决相关行政争议和民事争议，避免再次引发新的争议。一些法院充分利用这一制度优势，在行政争议与民事争议交织案件的审理中实现了诉源治理目标。在“2020 年度人民法院十大案件”之“尚某诉江苏省如东县民政局婚姻行政登记案”中，法院生效行政裁判认为，并非只有胁迫缔结的婚姻才属于应当纠错的情形，对于冒用他人身份信息登记结婚、严重侵犯被冒名公民人格权益的情形，行政机关同样应当履行主动纠错责任；生效离婚判决仅产生向后终止夫妻双方婚姻关系的法律后果，并不向前证明原结婚登记行为合法或者违法、有效或者无效，不应阻却行政诉讼中对原结婚登记行为的合法性审查。[②]《中华人民共和国民法典》（以下简称《民法典》）中存在众多涉行政法规范性质条

---

① 2020 年 11 月，江苏省高级人民法院印发《关于国有土地上房屋征收补偿行政案件若干问题审理指南》，其第 7 条规定，“部分被征收人对房屋征收决定提起诉讼，法院作出生效裁判后，其他被征收人对同一房屋征收决定提起诉讼的”，法院不予立案。在现行法律框架之下，这种做法虽有“诉讼标的已为生效裁判所羁束”勉强作为支撑，但未起诉者的合法权益如何保护同样不可忽略。如果明确引入示范诉讼制度，这类问题就能够迎刃而解。

② 参见江苏省南通经济技术开发区人民法院行政判决书（2020）苏 0691 行初 325 号。

款，或直接新设行政机关职权行使依据，或直接划定行政机关职权行使边界，其实施将进一步增加行政争议和民事争议相互交织的情形。特别是类似《民法典》第286条第3款、第1177条新增的行政机关“处理”行为，都因相关基础性民事争议一方当事人“报告”“投诉”“请求”而启动，“处理”不当就会陷入行政争议与民事争议相互缠绕的境地。基于诉源治理的客观要求，有必要对一并解决民事争议条款进行适度扩容，将因“行政处理”行为引发的行政与民事争议交织情形增列其中，使得人民法院在行政审判活动中能够掌握一并审理、解决民事争议的程序主导权。

（五）变更判决适用范围的适度拓宽

行政诉讼变更判决涉及司法权与行政权的关系，其适用范围大小需要审慎作出安排。2014年修订的《行政诉讼法》将变更判决的范围设定为“行政处罚明显不当”“其他行政行为涉及对款额的确定、认定确有错误”，适度扩大了司法变更权。就法律属性而言，变更判决可以视为对撤销重作判决的一种有益补充，其最终适用与否往往需要“综合考虑变更判决与撤销重作判决的利弊”。① 一般认为，“确定”大致包括行政机关在支付抚恤金、最低生活保障待遇、社会保险待遇案件中对相关款额的计算，“认定”是指行政机关对企业营业额等客观存在事实的判断。② 从诉源治理效果上看，变更判决比撤销重作判决更易实现定分止争，行政法学理多倾向于进一步扩大其适用范围。在司法实践中，法院对变更判决的运用却显得过于谦抑。③ 从“款额确定、认定错误”的行为具体分布上看，变更判决主要适用于土地房屋征收补偿决定和社会给付决定，个别也涉及社会抚养费征收决定和行政裁决等

---

① 参见李广宇：《新行政诉讼法逐条注释》（下），法律出版社2015年版，第665页。

② 参见薛政编著：《行政诉讼法注释书》，中国民主法制出版社2020年版，第609页。

③ 笔者于2021年2月15日以“中华人民共和国《行政诉讼法》第七十七条”为“法律依据”关键词在“中国裁判文书网”进行检索，仅获得行政裁判文书135份。其中，2015年40份，2016年69份，2017年26份。即使排除统计口径差异、少量行政裁判文书未上网等因素影响，法院对变更判决的适用也是极为谨慎的。

其他行政行为。[①] 作为引领性判决的典型代表，变更判决对有效规范行政裁量权行使、从源头上预防行政争议发生具有特殊意义，人民法院在行政审判实践中应当通过更为灵活的法律解释把握变更判决适用的主动权。2021年修订的《中华人民共和国行政处罚法》(以下简称《行政处罚法》)第34条设定了行政机关向社会公布所制定的行政处罚裁量基准的义务，为人民法院参酌适用裁量基准变更行政处罚决定提供了便利。"其他行政行为""款额确定、认定""确有错误"等概念都存在很大解释适用空间，只要"裁判时机已经成熟""款额计算无须再行行政调查"，人民法院就应当直接适用变更判决实现行政争议的源头治理。[②]

诉源治理是新时代中国本土法治话语的集中表达，彰显出执政党矢志加强创新社会治理、满足人民美好生活需要的情怀与担当，是社会治理领域一场广泛而深刻的革命。人民法院行政审判工作主动因应诉源治理政策要求，具有深厚的政治逻辑、现实逻辑和理论逻辑。对人民法院在行政审判实践中因应诉源治理的改革创新举措，要坚持全面、客观和辩证的立场进行看待。"司法体制改革成效如何，说一千道一万，要由人民来评判，归根到底要看司法公信力是不是提高了。"[③]当下行政审判因应诉源治理的某些做法，体现了一种司法实用主义的功利心态，其实施成效尚待时间检验，其创新依据更需回归法治轨道。诉源治理具有丰富的理论内涵和广阔的探索空间，是一项长期、复杂而艰巨的社会系统工程，将对人民法院行政审判活动产生深刻影响。本章基于对近年各地行政审判最新实践的观察，提出政策参与型与法治规范型诉源治理二元结构的理论命题，希冀人民法院在坚守依法审

---

① 在"张绪斌诉白河县卫生和计划生育局社会抚养费征收决定案"中，二审法院对社会抚养费征收决定作出变更判决，参见陕西省安康市中级人民法院行政判决书(2016)陕09行终26号；在"仇怀淦诉上海市浦东新区建设和交通委员会房屋拆迁裁决案"中，一审法院对行政裁决行为作出变更判决，参见上海市浦东新区人民法院(2015)浦行初字第214号。2020年12月，广东省高级人民法院印发《关于审理土地山林确权纠纷行政案件的指引》，将变更判决的适用范围扩展到"土地山林权属归属确权行政处理决定"。

② 参见〔德〕弗里德赫尔穆·胡芬：《行政诉讼法》(第5版)，莫光华译，法律出版社2003年版，第589页。

③ 习近平：《论坚持全面依法治国》，中央文献出版社2020年版，第147页。

判、维护公平正义的基础上，努力实现更高层次诉源治理的理想目标。在解释适用好现行《行政诉讼法》规定、不断总结最高人民法院司法文件实施经验的基础上，适时推动《行政诉讼法》再修改和行政法总则制定，才能为行政审判更好因应诉源治理提供充分的法律保障，促进政策参与型诉源治理最终转向法治规范型诉源治理，中国特色行政审判制度也将因全面融入法治一体建设进程而实现升级再造。

第四章

行政诉权分层保障论

一、行政诉权分层保障理论命题的提出

基于“有权利必有救济”的法治定理，作为“权利救济权”的诉权被视为“第一制度性人权”，是“社会主体的价值确认方式”和“人的自主性的权能表现之一”。[①] 在诉权的诸多形态中，以当事人请求人民法院依法独立行使行政审判权对行政争议作出公正裁判为内涵的行政诉权尤为引人注目，概因其承载着权力制约、官民平等的特殊历史使命。现行《中华人民共和国宪法》(以下简称《宪法》)虽未直接对诉权作出明确宣示，但 2014 年修订的《行政诉讼法》已经在“总则”部分构建起行政诉权的基本保护框架，主要体现在该法开篇四条的规定上：一是第 1 条重申了“保护公民、法人和其他组织的合法权益”的诉讼目的；二是第 2 条确认了公民、法人和其他组织的行政诉权；三是第 3 条规定了作为行政诉权核心内容的起诉权；四是第 4 条突出了人民法院对行政审判权的依法独立行使。可以说，上述规定奠定了行政诉讼法作为“当事人行政诉权保障法”基本法的地位。

如果说上述法律规定体现的还只是一种观念层面行政诉权的话，那么

① 参见程燎原、王人博：《权利及其救济》，山东人民出版社 1998 年版，第 317 页。

2014年修订的《行政诉讼法》的实施无疑就是一种现实层面行政诉权的展示。“观念诉权”只有转化为“现实诉权”，对于诉权主体来说才真正具有价值。[①] 2014年修订的《行政诉讼法》实施以来，行政案件受案数量快速增长，为行政诉权保障提供了广阔舞台；“立案难、审理难、执行难”的问题得到了有效缓解，为行政诉权的实际拥有提供了有力佐证。与此同时，诉讼程序空转、裁判口惠实不至、少数当事人频繁启动政府信息公开诉讼等现象涌现，暴露出当事人行政诉权保障和规范方面还存在不少问题。如何在加强行政诉权保障与必要规范之间取得平衡，是我国今后行政审判工作面临的重大考验之一。

正是基于对行政诉权保障法落地实施的关切，笔者率先提出了“行政诉权分层保障”的理论命题，主张以原告实际行使诉权的理性程度为标准，分别就诉权“理性行使”“精明行使”“不当行使”“恶意行使”设计出不同的机制加以保障和规制。[②] 与基于行政诉权运行过程的“诉权层次论”[③]和基于不同法律层面的“诉权形态论”[④]所不同的是，笔者所持的“诉权分层保障论”立足行政诉讼法的文本规定和实施情况，聚焦原告诉权行使的理性化程度，提出相应的机制优化方案，引导我国公民养成理性维权、依法维权的习惯，进而促进法治社会的实现。

二、行政诉权理性行使的有效保障机制

我国当下正处于急速的社会转型时期，利益格局的调整和利益主体的

---

① 参见江伟、邵明、陈刚：《民事诉权研究》，法律出版社2002年版，第166页。

② 参见章志远：《新时代我国行政审判的三重使命》，载《东方法学》2019年第6期。

③ “诉权层次论”是青年学者梁君瑜提出的观点，其要义包括三个层次：“第一层次行政诉权为起诉权，仅由原告享有；第二层次行政诉权为获得实体裁判权，同样仅由原告享有；第三层次行政诉权为获得公正裁判权，由原、被告分别享有。”参见梁君瑜：《行政诉权研究》，中国社会科学出版社2019年版，第87页。

④ “诉权形态论”是行政法学者孔繁华教授所持观点，论者提出根据行政诉权存在的不同法律层面，可以将其分为基本权形态的行政诉权、制度形态的行政诉权和实践形态的行政诉权。参见孔繁华：《行政诉权的法律形态及其实现路径——兼评最高人民法院法发〔2009〕54号文件》，载《法学评论》2011年第1期。

分化增加了社会运行的风险,行政争议的妥善化解对于改革、发展和稳定任务的实现尤为重要。党的十九大报告提出了"培育自尊自信、理性平和、积极向上的社会心态"的社会建设任务,为行政诉权保障机制的优化提供了目标指引。总体上来看,将行政争议诉至法院寻求解决反映出当事人尊重法律、信任司法的积极心态,毕竟以"告官"取乐之人在新时代仍然属于极少数。为此,行政审判实践就应当在《行政诉讼法》《行诉解释》文本规定的基础上,通过机制优化进一步解决好行政诉权保障不足的"短板"。[①] 具体来说,行政诉权理性行使有效保障机制的优化可从如下三个方面展开:

第一,科学把握立案登记和审查的关系。《全面依法治国决定》就公正司法明确提出了"有案必立、有诉必理"的要求,作为对该决定"变立案审查制为立案登记制"的首次贯彻,2014 年修订的《行政诉讼法》第 51 条规定了"登记立案"制度。受所处特殊环境和媒体过度宣传等多方面因素的影响,部分法院机械理解执行立案登记制的规定,甚至收到诉状材料不经审查径行立案,走向了新的"立案的政治学"[②]极端。这种做法虽然使一审行政案件的受案数量在短时期内有了明显增加,但相伴而来的高裁定驳回起诉率却证明了一审受案数的"虚高",既不利于当事人诉权的有效保障,更是对有限司法资源的浪费。为此,最高人民法院在《关于进一步保护和规范当事人依法行使行政诉权的若干意见》(法发〔2017〕25 号,以下简称《若干意见》)中明确提出,要正确理解立案登记制的精神实质,"在防止过度审查的同时,也要注意坚持必要审查"。鉴于 2014 年修订的《行政诉讼法》第 49 条规定了起诉的基本条件,因而行政审判实践需要在《行诉解释》细化起诉诸要件规定的基础上作出相对宽容的解释,缓解"行政诉讼起诉高阶化"[③]现象。可以说,行政诉讼

① "诉权有效保障和规范并举"是《行诉解释》所秉持的基本审判理念之一。参见章志远:《行诉解释对行政审判理念的坚守和发展》,载《法律适用》2018 年第 11 期。

② "立案政治学"概念的提出,可参见汪庆华:《政治中的司法:中国行政诉讼的法律社会学考察》,中国政法大学出版社 2011 年版,第 44 页。相比较过去行政诉讼立案往往考虑安定团结等社会后果因素而言,新近一些地方的立案则考虑政治站位、案件量增加等因素,是另外一种形式的"立案政治学"。

③ 高鸿:《行政诉讼起诉条件的制度与实践反思》,载《中国法律评论》2018 年第 1 期。

的大门有多开，人民法院保障行政诉权的舞台就有多宽。在“李波、张平诉山东省惠民县政府行政强制及行政赔偿案”中，最高人民法院就创设性地运用“推定被告”方法，撤销了一、二审法院以起诉的被告不适格为由作出的驳回起诉裁定。[①] 这一创造性的裁判体现了最高人民法院对立案登记制内涵的科学把握，可谓“在保障起诉权与防止滥用诉权两方面”的精准平衡，其公正意识和正义立场应当为地方人民法院所接受。[②]

第二，诉讼类型选择法官释明义务机制。就逻辑关系而言，行政诉讼类型化既是行政诉权发展的内在需要，也是行政诉权实现的重要保障。[③] 2014 年修订的《行政诉讼法》虽然没有直接明确行政诉讼的类型化，但《行诉解释》第 68 条通过对作为起诉条件之一的“有具体的诉讼请求”的详尽解释，部分地实现了行政诉讼的隐形类型化。不过，在一些地方的行政审判实践中，法院时常以原告拒绝法官释明、不变更诉讼请求为由驳回原告的起诉。这种做法违背了行政诉讼类型化制度的初衷，不利于当事人行政诉权的有效保障。来自行政诉讼类型精细化设计的德国经验表明，法院不可以因原告选择了一个不适当的诉讼种类而将该诉驳回。“如果原告选择了错误的诉讼种类，法院必须通过解释、转换、具体指示，使之成为一个适当的诉讼种类。”[④]所幸的是，这一域外经验已被 2014 年《行政诉讼法》修订以来最高人民法院的裁判频频援用。在“郭传欣诉巨野县政府、菏泽市政府房屋征收补偿及行政复议案”（以下简称“郭传欣案”）中，最高人民法院认为，行政诉讼类型制度的意义在于对法院的诉讼行为进行规范，使法院能够根据不同的诉讼类型选择对当事人最适宜的救济方式和裁判方式。“设置诉讼类型的目的既然在于为公民权利的保护提供一种具体方式，那么选择一个适

---

① 参见最高人民法院行政裁定书（2018）最高法行再 113 号。

② 参见于安：《守护城市发展的法治底线——评李波、张平诉山东省惠民县政府案裁定》，载《中国法律评论》2019 年第 2 期。

③ 参见薛刚凌：《行政诉权研究》，华文出版社 1999 年版，第 145 页。

④ 〔德〕弗里德赫尔穆·胡芬：《行政诉讼法》（第 5 版），莫光华译，法律出版社 2003 年版，第 204 页。

当的类型不应成为公民的任务甚至额外增加的负担。”[①]在“王吉霞、黄贵兰诉河南省人民政府不履行法定职责案”中，最高人民法院对一审和二审法院以原告拒绝法官释明、诉讼请求不具体为由驳回起诉的做法并不认同，认为当事人诉讼请求的提出并不影响法院对请求的合并。“《行诉解释》虽然分项列举各类诉讼请求，但这并不能理解为各类诉讼请求不能在一个案件中合并提出。只要各类诉讼请求相互关联，不相互矛盾，就应当予以准许。”[②]在“张艳君诉北京市政府不履行行政复议法定职责案”中，最高人民法院认为，“在经过释明后原告坚持不作更改的情况下，人民法院可以根据原告诉求的实质性质，选择最为合适也能最大限度实现其诉讼目的的诉讼类型和判决方式”[③]。从这些裁判要旨来看，最高人民法院已经通过审理个案的方式明确表达了释明诉讼请求系法官职责和义务的基本立场。这种有利于当事人行政诉权有效保障的诉讼类型释明制度，应当成为各级人民法院行政审判的基本遵循。

第三，灵活运用行政案件协调化解机制。从纠纷化解的维度上看，我国行政审判三十多年的演进过程，就是一个从“以明辨是非曲直为根本任务的封闭对抗型行政诉讼模式”向“以行政纠纷实质性化解为最终目标的开放合作型行政诉讼模式”的转变过程。[④] 行政纠纷的实质性化解具有三个内在标准：一是案件已经终结；二是当事人之间的矛盾真正地得以解决；三是行政机关和社会成员能够自动根据法院的裁判调整自身行为。[⑤] 2014 年修订的《行政诉讼法》实施以来，各级人民法院在实质性化解行政争议的目标指引下，充分运用协调化解机制处理行政案件，改变了某些情况下判决结案“口惠而实不至”的窘况，取得了良好的社会效果和法律效果。作为我国改革开

---

① 最高人民法院行政裁定书(2016)最高法行申 2621 号。

② 最高人民法院行政裁定书(2017)最高法行申 7760 号。

③ 最高人民法院行政裁定书(2016)最高法行申 2496 号。

④ 参见章志远:《开放合作型行政审判模式之建构》,载《法学研究》2013 年第 1 期。

⑤ 参见江必新:《论实质法治主义背景下的司法审查》,载《法律科学(西北政法大学学报)》2011 年第 6 期。

放排头兵的上海地区，更是在2018年5月率先发布《实施意见》，始终将争议的实质性解决贯彻于诉讼的全流程之中，秉承协调化解与依法裁判有机结合的理念促进行政争议的稳妥解决，开创了行政案件协调化解的“上海模式”。在上述文件的指引下，上海法院以行政争议多元调处中心为平台和抓手，将协调化解的范围扩展至更多类型的行政案件。2019年5月，上海市高级人民法院在发布上年度行政审判白皮书的同时，还首次发布了2018年行政争议实质性解决十大案例，实现了案件类型和调处手段的多元化。2019年6月，安徽省高级人民法院也对外发布了全省法院实质性化解行政争议十大典型案例。上海、安徽两地的行政审判实践，代表了行政诉权理性行使有效保障的新动向，彰显了实质性化解行政争议目标指引下协调结案的中国智慧。这种已被实践证明成功的行政诉权充分保障经验，值得在更大范围内进一步推广，切实增强当事人行使行政诉权的安全感和获得感。

三、行政诉权精明行使的适度容忍机制

行政争议的背后往往蕴涵着复杂的利益纠葛，折射出剧烈的时代变迁。站在民众维权的角度上看，利用现有规定的某些疏漏乃至真空最大限度地谋取自身的利益，司法机关应当给予必要的容忍。特别是在征地拆迁、城市旧改等关乎基本民生保障的领域，司法机关对于原告申请政府信息公开等某些精明的迂回策略需要同情的理解。按照通行的诉讼法理，诉讼行为是组成诉讼程序的基本要素，是实现诉讼程序价值和目的的基本载体。[①] 司法机关主要还是根据法律规定对当事人诉讼行为是否成立、是否有效、是否合法、有无理由进行评价，并非通过当事人的外在行为进行诉讼心理层面的推断。从近年来行政审判实践中所谓的“职业打假人”“投诉专业户”“信息公开申请专业户”维权现象来看，有些是属于现有法律制度规定的模糊地带，

---

① 参见樊崇义主编：《诉讼原理》，法律出版社2003年版，第380页。

有些是当事人采取的诉讼策略，有些则是传导社会压力的工具。这些举动固然增加了行政机关的工作量，甚至给行政机关和司法机关增添了麻烦，但其本身也具有社会监督、倒逼行政机关依法行政的“溢出”效应。除了完善法律规定、堵塞规范漏洞之外，人民法院可以通过诉讼风险交流机制和诉讼繁简分流机制予以积极应对。

第一，诉讼风险交流机制。身处社会转型时期，人民法院的行政审判工作担负着化解社会矛盾、维护社会稳定、保障行政诉权、促进良好行政的多重使命。目前，对行政争议实质性化解理念的推行更多借助各种类型的府院良性互动机制。相比之下，法院与原告之间的常态深度交流机制尚未确立。民众无论是出于何种心理向法院提起行政诉讼，其自身都面临各种不确定的风险。对法院而言，如果只顾埋头处理当事人之间的表面纷争，不能及时有效地了解原告的真实诉求，其结果不仅难以实现行政争议的实质性化解，而且还耗费了有限的司法资源。为此，从诉讼风险防范和管控出发，应当建立法院与原告之间的互动交流机制，与府院互动相向而行。特别是在当事人精明行使行政诉权可能造成诸多消极影响时，应当通过法院与原告之间的深度沟通交流加以规避。以安徽省高级人民法院对外发布的实质性化解行政争议十大案例之首的“葛某某诉安徽省人民政府行政复议案”为例，原告因与征收实施单位无法就补偿安置达成协议，已经针对土地征收过程中的项目选址意见书、立项复函、公告等多个行为提起了十余起行政诉讼。安徽省高级人民法院在审理该案的过程中，并未机械地就案论案，而是经过反复沟通，了解到葛某某提起多起行政诉讼的真实意图是寻求补偿安置问题。按照实质性化解行政争议的要求，法院紧紧抓住当事人补偿安置的痛点直接展开调解，最终促使葛某某与征收实施单位之间达成补偿安置协议，葛某某不仅撤回本案上诉，而且提起的其他行政诉讼也都撤诉。[①] 就本案而言，当事人实际上是精明地行使了其所享有的行政诉权，虽然表面上

---

① 参见唐欢:《裁判协调双管齐下促行政争议实质性化解 省高院发布十大行政典型案例》，载《安徽法制报》2019 年 6 月 19 日。

都符合法律的规定，但每个孤立的个案既无法实现其真实的诉讼目的，也会无谓耗费有限的司法资源。受案法院通过反复释明和交流掌握了当事人的内心真实诉求，以适度容忍最终换回了行政争议的实质性化解，此举值得大力倡导。

第二，诉讼繁简分流机制。随着行政审判管辖体制改革的推进，行政案件向上级法院集中的趋势日益明显，案件审理的压力不断增大。对案件进行合法适度的繁简分流，既能够有效地提升行政审判效率，又能够有效地降低行政法官的压力，尽量减少司法资源的无端浪费。特别是面对一些不具实益的政府信息公开诉讼、投诉举报答复诉讼等案件的涌现，快速处理机制的建立尤为必要。2014 年修订的《行政诉讼法》第 82 条规定了行政诉讼简易程序的适用范围，为人民法院开展繁简分流改革提供了立法支撑。不过，受制于审理期限、当庭宣判、绩效考核、管辖改革等多重因素的影响，行政审判实践中繁简分流改革进展并不顺利，修法的红利未获释放，“繁案精审、简案快审”的格局并没有形成。一些行政审判基础扎实、环境良好的地区已经率先进行更大范围的繁简分流探索，对提升行政审判质量和效率发挥了积极作用。例如，广州铁路运输中级法院 2019 年 3 月印发《行政案件适用简易程序工作指引》，明确规定其他案件适宜适用简易程序审理的，立案庭应当以适当形式征询当事人运用简易程序的意见，同时做好解释工作。各方当事人同意的，就可以适用简易程序，尽力提升简易程序的适用率。此外，行政案件的速裁程序、普通程序简易审等繁简分流改革模式也次第推出。2019 年 3 月，中央政法委、最高人民法院和最高人民检察院联合下发《关于进一步优化司法资源配置全面提升司法效能的意见》（以下简称《全面提升司法效能意见》），明确提出了“完善分案机制”“推动简案快办”“推动类案快审”“探索示范诉讼”“简化法律文书”等具体改革任务，还特别针对行政诉讼提出“依法扩大行政案件简易程序适用、探索建立行政速裁工作机制”的改革构想，为行政审判实践拓展繁简分流提供了指引。面对职业打假人、投诉专业户、政府信息公开频繁申请者提起的行政诉讼，一方面需要适用《行诉解释》严把案件立案关，防止没有权利保护必要性的案件进入司法程序；另一方面需要果断采取快审和速裁方式，消解当事人精明行使行政诉权可能造成的负面效应。只有这样，人民法院才能依法应对当事人提起的精明之诉，在诉权保护和司法效益之间寻求平衡。

四、行政诉权不当行使的必要矫正机制

我国《宪法》第 51 条规定："中华人民共和国公民在行使自由和权利的时候，不得损害国家的、社会的、集体的利益和其他公民的合法的自由和权利。"就公民诉权行使而言，同样应当遵循法律的规定。《中华人民共和国民事诉讼法》(以下简称《民事诉讼法》)第 13 条第 1 款规定："民事诉讼应当遵循诚信原则。"在民事诉讼中，虚假诉讼、恶意诉讼、机会型诉讼、滥用诉讼权利等"程序异化"[①]现象已经引起了广泛关注。基于行政诉讼两造地位的特殊性，2014 年修订的《行政诉讼法》并没有直接规定诚实信用原则，但这并不意味着行政诉讼当事人可以任意地行使行政诉权。一方面，行政诉权作为一种具体形态的诉权应当遵守诉权行使的一般原则，在《行政诉讼法》没有明确规定时可以适用《民事诉讼法》的相关规定；另一方面，党和国家高度重视社会诚信体系建设，中共中央、国务院印发的《新时代公民道德建设实施纲要》明确提出"开展诚信缺失突出问题专项治理，提高全社会诚信水平"的任务，国务院印发的《关于建立完善守信联合激励和失信联合惩戒制度 加快推进社会诚信建设的指导意见》提出了"加快推进社会诚信建设""营造诚信社会环境"的目标。事实上，在近几年的行政审判实践中，一些不当行使行政诉权的现象开始出现，如有的当事人或者代理人出于干扰法庭秩序、施加压力、延缓开庭等目的，随意提出回避申请；有的当事人将法庭当成发泄个人不满的舞台，不服从审判长指挥；有的当事人藐视法庭不举证不陈述，致

① 吴英姿教授认为，民事诉讼中的"程序异化"，是指程序从保障当事人诉权的规则变异为当事人滥用诉权、利用诉讼程序谋取不正当利益的工具。参见吴英姿：《作为人权的诉权理论》，法律出版社 2017 年版，第 169—170 页。

使庭审无法进行。[①] 为此，可以从诚信诉讼的程序规则支撑和诉讼失权制度的精准适用两方面入手，针对行政诉权的不当行使进行必要的矫正。

第一，诚信诉讼的程序规则支撑。诚信诉讼原则要求当事人在诉讼过程中自觉听从法庭的指挥，合法合理地行使诉权。“程序具有暂时冻结某一状态的用途。一个事物或案件在被置之程序的那一刻开始，就与社会发展的因果链隔离了。”[②]当行政争议随起诉进入司法程序之后，当事人就应当在人民法院的主持和主导之下正当行使诉权，寻求案件最终的实质性解决。因此，当原告出现某些不以案件及时公正化解为目的、不积极配合人民法院正常审理案件的行为时，特别是在法院反复释明后仍不给予配合的，就应当通过相应的程序规则及时进行矫正。2014 年修订的《行政诉讼法》及《行诉解释》规定了相应的程序规则，行政审判实践需要借助非诚信诉讼样态的灵活解释加以大胆适用。总体来看，有五种情形可以纳入诚信诉讼的程序规则支撑体系之中：一是针对重复起诉、执意缠讼的径行裁定驳回起诉机制；二是针对明显不属于法定回避事由申请的当庭驳回机制；三是针对经传票传唤原告无正当理由拒不到庭或者未经法庭许可中途退庭的按照撤诉处理；四是针对妨碍庭审活动进行的中止诉讼机制；五是针对庭审中拒绝陈述导致庭审无法进行的视为放弃陈述权利机制。值得肯定的是，行政审判实践中人民法院的裁定已经多次使用了“诚信诉讼”“理性合法表达诉求”等字眼，并对当事人不当行使诉权行为进行了相应的矫正。例如，在“腾某琴诉江苏省南京市雨花台区人民政府行政协议案”中，腾某琴在二审庭审中反复纠缠于雨花台区人民政府负责人未出庭问题，经二审法院当庭出示情况说明并释明后仍然坚持己见不同意开庭，导致庭审无法正常进行。二审法院根据《最高人民法院关于执行〈中华人民共和国行政诉讼法〉若干问题的解释》（以下简称《执行解释》）第 49 条第 1 款的规定，认定腾某琴庭审中的行为实际上是拒绝法院对案件进行审理和裁判，所产生的法律效果等同于未经

① 参见梁凤云：《行政诉讼法司法解释讲义》，人民法院出版社 2018 年版，第 205、211 页。

② 季卫东：《法治秩序的建构》，中国政法大学出版社 1999 年版，第 19 页。

法庭许可中途退庭，应当视为主动放弃上诉权。最高人民法院的再审裁定不仅明确支持了二审法院的基本立场，而且还特别指出："法庭是人民法院代表国家依法审判各类案件的专门场所，庭审是司法审判的中心环节，遵守法庭纪律，理性合法表达诉权，保障庭审活动正常进行，既是人民法院公正及时审理案件的需要，更是当事人依法维护自身权益的需要。当事人应当根据法庭引导，在庭审的不同环节，适时表达相应不同的诉求。"[①]

第二，诉讼失权制度的精准适用。如果说诚信诉讼的程序规则支撑体系尚属"有限矫正"之举的话，那么失权制度则是从实质上终结当事人在本案中的诉讼权利，是一种典型的"强力矫正"举措。行政诉讼中的失权是指当事人在行政诉讼活动过程中原本享有的诉讼权利，因某种特定原因或者事由的发生而丧失。从诉权充分保障的角度上看，失权要件的构成应当尽可能明确、具体，"如过于笼统就会造成法院司法裁量权的扩大，从而不利于从实质上保障第三方诉讼权利的行使"[②]。发生在江苏省南通市的"纪爱美诉如皋市人民政府、南通市人民政府征地补偿安置方案行政批准及行政复议案"（以下简称"纪爱美案"）之所以引起社会广泛关注，就缘于法院认为原告纪爱美的穿戴（头戴黑色鸭舌帽）不符合司法礼仪要求，且经法院多次释明后仍然无正当理由拒绝纠正（拒绝脱帽），导致庭审活动无法进行，应视为纪爱美放弃本案的诉讼权利按照撤诉处理。[③] 在本案中，纪爱美的行为属于行政诉权行使不当，能否适用《行诉解释》第 80 条"视为放弃陈述权利，由其承担不利的法律后果"，则完全取决于法院的司法裁量。在 2019 年 12 月 26 日南通市中级人民法院就该案所作的情况通报中，法院详细介绍了案件的背景和纪爱美个人五年来向三级法院提起百余件行政诉讼案件、不断进京上访以及过往不听法官劝导不符合司法礼仪要求被责令退出法庭等情况，并

---

① 最高人民法院行政裁定书(2017)最高法行申 145 号。值得注意的是，《执行解释》第 49 条第 1 款的规定已经为《行诉解释》第 79 条第 1 款所取代。今后出现当事人在法庭庭审中无视法庭释明、拒绝服从指挥的，能否继续解释为"拒不到庭"或"未经法庭许可中途退庭"，尚待观察。

② 杨荣馨主编：《民事诉讼原理》，法律出版社 2003 年版，第 196 页。

③ 参见江苏省南通市中级人民法院行政裁定书(2019)苏 06 行初 177 号。

认为放弃诉讼权利有积极明示的方式和消极对抗的方式，纪爱美的行为则属于以消极方式放弃诉讼权利。[①] 当然，法院的这种认定是否完全符合《行诉解释》的制定原意、是否可以采取其他替代性的有限矫正措施，仍然具有讨论的空间。[②] 在“王素茹、于潮诉北京市海淀区人民政府行政复议案”中，法院以原告王素茹、于潮到庭后无正当理由不服从法庭安排，经法庭释明法律后果后仍阻挠法庭庭审活动正常进行为由，认定其行为无异于放弃诉讼主张、行为效果等同于原告未经法庭许可中途退庭，根据 2014 年修订的《行政诉讼法》第 58 条作出按照撤诉处理的裁定。[③] 在“胡亚芬诉宁波市海曙区人民政府鼓楼街道办事处及海曙区人民政府不履行法定职责及行政复议案”中，法院以胡亚芬拒不当庭回答是否已经缴纳诉讼费、明显违反诉讼诚信规则和相关庭审纪律为由，裁定按照撤诉处理。[④] 相比“纪爱美案”的处理而言，这两个案件因分别与 2014 年修订的《行政诉讼法》第 58 条和《行诉解释》第 61 条的规定相关联而少有争议。鉴于行政诉讼失权制度关系到个案中行政诉权的剥夺，人民法院在行政审判实践中宜采取慎重态度。就《行诉解释》第 80 条“明确拒绝陈述或者以其他方式拒绝陈述”的司法判断标准而言，梁凤云法官曾言：“要判断该行为是否存在以及是否客观上导致庭审无法正常进行，至于原告或者上诉人的主观心理状态则无须审查或者推定。”[⑤] 可见，诉讼失权制度的适用规则还需要在行政审判实践中继续摸索。

五、行政诉权恶意行使的严厉制裁机制

在旗帜鲜明地弘扬“保障当事人诉权”的同时，《全面依法治国决定》也提出了“加大虚假诉讼、恶意诉讼、无理缠讼行为的惩治力度”的号召，但

---

① 参见胡欣：《不遵守司法礼仪 案子被撤诉》，载《今晚报》2020 年 1 月 10 日。

② 参见张贵志：《“帽子”和“尊严”都应尊重法律》，载《法治周末报》2020 年 1 月 1 日。

③ 参见北京市第四中级人民法院行政裁定书(2018)京 04 行初 531 号。

④ 参见浙江省宁波市中级人民法院行政裁定书(2016)浙 02 行申 12 号。

⑤ 梁凤云：《行政诉讼法司法解释讲义》，人民法院出版社 2018 年版，第 224 页。

2014年修订的《行政诉讼法》并没有对此作出明确回应。2015年2月，江苏省南通市港闸区人民法院在“陆红霞诉南通市发展和改革委员会政府信息公开答复案”（以下简称“陆红霞案”）中率先大胆提出“滥用诉权行为的法律规制”命题，并认为“保障当事人的诉权与制约恶意诉讼、无理缠讼均是审判权的应有之义”。[①] 随后，“陆红霞案”被载入《最高人民法院公报》[②]，裁判要旨指出：“当事人反复多次提起琐碎的、轻率的、相同的或者类似的诉讼请求，或者明知无正当理由而反复提起诉讼，人民法院应对其起诉严格依法审查，对于缺乏诉的利益、目的不当、有悖诚信的起诉行为，因违背了诉权行使的必要性，丧失了权利行使的正当性，应认定构成滥用诉权行为。”鉴于该案发展了现有法律规定，特别是发生在较为低迷的政府信息公开领域，因而引发了行政法学理论界和实务界的广泛关注。尽管《行诉解释》并没有直接就滥用诉权行为的规制作出明确规定，但《若干意见》还是以较大篇幅对恶意诉讼、无理缠讼等滥诉行为提出了相应的规制措施。与此同时，最高人民法院自身也在一系列再审行政案件裁判中延续了“陆红霞案”的裁判思路。为此，对于当事人最极端的滥诉行为必须予以严厉的制裁措施，将有限的司法资源真正用于对理性行使行政诉权者的充分保障。从相关司法判例及权威文件来看，如下两项制裁机制亟待明确：

第一，滥诉差异化立案审查机制。与“民事诉权滥用”[③]危害有所不同的是，行政诉权的滥用通过人为地制造案件，挤占了有限的司法资源，不仅干扰了行政机关的正常工作，而且阻碍了行政审判功能的正常发挥。考察“陆红霞案”以来最高人民法院的一系列裁判，可以大体上看出行政诉权滥用两方面的构成要件：一是客观要件，即行为人在一定周期内反复多次提起相似的无关痛痒的诉讼请求；二是主观要件，即行为人故意通过频繁起诉起到骚扰施压的案外目的。为了及时有效制止行政诉权恶意行使，可以探索建立

---

① 参见江苏省南通市港闸区人民法院行政裁定书(2015)港行初字第0021号。

② 《最高人民法院公报》2015年第11期。

③ 一般认为，民事诉权的滥用是“非公正、非诚实和非善意地行使诉权”。参见江伟、邵明、陈刚：《民事诉权研究》，法律出版社2002年版，第345页。

差异化的立案审查机制，即人民法院对认定滥诉行为者所提起的类似行政诉讼进行严格审查，一经核实直接按照《行诉解释》第55条第2款的规定，径行退回诉状并记录在册；坚持起诉的，直接以滥诉为由裁定不予立案。在“陈则东诉浙江省人民政府不履行行政复议法定职责案”中，最高人民法院提出立案登记制并非意味提交诉状就对人民法院形成约束，如果公民、法人或者其他组织提起的诉讼明显不成立或者滥用起诉权利的，人民法院有权不予登记立案；滥用或者恶意行使诉讼权利造成对方当事人经济损失的，还应当承担相应的法律责任。最高人民法院的裁定悉数列举了陈则东因同一纠纷先后提起的十余起行政诉讼案件，认为其围绕实质诉求所提出的咨询复核、申诉、再申诉、控告检举、信访、监督等申请明显包含重复申请、循环申请和重叠申请，且陈则东置人民法院生效裁判多次、反复释明于不顾，仍然反复、大量申请行政复议并提起行政诉讼，属于典型的滥用诉权。随后，最高人民法院提出，今后对于陈则东另行提起的涉及本案相关争议的行政诉讼，人民法院在登记立案前应当依法严格审查；对明显滥用诉权的，退回诉状并记录在册；无理缠讼，造成诉讼对方或第三人直接损失的，可以根据具体情况对无过错方依法提出的赔偿合理的律师费用等正当要求予以支持。[①] 该案判决为认定滥诉行为提供了范本，所提出的差异化立案审查机制和快速退回机制都具有推广适用价值。[②] 这一探索符合《全面依法治国决定》颁布以来“加大对滥用诉讼行为惩治力度”的国家司法政策，与2014年修订的《行政诉讼法》及《行诉解释》的相关条款实现了有效对接，保障了滥诉行为严厉制裁机制的合法性和有效性。

第二，诉讼失信人信用惩戒机制。“纪爱美案”的发生及其所引发的广

---

① 参见最高人民法院行政裁定书(2018)最高法行申6453号。

② 有的研究者提出了建立反复起诉同类型案件“诉讼目的自我说明”制度，对于拒不说明或所说目的与诉讼请求指向目的不符合的，法院可以排除案件进入实体审理，从而达到防止滥诉的目的。参见蔡超等：《“连环型诉讼”与“同类型诉讼”引发“程序空转”的困境与出路——以中部某省2013—2017年五年数据为样本》，载最高人民法院行政审判庭编：《行政执法与行政审判》(总第73集)，中国法制出版社2019年版，第53页。

泛社会关注表明，滥诉行为的现实危害性尚未被公众所认知，滥诉行为的有力制裁机制还有待进一步探索。在经济下行压力增大、社会矛盾纠纷激增的特殊社会历史时期，行政机关和人民法院担负着艰巨的发展和稳定任务。如果任由极少数人滥诉行为的继续横行，不仅有限的司法资源被无端耗费，行政机关的正常工作受到滋扰，而且国家治理体系和治理能力的现代化也会遭受巨大挑战。为此，除了在诉讼程序之内严厉惩戒滥诉行为外，还应当予以适度拓展。《全面提升司法效能意见》提出要探索建立诉讼失信人名单制度，并与社会征信系统接轨，对不诚信的诉讼行为人实施信用惩戒。这一规定与国务院近年来大力推行的以失信联合惩戒为抓手、构建以信用为基础的新型监管机制、加快推进社会信用体系建设的持续努力相契合，对于进一步彰显司法权威、优化诉讼环境具有重要意义。具体来说，诉讼失信人信用惩戒机制的构建可从两方面入手：一是权利救济系统内的联合审查机制。对于记录在册的滥诉行为人，应当实现权利救济系统内的信息共享。滥诉行为人在启动新的申诉、复查复核、复议等救济程序时，主管机关可以对其进行差异化的严格审查，防止其再度掀起新一轮毫无实质意义的救济。二是法律服务领域内的从严审核机制。人民法院所认定的滥诉行为人的信息，可以逐步开放为司法行政机关、公安机关等与法律服务有关的行政机关共享使用，在其接受法律援助、从事公民代理等与法律服务相关的活动时从严审核，防止其对国家法律实施系统造成新的滋扰。当然，对滥诉行为人失信联合惩戒的运用是一把“双刃剑”，需要在惩戒对象、惩戒范围、惩戒周期等方面审慎推行，避免行政系统失信联合惩戒过多过滥引发的合法性和正当性危机。

自习近平总书记 2012 年 12 月 4 日在首都各界纪念现行《宪法》公布施行 30 周年大会上首次提出“坚持法治国家、法治政府、法治社会一体建设”的重大政治论断以来，法治社会建设日益引起法学理论界的关注。在人治传统极为浓厚、底层民众戾气未绝、社会信用体系未成的当下中国，法治社会建设任重道远。作为具有高度中国实践特色的概念，法治社会的核心内涵是“公权力运作系统之外的社会生活的法治化”，社会成员的普遍守法、信法、尊法则是法治社会构建的基础。[①] 在“医闹”“校闹”“庭闹”事件频频发生的背景之下，重塑社会信用、重申全民守法格外重要。行政诉权是否理性平和行使，关乎当事人实体权利的有效保障，关乎司法机关纠纷化解和社会治理功能的实现，关乎诚信社会建设的实效，需要加以及时规范和有力引导。本章的研究旨在通过行政诉权分层保障机制的健全，引领依法维权、理性维权、诚信维权社会新风尚的形成，真正使法治的阳光照耀到行政诉讼活动的每一个环节。本章所倡导的行政诉权分层保障和规范机制的落地实施，有望进一步增强行政诉讼法的实施效果，加快法治社会的建设进程。

① 参见陈柏峰：《中国法治社会的结构及其运行机制》，载《中国社会科学》2019 年第 1 期。

第五章

行政诉讼类型构造论

在诉讼法学领域，类型化是最基本的研究方法之一，其目的在于按照一定的标准对社会纠纷进行归类总结，从而为相应诉讼救济途径的设计或诉讼体系漏洞的弥补奠定社会实证基础。尽管两大法系的法律传统、社会背景、诉讼体制迥然不同，甚至连公法救济的法律称谓都相去甚远，但是，如果站在功能主义的立场，人们就不难发现，按照一定的标准对行政诉讼进行精细分类进而为权利遭到侵犯的民众提供完整而有效的法律保护，已成为 20 世纪以来各个国家和地区行政诉讼制度共同的发展规律。[①] 鉴于我国行政诉讼非类型化和行政诉权保护不力的现实，《行政诉讼法》实施三十多年来，行政法学界对行政诉讼类型这一关乎行政诉讼全局的重大问题保持了应有的关注。

---

① 世纪之交开始施行的我国台湾地区新“行政诉讼法”增加了大量新的诉讼类型，除了旧法规定的撤销诉讼以外，还增加了确认诉讼和给付诉讼等新型行政诉讼。日本在总结 40 余年来行政诉讼判例和学说进展的基础上，于 2004 年对《行政事件诉讼法》进行了较大幅度的修改，以提高权利救济的实效性为指导思想，着重在诉讼程序的简化、救济范围的扩大、诉讼类型的拓展等方面作了完善。此次修法之后，《行政事件诉讼法》又分别于 2014 年、2015 年经历了两次小幅度修改。意大利 2010 年正式实施的《行政诉讼法典》完成了诉讼类型的系统化整合，为民众提供了包括预防性诉讼、执行诉讼在内的更完备的司法保护方式。作为晚近最重要的行政诉讼法典化修订活动，日本、意大利及我国台湾地区的实践昭示出行政诉讼类型构造已成为一种方兴未艾的世界性现象。

一、行政诉讼类型构造研究的梳理

大体上来说，国内有关行政诉讼类型构造的研究可以分为“起步期”（1990—2005 年）、“发展期”（2006—2014 年）和“平稳期”（2015 年至今）三个阶段。

（一）起步期（1990—2005 年）

学术史的梳理显示，国内行政法学界最早涉及行政诉讼类型问题研究的文献是胡俊发表于《河北法学》1990 年第 5 期的《行政诉讼分类初探》一文。论者初步介绍了域外行政诉讼分类的概况，探讨了行政诉讼的分类标准和对象，并主张按照诉讼目的的不同将我国行政诉讼分为确认之诉、撤销之诉、给付之诉与承担义务之诉。在此之后的几年里，这一研究主题并没有得到应有的关注。赵正群教授在 1995 年发表的研究行政诉权问题的论文中提出“诉的特定化”概念，认为诉的特定化受当事人法律地位及相互关系、审判与司法审查界限、诉讼程序等多种因素的影响和制约。除了按照审判权限大小、诉的目的、诉的请求内容及不同程序、行政争议的性质和内容等标准进行诉的类型划分外，补充了以“诉讼主体资格”为标准将行政之诉类型分为被损害人之诉、利害关系人之诉、民众之诉、机关之诉。论者主张大力加强行政之诉与诉权理论的研究，通过借鉴诉的类型理论，依据我国行政诉讼法包容性较强的优势，启动和发展更多诉讼类型，以增强行政诉讼的活力。[①] 此外，由应松年教授担任主编的“高等政法院校规划教材”《行政诉讼法学》（中国政法大学出版社 1994 年版）中也较早地以有限的篇幅论述了我国行政诉讼中诉的种类有确认之诉、撤销之诉、变更之诉、赔偿之诉、履行之诉五种。

行政法学界对行政诉讼类型问题真正给予关注始于 1999 年。这种真正

---

① 参见赵正群：《行政之诉与诉权》，载《法学研究》1995 年第 6 期。

的学术关怀可以追溯到薛刚凌教授的专著《行政诉权研究》(华文出版社1999年版),该书第五章以3万字的篇幅专门讨论了"行政诉权与行政诉讼类型",不仅阐述了行政诉权与行政诉讼类型的关系等一般原理,还系统比较了西方法治发达国家行政诉讼类型的发展状况,剖析了我国行政诉讼非类型化的现状、成因和弊端,并以建设性的姿态设计了我国未来行政诉讼应有的类型。论者主张,从行政诉权的功能和行政诉讼的实践出发并结合我国的国情,我国的行政诉讼可以扩展为两大类、七种具体类型,即隶属"个人救济诉讼"的纠正违法行为诉讼(包括撤销诉讼、变更诉讼、履行诉讼和确认诉讼)、当事人诉讼、行政赔偿诉讼、行政合同诉讼和隶属"公法秩序诉讼"的公民监督诉讼、国家监督诉讼和执行诉讼。在此之后,随着德、日等国行政法学著作的接连引入以及我国台湾地区相关学术文献的介绍,学界同仁开始撰文呼吁要实现我国行政诉讼类型制度的重构。这一期间,有三十余篇与行政诉讼类型相关的论文公开发表,行政诉讼类型问题还成为中国政法大学、武汉大学等高校行政法专业硕士、博士学位论文的热门选题。[①] 研读这些学术论文,可以看出行政诉讼类型研究起步期的成果集中在四个问题的讨论上:

第一,关于行政诉讼类型的界定。此类研究主要围绕行政诉讼类型的理论界定和划分标准展开。在这些研究成果中,论者往往从内涵及外延两个方面对行政诉讼类型进行界定,从而确立诉讼类型这一范畴在行政诉讼法学中的独立地位。例如,薛刚凌教授在其专著中将行政诉讼类型定义为"在行政诉权分类的基础上,对行政诉讼中具有相同诉讼构成要件,适用相同审理规则和方式,以及法院的裁判权限基本相同的诉讼所进行的归类"。同时,论者还比较了行政诉讼类型与民事诉讼类型的异同,认为行政诉讼类

---

① 阐释行政诉讼类型一般原理的包括中国政法大学2002届硕士生谢立斌的《行政诉讼类型化研究》、武汉大学2002届硕士生李桂英的《行政诉讼类型制度研究》、中国政法大学2003届博士生吴华的《行政诉讼类型研究》、武汉大学2006届博士生赵清林的《行政诉讼类型研究》;论述某类具体行政诉讼的包括武汉大学2004届硕士生黄启辉的《行政确认之诉研究》、2005届硕士生常晓云的《课予义务诉讼研究》、2006届硕士生朱小兰的《行政撤销诉讼研究》。

型具有三个明显的特点，即与公权力的关联性、功能的多重性和划分标准的多种性。[①] 李桂英则主张应当从行政诉讼静态要素与动态要素的结合上界定行政诉讼类型，其定义为“根据行政诉讼的目的与性质、诉讼请求、法院的审判权限、审理规则、裁判方式等标准，对公民、法人、其他组织请求法院审理具体行政行为的活动进行归类而形成的诉讼形态”。同时，论者还就行政诉讼类型与民事诉讼类型、刑事诉讼类型、行政诉讼模式、行政诉讼请求、行政判决等相关概念进行了甄别。[②] 关于行政诉讼类型的划分标准，学者们几乎都认为应当以当事人的诉讼请求作为唯一标准或核心标准，至少也应当将其作为首要标准，同时适当考虑诉讼标的、行政争议性质、法官审查权力等其他辅助性标准。[③]

第二，关于行政诉讼类型的机能。多数学者认同行政诉讼类型化的重大意义，如有学者提出，行政诉讼类型化能够为公民行政诉权提供全方位的保护，能够保障行政审判权的有效运作，能够实现行政诉讼程序和审判规则的科学设计。[④] 有学者在肯定行政诉讼类型化积极功能的同时，也对其消极作用进行了探讨，认为这种消极作用既可因诉讼类型的法定化也可因诉讼类型的复杂化而引发，消解之道分别在于避免诉讼类型体系上的封闭性和适当简化诉讼类型的设置。[⑤] 还有学者则对行政诉讼类型化的机能持怀疑态度，认为分类难以穷尽所有的诉讼类型且无法完全预测将来，在法解释学不够发达、相应配套机制不够完善的情况下，单纯的行政诉讼类型化可能成为限制私人诉权的法定依据，无助于私人的实体权利救济。[⑥]

第三，关于我国行政诉讼类型的重构。学者们对我国行政诉讼类型制

---

① 参见薛刚凌：《行政诉权研究》，华文出版社 1999 年版，第 142—145 页。

② 参见李桂英：《行政诉讼类型界说》，载《宝鸡文理学院学报（社会科学版）》2003 年第 4 期。

③ 参见马怀德主编：《行政诉讼原理》，法律出版社 2003 年版，第 119 页。

④ 参见章志远：《重构我国行政诉讼类型之设想》，载《河南省政法管理干部学院学报》2004 年第 6 期。

⑤ 参见刘东亮：《行政诉讼类型法定化及其消极作用的克服》，载樊崇义主编：《诉讼法学研究》（第八卷），中国检察出版社 2005 年版，第 213 页。

⑥ 参见杨建顺：《行政诉讼的类型与我国行政诉讼制度改革的视角》，载《河南省政法管理干部学院学报》2005 年第 4 期。

度的现状进行了批评。有学者认为，存在的主要问题包括：诉讼类型少，不利于行政相对人权益的全面保护；一些诉讼类型的范围狭窄；不利于行政争议的解决；诉讼不经济，容易造成诉讼资源的浪费。[①] 有学者以德国成熟的行政诉讼类型制度为参照，认为我国行政诉讼中与诉讼类型有关的制度存在"没有概括性法律保护规定""没有针对已经终结的行政行为提供法律保护方式和预防性法律保护方式""不以行政活动的形式区别来划分诉的类型""不承认法官的造法功能"等问题。[②] 在我国未来究竟需要建立哪些类型的行政诉讼问题上，不同学者之间存在分歧。除了薛刚凌教授提出的"两大类、七子类说"外，较有影响的观点有二：一是"七类说"，即我国的行政诉讼类型应当包括撤销诉讼、课予义务诉讼、给付诉讼、确认诉讼、公益诉讼、机关诉讼、当事人诉讼七类；[③]二是"四类说"，即目前的行政诉讼类型只能包括撤销诉讼、确认诉讼、课予义务诉讼和给付诉讼四类，公益诉讼只是请求人资格和诉讼所保护的利益有所变化而已，当事人诉讼和机关诉讼存在的必要性和可行性则有疑问。[④] 总体而言，"四类说"逐渐赢得了多数学者的认可。

第四，关于行政诉讼具体类型的构建。行政法学者还就预防性诉讼、机关诉讼等特殊类型的行政诉讼展开过专门研究。有学者认为，预防性行政诉讼是指为了避免给行政相对人造成不可弥补的权益损害，在法律规定的范围内，允许行政相对人在行政决定付诸实施之前，向法院提起行政诉讼，请求法院审查行政决定的合法性，阻止违法行政行为实现的诉讼。该类诉讼具有预防性、直诉性、停止执行性等特点，主要适用于行政拘留及可能造成既成事实的行政行为等情形。[⑤] 有学者认为，机关诉讼是指由法院通过诉讼程序解决行政机关权限争议的一种诉讼类型，不仅符合司法最终解决纠

---

① 参见马怀德、吴华：《对我国行政诉讼类型的反思与重构》，载《政法论坛》2001 年第 5 期。
② 参见刘飞：《行政诉讼类型制度探析——德国法的视角》，载《法学》2004 年第 3 期。
③ 参见马怀德、张红：《试论行政诉讼的种类》，载《天津行政学院学报》2002 年第 1 期。
④ 参见李红枫：《行政诉讼类型论纲》，载《研究生法学》2003 年第 1 期。
⑤ 参见胡肖华：《论预防性行政诉讼》，载《法学评论》1999 年第 6 期

纷的法治原则的要求，同时也有助于弥补我国现行相关立法的缺陷，引导我国行政组织法的完善。[①] 此外，还有学者研究了课予义务诉讼和当事人诉讼的具体适用规则。[②]

（二）发展期（2006—2014年）

与起步期行政诉讼类型研究成果形式均为论文所不同的是，发展期的行政诉讼类型研究涌现出多部专著，反映出研究主题的聚焦和深化。这些专著主要包括两种类型：一种是全面构建我国行政诉讼类型的著作，力图体系化地展现我国行政诉讼类型的整体风貌，如吴华所著《行政诉讼类型研究》（中国人民公安大学出版社2006年版）、章志远所著《行政诉讼类型构造研究》（法律出版社2007年版）、赵清林所著《行政诉讼类型研究》（法律出版社2008年版）、王珂瑾所著《行政诉讼类型化研究》（山东大学出版社2011年版）；另一种是介绍域外行政诉讼类型制度发展情况的著作，如王天华所著《行政诉讼的构造：日本行政诉讼法研究》（法律出版社2010年版）、王丹红所著《日本行政诉讼类型法定化制度研究》（法律出版社2012年版）。经过几年学术成果的积累，行政诉讼类型逐渐成为行政法学研究热点，并在2012—2014年修订《行政诉讼法》的讨论中形成了难得的学术交锋。总体上看，发展期的行政诉讼类型研究主要集中在四个方面：

第一，关于我国行政诉讼类型的体系化构建。发展期行政诉讼类型问题的研究表现出明显的体系化偏好，上述四部专题研究著作都全面构建了我国行政诉讼理想的类型体系。总体上看，以当事人诉讼请求的内容作为不同类型诉讼的区分标准得到了普遍认同，行政撤销诉讼、课予义务诉讼、一般给付诉讼和行政确认诉讼的"四分法"逐渐成为行政诉讼类型论者的主

---

① 参见王太高：《论机关诉讼——完善我国行政组织法的一个思路》，载《河北法学》2005年第9期。

② 参见熊菁华：《论课以义务诉讼》，载《行政法学研究》2001年第3期；尤春媛、刘娟：《行政诉讼类型探析——当事人诉讼》，载《山西财经大学学报（高等教育版）》2004年第1期。

流观点。这种体系化构建的努力，标志着行政诉讼法学研究的日臻成熟，一定程度上影响了《行政诉讼法》的修订。

第二，关于行政诉讼具体类型的适用规则。除了整体性构建外，行政法学者还就行政给付诉讼、预防性诉讼等具体类型的行政诉讼展开过专门研究。有学者认为，《行政诉讼法》规定的事后救济型行政诉讼，常常无法排除或修复行政活动对原告造成的严重损害后果，导致原告合法权益得不到有效保护，直接威胁到行政诉讼救济的有效性和社会稳定与和谐。应尽快弥补这个法律缺失，建立以事前和事中救济为特征，旨在对抗威胁性行政行为和事实行为的预防性行政诉讼制度，真正实现权利有效保障。① 有学者认为，行政给付诉讼具有争讼对象广泛性、诉讼功能多重性及诉讼两造变动性等特征。行政给付诉讼的形态应包括请求财产给付之诉、请求事实行为之诉、请求规范颁布之诉和请求不得作为之诉。行政给付诉讼的特殊起诉规则主要包括：给付须因公法上原因而发生，给付须限于行政行为以外的财产或其他行为，原告须主张给付义务损害其权益以及给付不能于撤销诉讼中一并请求。在审理行政给付案件时，司法审查的重心应当是当事人是否有公法请求权并应注意调解方式的有限运用以及判决种类的正确选择。②

第三，关于域外行政诉讼类型的经验介绍。日本是全球范围内行政诉讼类型法定化最为彻底的国家，其诉讼类型制度构造和法定化经验引起了我国行政法学者的关注。王天华教授的《行政诉讼的构造：日本行政诉讼法研究》一书以全面而翔实的学说和判例材料，对日本行政诉讼法上抗告诉讼的诉讼要件、撤销诉讼的审理与终结、课予义务诉讼与禁止诉讼的法定、假救济制度及当事人诉讼进行了深入的介绍。王丹红博士的《日本行政诉讼类型法定化制度研究》系统梳理了日本行政诉讼类型法定化的历史演进、形成原因、面临挑战，并对我国行政诉讼类型制度的科学设计提出了“类型体

---

① 参见解志勇：《预防性行政诉讼》，载《法学研究》2010 年第 4 期。

② 参见章志远：《给付行政与行政诉讼法的新发展——以行政给付诉讼为例》，载《法商研究》2008 年第 4 期。

系要具备理论上和逻辑上的全面性和系统性”“处理好法定诉讼类型本身的概括性程度和简繁多寡程度”“恰当处理不同诉讼类型之间在诉讼程序规则上的异同关系”等具体建议。此外，刘飞教授所著《德国公法权利救济制度》（北京大学出版社 2009 年版）也辟专节介绍了德国的行政诉讼类型制度。

第四，关于《行政诉讼法》修改是否需要坚持类型化思路的争论。《行政诉讼法》修改工作提上国家议事日程之后，行政法学界围绕是否需要坚持行政诉讼类型化思路进行修法展开了热烈讨论，并形成了较为对立的观点。赞同者认为，行政诉讼类型化能够有效突破我国行政审判的现实瓶颈，增强行政审判制度的时代回应性。江必新副院长认为，行政诉讼法对于属于不同诉讼类型的案件采取了单一的处理方式，既不利于案件及时有效处理，也不符合诉讼科学化的要求，主张《行政诉讼法》修改应对行政争议进行类型化处理。① 李广宇、王振宇法官认为，解决行政诉讼制度存在问题“最重要也最有效的办法是引入行政诉讼类型化的思想”，《行政诉讼法》之所以出现各种问题，就是因为没有看到各种不同诉讼请求的差别、采用一元化的标准造成的。所以，引入行政诉讼类型化可谓切中要害。② 薛刚凌教授认为，主观诉讼或客观诉讼的定位决定了一国行政诉讼的基本构造，我国行政诉讼在结构上呈现出“内错裂”状态，这种“内错裂”使得我国行政诉讼既不是完整意义上的主观诉讼，也不是完整意义上的客观诉讼。诉讼构造上的这种扭曲导致我国行政诉讼既不能有效回应相对人的诉讼请求，也不能充分保障客观公法秩序。修改《行政诉讼法》应从理顺行政诉讼构造入手，依据主观诉讼与客观诉讼的不同特质，构建与之相匹配的诉讼规则。③ 质疑者则认为，行政诉讼类型化的作用不宜高估，是否明定类型化并非行政诉讼制度变革的重心。应松年教授指出：“类型化可分为‘进’‘出’两类。对一般的公民

---

① 参见江必新：《完善行政诉讼制度的若干思考》，载《中国法学》2013 年第 1 期。

② 参见李广宇、王振宇：《行政诉讼类型化：完善行政诉讼制度的新思路》，载《法律适用》2012 年第 2 期。

③ 参见薛刚凌、杨欣：《论我国行政诉讼构造：“主观诉讼”抑或“客观诉讼”？》，载《行政法学研究》2013 年第 4 期。

而言，‘进’即在起诉时就要选择、确定诉讼类型，没有行政诉讼的专业知识，恐怕很难做到。如果提得不准确，就可能被拒之门外。为不被拒之门外，就必须请律师或法院帮助、纠正或指导，而这又将大大增加起诉人或法院的负担。在中国目前情况下，这不是一个便民的措施，还不如提起诉讼时，直白要求撤销、改变、确认、赔偿、补偿、付钱等。而法院在审理过程中，也即在‘出’的过程中可以将其类型化，并作出准确的裁判。类型化对法院审理案件应该很有助益。从世界各国和地区看，英美法系国家和地区并不采用行政诉讼类型化，日本采用类型化已久，但他们仍认为不便于原告起诉，也主张仅用于法院裁判。”①刘飞教授认为，行政诉讼中的诉讼类型如何设置，与行政诉讼受案范围如何确定之间并无直接关联，诉讼类型制度不具有拓展受案范围的功能。从完善诉权保护的角度来说，虽然可以考虑引入无效性确认之诉、继续确认之诉与预防性诉讼三种诉讼类型，但不可高估其意义。我国现行行政诉讼制度中系以非明文规定方式建立了类型制度。是否明文规定诉讼类型仅具有形式意义上的区别，不会对行政诉讼制度的具体构造形成实质影响。改良行政诉讼制度应着力推进实质意义上的诉讼要件制度的完善，不能寄希望于明文规定的类型制度的构建。②

（三）平稳期（2015年至今）

受诸多因素影响，2014年修订的《行政诉讼法》并没有明确规定诉讼类型制度，而是通过判决制度的类型化予以间接回应。实际参与修法的实务专家表示，诉讼类型化并不一定符合我国当下的实际，可能不利于保护原告的合法权益，与我国行政诉讼监督功能不太吻合；同时，解决行政争议功能的增加和判决形式的完善也部分地回应了诉讼类型化的主张。③ 尽管如此，有关诉讼类型制度构建的呼声依旧没有停止。与此同时，最高人民法院行

---

① 应松年：《行政救济制度之完善》，载《行政法学研究》2012年第2期。

② 参见刘飞：《行政诉讼类型制度的功能》，载《法学研究》2013年第5期。

③ 参见童卫东：《进步与妥协：〈行政诉讼法〉修改回顾》，载《行政法学研究》2015年第4期。

政审判庭不断通过个案裁判积极推进行政诉讼类型制度的构建，形成了“立法冷、司法热”的行政诉讼类型制度发展格局。总体来说，2015 年至今，行政诉讼类型研究进入了相对平稳的时期，研究的重点体现在三个方面：

第一，继续呼吁行政诉讼类型制度构建的必要性。修订之后的《行政诉讼法》虽然没有明确规定行政诉讼类型制度，但这并未妨碍行政法学者继续从不同角度论证行政诉讼类型制度构建的必要性。有学者指出，在诉讼类型的取向上，我国应建立起以主观诉讼为主、客观诉讼为补充的诉讼结构体系，改变现行《行政诉讼法》“主观诉讼、客观构造”模式所造成的双重目标落空的局面，根据主观诉讼和客观诉讼的各自特点，分别建立相应的诉讼程序构造。① 闫尔宝教授认为，行政争议的类型化处理是现代行政诉讼制度发展的基本趋势。我国《行政诉讼法》的修订虽未采纳行政诉讼类型法定的建议，但结合行政诉讼类型理论，对照新行诉法及司法解释有关受案范围、诉讼请求、申请救济期限、证据制度、审理规则乃至判决类型的相关规定，可以认为，我国的行政诉讼制度已具有类型化发展的趋向。但在走向行政诉讼类型法定的道路上，还需要做一些基础性的工作，如修改行政审判对象的规定方式，明确界定行政行为法的基础概念，限定履行法定职责判决的范围，完善不同诉讼类型案件的审理规则，以及立法肯认法律关系性质确认诉讼等。②

第二，聚焦行政诉讼类型制度的具体形态和释明机制。平稳期行政诉讼类型制度研究表现出明显的微观偏好，研究者聚焦给付诉讼和法官释明义务即是明证。熊勇先教授所著《行政给付诉讼研究》（法律出版社 2016 年版）认为修订后的《行政诉讼法》中确立的行政给付判决为行政给付诉讼在我国的导入提供了基础，并从诉讼形态、诉讼要件和诉讼规则构建三个层面对行政给付诉讼进行了深入研究。罗智敏教授则以意大利行政诉讼类型

---

① 参见薛刚凌等：《法治国家与行政诉讼——中国行政诉讼制度基本问题研究》，人民出版社 2015 年版，第 191—193 页。

② 参见闫尔宝：《论我国行政诉讼类型化的发展趋向与课题》，载《山东审判》2017 年第 5 期。

制度的最新发展为参照系，论述了行政诉讼中预防性保护及其建立的可能。[①] 杨东升博士认为，基于原被告地位的不平等，以及法官阐明义务，在具体行政争议个案中，法官有义务协助原告选定"正确""有效"的诉讼类型来达到"司法经济原则"和"实现原告诉讼目的"的双重功能。[②]

第三，探索中国式行政诉讼类型制度的生长道路。作为一种法解释学的努力，行政法理论与实务界在 2014 年《行政诉讼法》及其司法解释的制度框架下开始寻求中国式行政诉讼类型制度的生长之路。笔者认为，司法解释激活了 2014 年《行政诉讼法》"隐形类型化"的立法思路，真正开启了行政诉讼类型化的时代。这种"国家法律隐形表达在先、司法解释显性表达在后"的诉讼类型化生长路径，彰显了司法机关对于诉讼类型化的不懈探索和大胆创新，是对世界范围内行政诉讼类型规范模式的新发展。在未来新制的贯彻实施中，司法机关无疑应当肩负起时代发展所赋予的神圣使命，不断通过个案的审理和经验的累积，进一步丰富行政诉讼类型化的规则设计，直至最终迎来行政诉讼类型化明定主义的彻底改造。[③] 李广宇法官不仅积极运用诉讼类型化思维审理了大量行政再审案件，而且还遴选了其中的代表性案例编撰为系列"行政裁判文书自选集"《理性诉权观与实质法治主义》（法律出版社 2018 年版）、《诉讼类型化与诉的利益》（法律出版社 2018 年版）和《司法的温度与界限》（法律出版社 2019 年版），代表了一种全新的融合行政法理论与实务经验的学术进路。

二、行政诉讼法修订后类型构造的发展

2014 年修订的《行政诉讼法》并没有直接对行政诉讼类型作出明确规

---

① 参见罗智敏：《论行政诉讼中的预防性保护：意大利经验及启示》，载《环球法律评论》2015 年第 6 期。

② 参见杨东升、蒋蓓：《法官阐明义务与行政诉讼类型之选定》，载《湖北社会科学》2016 年第 12 期。

③ 参见章志远：《行政诉讼类型化时代的开启》，载《中国审判》2015 年第 10 期。

定，但字里行间有一种"隐形类型化"的思路蕴含其中。首先，2014 年修订的《行政诉讼法》第 1 条明确将"解决行政争议"列为行政诉讼制度的基本目的之一，第 2 条则以"行政行为"取代"具体行政行为"，从而使行政诉讼的受案范围得以拓展，为行政诉讼的类型化改造预留了足够空间。其次，第 12 条以"提起的下列诉讼"取代"对下列具体行政行为不服提起的诉讼"，巧妙地表达了行政诉讼类型化的初步构想。再次，第 60 条对部分行政案件审理可以适用调解、第 82 条对部分行政案件审理可以适用简易程序的规定，都展示出修法者对行政诉讼审理程序多元化的认同。最后，第 73 条对给付判决、第 74 条对确认违法判决、第 75 条对确认无效判决、第 77 条对变更判决的规定，从身处"末端"的判决类型化改造暗含了对身处"前端"的诉讼类型化的首肯。也就是说，尽管行政诉讼法没有完全参仿日本和德国有关行政诉讼类型化的明定主义模式，但也从多个角度传递出一种隐形类型化的立法思路。

如果说行政诉讼类型化尚处在行政诉讼法"幕后"的话，那么伴随着《最高人民法院关于适用〈中华人民共和国行政诉讼法〉若干问题的解释》（以下简称《适用解释》）和《行诉解释》的颁行，行政诉讼类型化则已逐步走上"前台"。可以说，诉讼类型化始终是司法解释所力推的制度，《适用解释》浸润着浓郁的类型化情结，《行诉解释》则进一步推动了诉讼类型化的发展。

（一）《适用解释》对诉讼类型化的发展

《适用解释》第 2 条以诠释 2014 年《行政诉讼法》第 49 条第 3 项所规定的"有具体的诉讼请求"为依托，列举了"请求判决撤销或者变更行政行为""请求判决行政机关履行法定职责或者给付义务""请求判决确认行政行为违法""请求判决确认行政行为无效""请求判决行政机关予以赔偿或者补偿""请求解决行政协议争议""请求一并审查规章以下规范性文件""请求一并解决相关民事争议"及"其他诉讼请求"等内容，确立了行政撤销诉讼、行政给付诉讼和行政确认诉讼"三足鼎立"的格局，间接地实现了诉讼类型化改造的任务。[①] 从《适用解释》的其他规定来看，大多是对新增诉讼类型规则的细化。可见，《适用解释》激活了行政诉讼法“隐形类型化”的立法思路，事实上开启了行政诉讼类型化的时代。

首先，《适用解释》立足诉讼请求的具体内容对诉讼进行细致分类，实现了诉讼类型区分的科学化。诉讼类型化的标准固然很多，但诉讼请求的内容却是其中最重要的标准，体现出对当事人诉权的切实尊重和有效保障。与过去单一类型的撤销诉讼相比，多样化的类型区分能够从不同角度满足当事人的诉求，避免陷入胜诉而不能解决问题的窘境，从而促进行政争议的实质性化解。《适用解释》第 2 条第 2 款还规定“当事人未能正确表达诉讼请求的，人民法院应当予以释明”，减轻了当事人的负担，不致引发因诉讼请求选择不当而由当事人自行承担不利后果的现象。

其次，《适用解释》在确立撤销诉讼、给付诉讼和确认诉讼三大类型的同时，还增设了具有中国本土特色的变更诉讼、协议诉讼、规范性文件审查诉讼等亚类型行政诉讼，实现了诉讼类型区分的精细化。伴随着行政任务的多样化和复杂化，行政活动方式也日益呈现多样化的灵活发展趋势，传统的以具体行政行为合法性审查为旨趣的撤销诉讼和确认违法诉讼难以回应公共行政变迁的现实需求。变更诉讼、协议诉讼、规范性文件审查诉讼等亚类型诉讼的增加，促进了行政诉讼类型向纵深方向发展，提升了行政诉讼制度化解行政争议的现实能力。

最后，《适用解释》对新增诉讼类型规则的缜密规定，提高了行政诉讼监督依法行政的能力，实现了诉讼类型区分的理性化。行政诉讼制度是司法权对行政权的监督制约制度，个中体现出权力之间的对抗与制衡。面对不同行政活动方式的兴起，如何经由个案审理达到司法权对行政权的有效监督，就成为行政诉讼制度必须直面的现实课题。在不同的行政诉讼类型中，司法权审查的侧重点和方式也存在差别。《适用解释》在罗列不同内容的诉

① 参见李广宇:《新行政诉讼法司法解释读本》，法律出版社 2015 年版，第 27—28 页。

讼请求的同时，还就不同类型诉讼的起诉、审理及裁判规则作了细致区分，促进了行政诉讼类型制度的理性设计，强化了司法审查的力度。

（二）《行诉解释》对诉讼类型化的发展

《适用解释》颁行之后，在一些行政案件的审理过程中，人民法院有意在裁判中表达诉讼类型化见解。在这种“曲线救国”式铺垫性规定的基础上，《行诉解释》从三个方面推动了行政诉讼类型化理论的发展。

首先，《行诉解释》第 68 条除了继续对“有具体的诉讼请求”进行详细列举外，还规定“当事人未能正确表达诉讼请求的，人民法院应当要求其明确诉讼请求”。与《适用解释》第 2 条相比，“应当予以释明”被“应当要求其明确诉讼请求”所取代，诉讼类型化的强制性要求更为明显。“如果当事人提起诉讼不能提出‘具体的诉讼请求’，则一方面被告不能有效应诉，另一方面法院也无从确定具体的审查对象和内容，诉讼的大门将难以开启，因此司法解释对这一问题作出了指引性的规定，同时也充分体现了在诉讼类型化方面作出的努力。”[①]

其次，各类具体诉讼类型的起诉规则不断健全，如《行诉解释》第 81 条对“继续确认之诉”的肯定，第 92 条和第 93 条对一般给付之诉和课予义务之诉起诉条件和审查条件的规定，第 99 条和第 162 条对行政行为无效确认之诉适用范围及不受法定起诉期限限制的规定。

最后，《行诉解释》第 94 条对撤销之诉与行政行为无效确认之诉之间的相互转化作出了明确规定。其中，第 1 款规定了撤销之诉向无效确认之诉的转换，即“公民、法人或者其他组织起诉请求撤销行政行为，人民法院经审查认为行政行为无效的，应当作出确认无效的判决”；第 2 款规定了无效确认之诉向撤销之诉的转换，即“公民、法人或者其他组织起诉请求确认行政行为

---

① 最高人民法院行政审判庭编：《最高人民法院行政诉讼法司法解释理解与适用》（上），人民法院出版社 2018 年版，第 342 页。

无效，人民法院审查认为行政行为不属于无效情形，经释明，原告请求撤销行政行为的，应当继续审理并依法作出相应判决；原告请求撤销行政行为但超过法定起诉期限的，裁定驳回起诉；原告拒绝变更诉讼请求的，判决驳回其诉讼请求”。这些规定丰富了行政诉讼类型化的具体运作规则，对人民法院正确审理行政案件具有重要的指导作用。

如果说2014年修订的《行政诉讼法》通过诉讼末端的判决类型化间接肯定诉讼类型化的话，那么《适用解释》第2条关于“有具体的诉讼请求”的罗列则蕴涵着“行政诉讼隐形类型化”的深意，再经由最高人民法院多个案例的经验累积，行政诉讼类型化的基本要义和具体规则被广泛释明。在此基础上，《行诉解释》就诉讼类型化的标准、具体类型诉讼的运作及不同类型诉讼之间的关系这三个重要议题分别作出了相应规定，从而初步完成了中国特色行政诉讼类型化的建构。与德、日等国明定主义的行政诉讼类型化规范模式和美、法等国未明定主义的行政诉讼类型化规范模式相比，我国行政诉讼类型化呈现出“立法间接回应——司法解释隐含——法院判例释明——司法解释凝练”的螺旋式演进道路，在具备包容性和开放性的同时，也蕴涵着重要发展契机。

（三）司法实践对诉讼类型化的探索

2014年修订的《行政诉讼法》实施以来，在一系列再审行政案件的处理过程中，最高人民法院不断在裁判文书中表达诉讼类型化见解，展现出资深行政法官群体浓郁的诉讼类型化情怀。可以说，个案裁判的“暗度陈仓”和《行诉解释》的“曲线救国”相辅相成、相互促进，共同构成了新《行政诉讼法》时代诉讼类型化的“隐形”表达。考察最高人民法院针对若干再审行政案件作出的行政裁定，至少在以下四个维度上表达了诉讼类型化的基本要义：

1. 宣示诉讼类型化的法律意义

为诉讼类型“正名”，是诉讼类型规则构建的逻辑前提。综观最高人民法院在个案裁判中的司法探索，主要是从三个方面阐述行政诉讼类型制度的法律意义：一是对现行立法及司法解释的相关规定进行“再解释”，认为诉讼类型化隐含在法律规定之中，如“郭传欣案”裁判要旨指出：“《行政诉讼法》的立法目的在于‘保护公民、法人和其他组织的合法权益，监督行政机关依法行使职权’，而要实现此一目的，很大程度上取决于诉讼种类之完善。如果对于侵犯公民权利的每一种国家权力行为都有一个适当的诉讼种类可供利用，则公民权益的受保护程度势必会得到大幅提高。修改后的《行政诉讼法》虽然没有直接引入诉讼种类的概念，但通过判决方式的丰富和整合，事实上完成了诉讼类型化改造。《最高人民法院关于适用〈中华人民共和国行政诉讼法〉若干问题的解释》第二条通过对‘有具体的诉讼请求’的解释，也对各诉讼种类作出了明示性规定。”[①]就其中的文字表达而言，与德国学者胡芬“对于侵犯公民权利的每一种国家权力行为，都必须有一个适当的诉讼种类可供利用”[②]的经典论述几乎完全一致。二是阐明诉讼类型制度的存在对于权利救济和司法裁判的双重意义，如“郭传欣案”裁判要旨进一步指出：“设置诉讼类型的目的既然在于为公民权利的保护提供一种具体方式，那么选择一个适当的类型不应成为公民的任务甚至额外增加的负担。诉讼类型制度的根本意义更在于对法院的诉讼行为作出规范，以使法院根据不同的诉讼类型选择最适宜的救济方式和裁判方式。”三是强调人民法院在当事人诉讼类型选择上的释明义务和判断保留权，如“张艳君诉北京市政府不履行行政复议法定职责案”裁判要旨指出：“诉讼类型越丰富，权利救济的渠道也就越丰富。由于我国行政诉讼类型长期以来相对单一，公民、法人或者其他组织对此需要一个逐渐适应的过程。不排除在经过释明原告坚持不作更改的情况下，人民法院根据原告诉求的实质性质，选择最为合适也能最大限度实现其诉讼目的的诉讼类型和判决方式。”[③]总体而言，法律规范阐释、双重

---

① 最高人民法院行政裁定书(2016)最高法行申 2621 号。

② 〔德〕弗里德赫尔穆·胡芬：《行政诉讼法》(第 5 版)，莫光华译，法律出版社 2003 年版，第 204 页。

③ 最高人民法院行政裁定书(2016)最高法行申 2496 号。

功能分析和释明裁量机制是人民法院在诉讼类型制度法律意义探索中所形成的“三部曲”。

2. 发展不同类型诉讼的审理规则

关于行政诉讼类型的具体划分，司法实践大体上遵循了撤销诉讼、课予义务诉讼、一般给付诉讼和确认诉讼的四分法。对于传统的撤销诉讼和课予义务诉讼，司法实践主要分析二者的属性，如“郭传欣案”裁判要旨指出：“撤销诉讼旨在撤销一个对原告不利的行政行为，一经撤销该行政行为的法律效力就会随之消除，原告所寻求的权利救济也就不待执行即已实现”“义务之诉的原告，总是希望通过他的请求获得授益，总是希望通过判决达到一种较之于初始状态更佳的境况。”对于新型的一般给付诉讼和确认诉讼，司法实践则聚焦二者的具体适用要件。关于一般给付诉讼的起诉要件，“杜三友等人诉临沂市政府不履行给付待遇案”裁判要旨指出：“只要公民、法人或者其他组织具有给付请求权，就可以依法向人民法院提起给付之诉。而这种给付请求权，既可能来自法律、法规、规章的规定，来自一个行政决定或者一个行政协议的约定，也有可能来自行政机关作出的各种形式的承诺。仅当从任何角度看，给付请求权都显然而明确地不存在，或者不可能属于原告的主观权利时，才可以否定其诉权。”[①]关于确认诉讼的具体适用，一方面，确认诉讼的补充性、兜底性特征被个案裁判反复提及，如“刘书平诉郑州市郑东新区管理委员会拒收国家赔偿申请行为案”裁判要旨指出：“只有请求确认某种法律关系存在或者不存在的一般确认之诉，才是‘真正的’确认之诉，其他的确认之诉，比如确认无效之诉、继续确认之诉，以及情势判决中的违法确认等，都不过是撤销之诉、义务之诉、给付之诉等诉讼类型的变种。正因如此，确认之诉具有补充性，也就是说，仅当原告不能通过其他诉讼类型达到其目的，才存在提起确认之诉的可能。”[②]另一方面，提起无效确认诉讼是否需要遵循起诉期限规定，在《行诉解释》实施之后的司法实践中逐渐得

① 最高人民法院行政裁定书(2017)最高法行申 3461 号。

② 最高人民法院行政裁定书(2017)最高法行申 5718 号。

到统一,如“张起诉内蒙古自治区赤峰市松山区人民政府征收决定案”的裁判要旨指出:“重大且明显违法的行政行为即无效行政行为自始、绝对无效,不因时间的推移而具有合法效力,当事人可以随时对无效行政行为提起行政诉讼。因此,当事人针对新行政诉讼法实施之后作出的行政行为提起确认无效请求的,不受起诉期限的限制。为避免当事人滥用确认无效请求以规避起诉期限制度,原告一方应当对行政行为符合无效的情形承担举证责任,被告一方亦可提出证据否定对方主张。人民法院应当审查行政行为是否属于无效情形,认为行政行为属于无效情形的,则不受起诉期限的限制;认为行政行为不属于无效情形的,人民法院应当向原告一方释明。”[①]与《行诉解释》相比,上述裁判要旨大大丰富了行政确认诉讼的审理规则。

3. 厘清各类不同诉讼之间的关系

除了明确不同类型行政诉讼的具体要件之外,诉讼类型化还需要厘清各种具体诉讼相互之间的关系。关于课予义务诉讼与一般给付诉讼的关系,“张富扬诉辽宁省沈阳市浑南区人民政府履行征收补偿职责案”裁判要旨指出:“被征收人诉请人民法院判令行政机关履行征收补偿职责,其实质诉求是请求依法判令相应的补偿方式、补偿数额。这一诉求涉及的是课予义务诉讼和一般给付诉讼的关系问题。《行政诉讼法》第 72 条规定,人民法院经过审理,查明被告不履行法定职责的,判决被告在一定期限内履行。根据这一规定,人民法院经过审理认为行政机关应当作出相应的行政行为而不作出的,人民法院应当判决行政机关作出行政行为。因行政机关没有依法作出征收补偿决定,存在违法之处,人民法院可以判决其作出补偿决定。这一判决方式属于‘答复判决’,法院并不对当事人的实体权益作出裁判,而是交由行政机关自行作出行政处理。但是,对于当事人而言,重要的诉求是获得相应的补偿权益,人民法院应当关注当事人的实质诉求。《行政诉讼法》第 73 条规定,人民法院经过审理,查明被告依法负有给付义务的,判决被

① 最高人民法院行政裁定书(2018)最高法行申 2496 号。

告履行给付义务。根据这一规定，在依法查明事实的情况下，人民法院可以直接针对当事人的实质诉求，即获得补偿权益的诉求作出裁判。在课予义务诉讼和一般给付诉讼的关系上，如果人民法院对于当事人的损失能够查清，相关补偿方式和数额依据比较明确，人民法院应当作出切合当事人诉求的一般给付判决，以便尽快稳定行政法律关系，尽快实现案结事了。"①与2014年修订后的《行政诉讼法》和《行诉解释》有关课予义务判决、给付判决适用条件的粗略规定相比，这一裁判要旨已经在两类相近类型的诉讼之间搭起了桥梁，共同服务于行政争议的实质性化解。关于无效确认诉讼与撤销诉讼之间的转换关系，"魏修娥诉利川市政府、利川市国土局土地行政征收案"裁判要旨指出："在行政行为虽然存在一定程度的违法但并未达到'重大且明显违法'的情况下，人民法院也不是一概会转而作出撤销判决或者确认违法判决，其前提必须是在其提起确认无效之诉时尚没有超过撤销之诉的法定起诉期限。否则，提起确认无效之诉就会成为规避撤销之诉起诉期限的'武器'。"②不同类型诉讼之间关系的正确处理，能够为诉讼类型化编织起严密的网络，促使其预定的目标得以充分实现。

4．寻求行政诉讼无名之诉的生存可能

按照行政诉讼是否被成文法所明确规定为标准，可以将行政诉讼的种类区分为有名之诉与无名之诉，二者的划分实际上缘于行政诉讼类型体系封闭性与开放性之争。在行政审判实践中，最高人民法院的裁判也对法律规定之外的若干亚类型诉讼存在的可能性进行了解析。关于预防性诉讼，在"朱广义等四人诉郑州市人民政府道路更名案"中，最高人民法院裁判要旨指出："如果能为地名更改中的公民参与提供切实可行的法律救济，如果能为地名的命名、更名、销名等行政决策设置一个犹豫期，让公民或者有关社会团体在相关行政决策真正付诸实施之前能够有机会提起一个预防性的禁止诉讼，无疑将会减少盲目决策所造成的社会成本和财政成本。但在法

① 最高人民法院行政裁定书(2019)最高法行申1240号。

② 最高人民法院行政裁定书(2018)最高法行申4773号。

律制度进一步完善之前，我们只能依据现行法律规定驳回再审申请人对本案所提起的再审申请。”[①]关于规范颁布之诉，“庞贵红诉湖北省政府行政复议案”裁判要旨指出：“行政诉讼所保护的必须是公民、法人或者其他组织自身的合法权益。提起一个规范性文件的制定、发布之诉，虽然也会给原告自己带来一定利益，但这种利益仅属于反射利益，因为行政机关制定或者不制定具有普遍约束力的决定、命令，增加或者减损的只能是不确定的公众的利益，并不会对原告个人产生有别于公众的特殊影响。”[②]上述裁判要旨对预防性诉讼和规范颁布之诉存在与否的表达，对未来理想的行政诉讼类型制度的构建具有启发意义。

最高人民法院通过个案裁判方式不断助推行政诉讼类型化发展的努力，构成了我国行政诉讼类型构造的别样图景。就探索依据而言，通过对2014年修订后的《行政诉讼法》及《行诉解释》相关条款的整体性解释，可以寻找到创新的规范依据；就智识资源而言，德国行政诉讼类型理论与制度、我国行政法学理论通说、行政审判实践经验和法律规范解释构成了司法探索的智识基础；就积极意义而言，审判能力提升、诉权保障加强、矛盾及时化解和研究素材丰盈都是诉讼类型化本土司法探索的积极功能。从长远来看，这些努力所累积的实务经验应当在《行政诉讼法》的再修改中予以充分吸收。

三、行政诉讼类型再造的基本思路

我国“法律隐形表达在先、司法解释显性表达在后”的诉讼类型化生长路径，彰显了司法机关对于诉讼类型化的不懈探索和大胆创新，是对世界范围内行政诉讼类型规范模式的新发展。未来行政诉讼类型构造可能的生长模式是，不断通过个案审理的经验累积，进一步丰富行政诉讼类型化的规则

---

① 最高人民法院行政裁定书(2018)最高法行申 1127 号。

② 最高人民法院行政裁定书(2018)最高法行申 535 号。

设计,直至最终迎来我国行政诉讼法典的彻底改造。为此,需要着重解决好如下三个根本性问题:

(一)类型再造的规范模式

有学者曾将我国行政诉讼法有关诉讼种类的规范模式概括为“不明定主义”,其缺失在于不明确,优点在于可随需要而发展。鉴于我国成文法的历史传统,特别是考虑到公民寻求司法救济的完整性与有效性系行政诉讼制度建立的根本目的,因而在诉讼类型的规范模式上应当采取“明定主义”的模式。至于在明定主义之下,究竟采取列举主义还是例示主义,则是一个颇具争议性的问题。以我国台湾地区新“行政诉讼法”为例,若仅从第3条规定来看,则属于典型的列举主义模式;但如果结合该法第1、2条规定的法治国家权利保障的完善性要求,以及该法第4—6条及第8条所规定的各类诉讼的特别要件,则又似乎具有某些例示主义模式的特征。[①]

事实上,列举主义与例示主义之争在绝大多数情况下只不过是一个法律解释问题,或者说是一个司法裁量问题。原因在于,既然立法上已经对诉讼种类作出了明确规定,那么所谓的无名诉讼只能是在法律明定的诉讼类型之外提起的行政诉讼。例如,我国台湾地区的“行政诉讼法”明确规定了撤销诉讼、确认诉讼及给付诉讼,那么“足资称为无名诉讼者,必须系在撤销诉讼、确认诉讼及给付诉讼以外,得依本法提起之行政诉讼”。因此,类似德国《行政法院法》第47条抽象规范审查与学说所称对己诉讼,奥地利的指示诉讼、裁决诉讼及措施诉讼,以及我国台湾地区“地方制度法”第76条规定的“机关诉讼”,都不能算作所谓的无名诉讼。[②] 即使如德国行政法院对法定外诉讼类型的拓展适用,如果仔细审视就能发现,“那些‘特殊的诉’当中的大多数其实只不过是一些司空见惯的诉种,亦即给付之诉、形成之诉或者确认

① 参见蔡志方:《行政救济法新论》,元照出版有限公司2000年版,第170页。

② 参见蔡志方:《迎接行政救济新纪元,认识诉讼制度旧核心》,载《万国法律》2000年第8期。

之诉的变体而已”[①]。可见，在法律明定主义之下，对特殊的诉讼类型往往只需要结合法定诉讼种类概念及诉讼要件的内涵与外延进行必要的解释即可。

类型设定与受案范围同为行政诉讼中“牵一发而动全身”的制度，受案范围的扩大是诉讼类型多样化、精细化设计的前提。只有基于受案范围之内的特定审查对象才能确定诉讼类型，进而实现公民权利完整保护、无漏洞保护的目标。虽然诉讼类型制度在一定程度上具有反哺受案范围的客观效果，但从逻辑上来说还是受案范围决定了诉讼类型。因此，在《行政诉讼法》再次大修之时，必须彻底改造受案范围制度的规定，为诉讼类型构造的精致化奠定基础。具体而言，应当以“行政争议”替代“行政行为”作为受案范围的接口，通过概括主义的立法模式实现受案范围的正常扩张，同时将行政行为化约为撤销诉讼的标的。采行这样的修法方案，能够从根本上改变目前受案范围制度对诉讼类型的限定，实现整个行政诉讼法典框架结构的类型化改造。如此一来，当出现法律没有明确规定相应的诉讼类型、当事人权利可能无法得到有效保护时，法院就可以充分发挥司法的能动作用，通过对法定诉讼种类概念及诉讼要件的内涵与外延的解释，将现实存在的诉讼纳入法定诉讼类型之中。至于依其本质属性确实无法纳入法定诉讼种类之中、司法实践又真正需要建立的新型行政诉讼，则可以通过制定特别法律的方式进行弥补。

（二）类型再造的区分标准

行政诉讼类型化的实现与否往往取决于类型化标准的确立。只有建立在明确、统一、科学的标准基础之上的分类，才能够更好地实现行政诉讼类型化的价值。否则，标准的模糊或交叉极有可能违背行政诉讼类型化的良好初衷。从世界范围来看，各主要国家和地区行政诉讼类型化的核心标准

---

① 〔德〕弗里德赫尔穆·胡芬：《行政诉讼法》（第 5 版），莫光华译，法律出版社 2003 年版，第 380 页。

都不尽相同，如法国传统上以法官审判权力的大小为划分标准；日本以行政争议的性质和内容为标准；德国则以诉讼请求为标准；英国和美国则以诉讼程序和法院的管辖权为标准；我国台湾地区主要以诉讼内容为标准。应当以“同一性”和“科学性”来设定我国未来行政诉讼类型化的区分标准。其中，同一性是就标准的形式要求而言的。也就是说，影响行政诉讼类型化的现实因素可能有多种，但真正起决定性作用的区分标准只能有一个。与此相对应的是，科学性是就标准的实质要求而言的。也就是说，作为一种独立的区分标准，其本身应具有高度的涵盖性，能够揭示行政诉讼制度的本质属性。我们赞同通说“应当以诉的请求内容（即诉讼请求的内容）作为类型化最基本的标准”的观点。① 原因在于，行政诉讼是对当事人行政诉权提供保障的制度设计，作为一种基本权利，当事人提出什么样的请求、要求什么样的保护，应当完全基于其自身独立的意志而定。基于诉讼“不告不理”的原则，行政诉讼程序的发动首先就依赖于当事人的起诉，而当事人在起诉时所声明的权利保护事项也直接决定了整个行政诉讼的审理和裁判。正如美国学者阿瑟·库恩所言：“诉讼的性质总是取决于形成诉讼来源的一切事实，也就是取决于诉讼的原因。”②可见，以诉讼请求作为行政诉讼类型化区分的主导性标准无疑是最为恰当的选择。

鉴于行政诉讼类型化的主要目的就在于寻求公民司法救济的精细化，因而在以诉讼请求的内容作为类型化的主导性区分标准以外，还应当通过其他标准的适度引入，不断拓展各种亚类型（次位阶）的行政诉讼，从而建立起结构完备、规则齐全的行政诉讼类型体系。行政诉讼亚类型的确立主要应当考虑两项辅助性标准：其一，诉讼标的。行政诉讼理论一般认为，行政诉讼的标的是行政活动，但同为行政活动表现形式的行政行为、行政规范、行政合同、事实行为等在诸多方面均有很大不同，因而需要分别设置相应的诉讼种类以便当事人的权益获得更为有效的保护。其二，行政争议的性质。

---

① 参见马怀德主编：《行政诉讼原理》，法律出版社2003年版，第119页。

② 〔美〕阿瑟·库恩：《英美法原理》，陈朝璧译注，法律出版社2002年版，第53页。

解决行政争议原本就是行政诉讼制度的直接功能，但行政争议是一个外延十分广阔的概念，既包括行政主体在对外管理过程中与行政相对人之间发生的争议，也包括行政主体相互之间及与内部成员之间发生的争议，甚至还包括那些与相对人个人权利无直接关系的争议。由于不同种类的行政争议在性质、特征等方面均相去甚远，因此也需要通过设置不同种类的诉讼来寻求各种行政争议的妥善解决。

（三）类型再造的基本结构

以诉讼请求的内容为主导性区分标准，我国未来行政诉讼的基本类型应当包括"行政撤销之诉""行政给付之诉"和"行政确认之诉"三类。其中，行政撤销之诉是指自然人或法人因违法行政行为致其权利受到不利影响，请求法院判令被告撤销该行政行为而提起的诉讼；行政给付之诉是指自然人或法人基于特定的给付请求权，请求法院判令被告作出相应给付而提起的诉讼；行政确认之诉则是指自然人或法人请求法院确认处于争议状态的行政活动是否无效、违法以及行政法律关系是否存在而提起的诉讼。从诉讼所追求的目标来看，这三类诉讼几乎覆盖了当事人起诉的所有情形，因而应当作为我国未来行政诉讼最为重要的基本类型。无论是采行职权主义还是当事人主义的诉讼模式，法官释明义务的明确都是诉讼类型化的重要支撑。我国应当进一步完善行政诉讼立案登记制的规定，将法官对当事人诉讼请求的释明和补正定位为一种职责和义务，并可以根据职权主义作出相应处理，确保当事人的起诉不因诉讼请求不确切而被拒之门外。

本着行政诉讼类型"精致化"的要求，可以根据具体诉讼标的的不同，将上述三种最基本的诉讼类型进一步区分为若干亚类型的诉讼。其中，行政撤销之诉可以再分为"原行政行为撤销之诉"和"行政复议决定撤销之诉"。行政给付之诉可以再分为"课予义务之诉"（给付对象是行政行为）与"一般给付之诉"（给付对象是行政行为之外的其他给付）两种亚类型诉讼。鉴于现代给付行政内涵的不断拓宽和手段的日渐多样，可以对亚类型的给付之诉再行细分。其中,课予义务之诉包括"行政不作为之诉"和"行政拒绝作为之诉"两种子类型;一般给付之诉则包括"财产给付之诉""非财产给付之诉""行政合同给付之诉"及"预防性不作为之诉"四种子类型。行政确认之诉可以再分为"无效确认之诉""违法确认之诉"和"行政法律关系存在确认之诉"三种亚类型诉讼。鉴于这些具体诉讼类型的设置已获得诉讼类型化论者及法院系统的广泛认同,未来行政诉讼法典的修订完全可以采取诉讼类型化的思路重新进行布局,重新按照"总则—行政撤销之诉—行政给付之诉—行政确认之诉—附则"的体例安排行政诉讼法的具体条款,从而真正开启我国行政诉讼类型化的新时代。

下篇

行政诉讼制度篇

第六章

行政诉讼繁简分流论

与案件数量持续不断攀升、“案多人少”矛盾十分突出的民事诉讼制度相比，行政诉讼案件自2014年修订的《行政诉讼法》实施以来虽数量有所上升，但也未曾出现预想中的“井喷”局面。然而，近年来行政诉讼繁简分流改革的呼声却日渐高涨，已经成为完善我国行政诉讼制度的重要方向。那么，在现行法律已经专节规定行政诉讼简易程序的背景之下，为何还要进行繁简分流改革？如何确保行政诉讼繁简分流改革在法治的基本框架中展开，不至于对当事人行政诉权的充分有效保护产生负面影响？很显然，这些问题都亟待行政法学理予以回应。相比较行政诉讼简易程序研究热闹场景而言，行政法学理还未对行政诉讼繁简分流改革展开深入研究。[①] 有鉴于此，本章将在追溯行政诉讼繁简分流改革进程的基础上，围绕繁简分流的法理基础、规范构造和辩证关系进行阐释，希冀揭示行政诉讼繁简分流改革的内在逻辑和规范基础，推动繁简分流改革朝着法治化、规范化方向发展。

---

① 行政法学理论界对行政诉讼简易程序构建的必要性、2014年修订的《行政诉讼法》规定的简易程序的理解适用等给予了持续的关注。不同时期相关代表性研究成果，参见张坤世、刘志伟：《论我国行政诉讼简易裁判程序的构建》，载《时代法学》2004年第4期；宁杰、马倩：《行政诉讼简易程序研究》，载《行政法学研究》2009年第3期；章志远、朱志杰：《我国行政诉讼中的简易程序制度研究》，载《江苏行政学院学报》2012年第5期；葛先园：《我国行政诉讼简易程序检视——以新〈行政诉讼法〉第82条为中心》，载《法律科学（西北政法大学学报）》2016年第2期；杨寅、戴岩：《行政诉讼简易程序的新近发展与完善》，载《上海政法学院学报》2019年第6期。相比之下，对行政诉讼繁简分流进行系统研究的则十分鲜见，参见仝蕾：《构建行政案件繁简分流机制的系统化路径》，载《人民司法》2020年第7期。

一、行政诉讼繁简分流的历史演进

1989年《行政诉讼法》并无任何有关行政案件繁简分流的规定，所有行政案件审理都要采取合议制方式、按照统一的程序进行。2009年3月17日，最高人民法院印发《人民法院第三个五年改革纲要（2009—2013）》（法发〔2009〕14号），首次提出“完善民事、行政诉讼简易程序，明确适用简易程序的案件范围，制定简易程序审理规则”的改革任务。2010年11月17日，最高人民法院印发《关于开展行政诉讼简易程序试点工作的通知》（法〔2010〕446号），在部分基层人民法院正式开展行政诉讼简易程序试点工作。尽管试点工作取得了一定成效，但这种“法外”改革之举与法治国家所要求的诉讼制度遵循法律保留原则之间确实存在紧张关系。[①] 在总结试点经验的基础上，2014年《行政诉讼法》以专节形式单独设立简易程序，使之成为与行政诉讼一审普通程序相并行的独立程序，实现了简易程序的“入法”，同时也开启了行政诉讼繁简分流的征程。

简易程序的法定化虽然为人民法院快速审理部分简易行政案件提供了基本的立法保障，但并未取得预期的实施效果。[②] 究其原因，主要来自法律规定本身的缺陷、法院考评机制的限制和行政争议形态的发展变化。首先，简易程序的适用范围比较狭窄，案件类型列举本身还存在标准不一问题，且当事人意定适用的补充模式缺乏实质意义。受制于审理期限短暂、当庭宣判压力大、独任审理风险高等现实因素影响，法官适用简易程序的积极性普遍不高。其次，在法院审判绩效考评体系中，简易程序结案的考核分值偏低，加之缺乏与简易程序运行相匹配的支撑性机制，法官没有足够的现实动力选择简易程序

---

① 参见沈福俊：《行政诉讼简易程序构建的法治化路径——〈最高人民法院关于开展行政诉讼简易程序试点工作的通知〉评析》，载《法学》2011年第4期。

② 程琥法官将行政诉讼繁简分流程序运行困境的原因归结为“法律规定过于原则、可操作性不强”“审级制度不完善、诉讼程序同质化问题突出”“激励保障机制缺失、繁简分流容易流于形式”“繁简分流一体化程度不高、未能形成整体效能”四个方面。参见程琥：《行政诉讼繁简分流程序构造》，载《人民法治》2016年第10期。

结案。最后，社会转型引发不同利益主体之间的分化和重组，大量与党委政府中心工作密切关联的行政争议涌向法院，能够适用简易程序的法定案件反而成为稀缺。可以说，法律文本自身的简略模糊和行政争议形态的发展变化致使简易程序条款陷入某种“休眠”状态，修法既未能实现对行政审判资源的科学调配，也没有形成“简案快审、繁案精审”的理想诉讼格局。

行政诉讼繁简分流改革的真正开启，源于最高人民法院2016年9月12日印发的《繁简分流若干意见》。《繁简分流若干意见》之所以冠名为“进一步推进”，主要是对此前已经开展的民事诉讼程序和刑事诉讼程序繁简分流改革的继续深化，当然也包括对《行政诉讼法》有关简易程序规定的适度拓展。《繁简分流若干意见》的出台，与人民法院诉讼案件整体上呈现爆发式增长的背景息息相关，也契合了2014年修订的《行政诉讼法》实施以后行政诉讼案件大幅上升的现实需要。就行政诉讼繁简分流改革的具体内容而言，《繁简分流若干意见》主要提出了三项“直接任务”和四项“参照任务”。其中，直接任务包括第6条“简化行政案件审理程序”、第7条“探索实行示范诉讼方式”和第14条“促进当庭宣判”；参照任务则包括第2条“推进立案环节案件的甄别分流”、第3条“完善送达程序与送达方式”、第15条“推行裁判文书繁简分流”和第20条“完善多元化纠纷解决机制”。从行政诉讼繁简分流改革直接任务和参照任务的规定上看，有的是对法定简易程序的进一步细化规定，有的是对法定简易程序的延伸性规定，有的是对行政诉讼普通程序的简化规定，还有的则是对民事诉讼繁简分流改革的参照性规定。总体而言，作为指导行政诉讼繁简分流改革最直接文件依据的《繁简分流若干意见》具备相应的合法性基础。[①]

《繁简分流若干意见》发布之后，全国各地掀起了行政诉讼繁简分流改

① 《繁简分流若干意见》中的“立案分流”“示范诉讼”“行政速裁”“文书简化”等新表述貌似超越了《行政诉讼法》的规定，但《行政诉讼法》第101条有关“本法没有规定的，适用《中华人民共和国民事诉讼法》的相关规定”的规定，则为行政诉讼制度繁简分流改革提供了间接的规范依据。“正确把握行政诉讼与民事诉讼的不同点与相同点，不越过可能导致质变的那条边界，正是我们理解与适用《行政诉讼法》第101条的基本态度。”参见章剑生：《行政诉讼中民事诉讼规范之“适用”——基于〈行政诉讼法〉第101条展开的分析》，载《行政法学研究》2021年第1期。

革的热潮，在扩大行政诉讼简易程序案件适用范围、简化行政诉讼普通程序规定、推行行政案件速裁机制和试行示范诉讼、诉前调解、审前分流等方面积累了很多有益经验。例如，广州铁路运输中级法院 2019 年 3 月印发《行政案件适用简易程序工作指引》，规定对于适宜通过简易程序审理的其他行政案件，立案庭可以适当形式征询当事人意见，并做好解释工作，将简易程序适用的主动权掌握在法院手中。重庆市高级人民法院 2020 年 7 月印发《全市法院行政案件标准诉讼规则（试行）》，推动行政案件标准诉讼的试行；重庆市第五中级人民法院 2020 年 8 月印发《优化行政二审案件审理方式指南（试行）》，推动二审行政案件的简化审理。安徽省高级人民法院 2020 年 7 月印发《关于行政诉讼案件繁简分流的实施意见（试行）》，率先在省域范围内全面推进行政诉讼繁简分流改革。

党的十九大以来，深化司法体制综合配套改革、全面落实司法责任制、优化司法资源配置、全面提升司法效能成为新时代司法改革的主旋律，诉讼繁简分流改革进程随之进一步加快。《全面提升司法效能意见》明确提出“关口前移，健全多元化解机制”“繁简分流，优化诉讼资源配置”等改革任务，对行政诉讼制度改革则直接提出“依法扩大行政案件简易程序适用，探索建立行政速裁工作机制”的具体要求；《五五改革纲要》提出“优化行政审判资源配置”的改革目标；《一站式意见》提出“普遍开展一审案件繁简分流工作，探索二审案件的繁简分流”的改革任务。2020 年 2 月 10 日，最高人民法院印发《分调裁审意见》（法发〔2020〕8 号），对案件分案、调解、速裁、快审进行部署。2020 年 7 月 31 日，最高人民法院印发《关于深化司法责任制综合配套改革的实施意见》（法发〔2020〕26 号），提出“深化案件繁简分流”“加强多元纠纷解决机制与繁简分流机制有效衔接”的改革任务。2021 年 5 月 28 日，最高人民法院印发《关于推进行政诉讼程序繁简分流改革的意见》（法发〔2021〕17 号），正式部署开展行政诉讼繁简分流改革。

综观行政诉讼繁简分流改革的过程，大体上经历了“文件试点简易程序——简易程序入法——文件推动繁简分流”三个阶段。如果说2014年修订《行政诉讼法》前后还停留于行政诉讼普通程序与简易程序的技术之分，那么2016年之后的行政诉讼繁简分流则是在更为宏大的司法改革背景之下展开的理念之分。从诉讼程序划分到繁简分流，既是时代变迁中行政审判制度命运的缩影，也是行政审判制度对社会急速转型的回应。透过作为行政诉讼繁简分流表现形式之一的简易程序制度入法后的实施成效，特别是各种新型繁简分流机制的兴起，可以看出行政诉讼制度在政治性与法律性之间的艰难选择，再次印证了新时代行政审判制度发展需要“置身国家权力的配置结构和诉讼三角关系的结构中予以考察”[①]的道理。

二、行政诉讼繁简分流的理论基础

就规范意义而言，“繁简分流”并非确切的法律概念，而是诉讼制度改革的实践话语。2019年12月28日，十三届全国人大常委会第十五次会议通过《关于授权最高人民法院在部分地区开展民事诉讼程序繁简分流改革试点工作的决定》，授权最高人民法院在部分法院就优化司法确认程序、完善小额诉讼程序、完善简易程序规则、扩大独任制适用范围、健全电子诉讼规则等，开展民事诉讼程序繁简分流改革试点工作。作为当下指导繁简分流改革最重要的法律文件，这份授权决定并没有对繁简分流作出明确界定，只是列举了繁简分流的具体机制。2020年1月15日，最高人民法院印发《民事诉讼程序繁简分流改革试点实施办法》(法〔2020〕11号)，提及“深化民事诉讼制度改革，推进案件繁简分流、轻重分离、快慢分道”，这同样只是描述性的表达。结合当下改革实践的发展，行政诉讼繁简分流可以界定为：人民法院在科学甄别、分流简单行政案件和复杂行政案件的基础上，通过优化行政审判资源配置，依法快速审理简单行政案件、严格规范审理复杂案件，实

① 章志远：《新时代我国行政审判的三重任务》，载《东方法学》2019年第6期。

现简案快审、繁案精审的诉讼格局。从这个意义上来说，行政诉讼简易程序是行政诉讼繁简分流的一项具体工作机制，二者之间是种属关系。从法定的行政诉讼简易程序设计到广袤的行政诉讼繁简分流改革，个中体现了中国特色行政审判制度的自我完善，具有深厚的法理基础。

（一）司法践行创新社会治理理念的内在要求

“党的领导是中国特色社会主义最本质的特征，是社会主义法治最根本的保证。坚持中国特色社会主义法治道路，最根本的是坚持中国共产党的领导。”[①]党的十九大以来，坚持把党的政治建设摆在首位是深化司法责任制综合配套改革的首要任务，把党的路线方针政策融入司法活动的各个领域和环节成为处理好司法与政治关系的基本遵循。“司法现象是政治现象的组成部分，司法活动本身属于广义上的政治活动。因此，司法与政治发生关系是不以人们意志为转移的。”[②]党中央历来重视社会文明建设，相继提出建设社会主义和谐社会、全面建成小康社会、创新社会治理体制、坚持法治国家法治政府法治社会一体建设、加强基层治理体系和治理能力现代化建设等一系列重要论断，特别是系统治理、综合治理、源头治理、依法治理理念的提出，对人民法院的审判工作提出了新的更高要求，人民法院应当主动融入党委领导、政府负责的创新社会治理活动之中。

社会矛盾纠纷化解是创新社会治理的重要组成内容。尤其是行政争议的发生与化解，直接关系到官民关系的修复、社会秩序的稳定和人民群众切身利益的维护，对法律效果、社会效果、政治效果相统一的要求更高。近年来，坚持把非诉讼机制挺在前面、注重多元化解争议机制的衔接、实现社会矛盾纠纷的源头治理成为新的权威性司法政策。虽然人民法院审理的行政案件在所有案件总量中占比不到 2%，但案件处理的难度很大，对行政法官

① 习近平：《论坚持党对一切工作的领导》，中央文献出版社 2019 年版，第 78 页。

② 江必新：《司法与政治关系之反思与重构》，载《湖南社会科学》2010 年第 2 期。

法律素养、政治素质和审判艺术的要求更高。因此,通过行政诉讼繁简分流改革实现"简案快审、繁案精审",既是贯彻创新社会治理理念的内在要求,也符合行政审判自身的运行规律。一方面,诉前分流机制的运用,能够使一些简单行政争议通过非诉讼机制快速获得解决,切实缓解人民法院的审判压力;另一方面,简易程序的扩大适用、行政速裁机制的运用、示范诉讼制度的推行和普通程序的简化,能够全面提升行政审判质效,确保复杂行政案件得到深入细致的审理和公正妥善的化解。行政诉讼繁简分流、轻重分离、快慢分道的持续推进,能够最大限度地发挥人民法院行政审判工作在诉源治理中的参与、规范和保障作用,将行政审判制度优势转化为创新社会治理的效能。

(二)行政争议实质性化解社会期待的积极应对

2014 年修订的《行政诉讼法》第 1 条新增"解决行政争议"为行政诉讼制度的目的之一,回应了社会转型时期行政争议多发高发态势的现实需求。近几年来,作为解决行政争议"升级版""加强版"的"实质性解决行政争议"理念开始流行,《五五改革纲要》甚至将"推动行政争议实质性化解"作为今后一段时期行政诉讼制度改革的重要方向。从行政审判实践来看,实质性解决行政争议"是对'流于形式'的简单裁判和'迫于形势'的任意协调的双重否定,是向依法裁判为后盾、协调处理为补充、辅助机制为激励的理性回归"。[①] 实质性解决行政争议的提出,也是对长期以来行政案件审理中存在的"程序空转""案结事不了"现象的反思,体现出司法评价对"消费者体验"的应有尊重。[②]

面对行政争议实质性化解的社会期待,人民法院行政审判工作更应通过各种繁简分流机制的综合运用,确保人民群众合法合理的诉求得到公正

① 参见章志远:《行政争议实质性解决的法理解读》,载《中国法学》2020 年第 6 期。
② 参见顾培东:《人民法院改革取向的审视与思考》,载《法学研究》2020 年第 1 期。

及时高效解决。一段时间以来，一些没有任何实益的政府信息公开诉讼、投诉举报答复诉讼涌向法院，干扰了行政审判的正常秩序，无端耗费了有限的行政审判资源。为此，一些地方法院探索运用诉前滥诉甄别分流机制、行政速裁机制，有效排除了外部干扰，确保能够集中精力审理复杂疑难行政案件。同时，面对征地拆迁引发的大量群体性诉讼，一些法院试图采用标准诉讼方式快速处理同类行政纠纷。[①] 上海市高级人民法院 2018 年 5 月印发的《实施意见》和安徽省高级人民法院 2018 年 11 月印发的《关于完善行政争议实质性解决机制的意见》，都将诉前快速协调化解作为重要的实质性解决行政争议手段。这些形式多样的繁简分流实践探索，满足了实质性解决行政争议的社会期待。

（三）人民法院行政审判资源科学调配的必然选择

如果说通过繁简分流践行创新社会治理理念、回应实质性化解行政争议社会期待尚属人民法院对外部世界进行反应的话，那么有限行政审判资源的科学配置则是繁简分流改革的内在自生动力。2014 年修订的《行政诉讼法》对行政案件管辖制度进行了一系列改革，很多基层法院不再审理行政案件，行政案件管辖上的"倒金字塔"现象日益明显。以最高人民法院行政审判庭为例，2018—2020 年新收再审申请行政案件分别为 1748 件、2682 件、2881 件，有限的行政审判力量忙于办案，很难抽身进行同样重要的司法解释、司法文件起草和对下审判业务指导工作。对于跨行政区域集中管辖法院来说，案多人少的矛盾同样突出。受员额制改革等现实因素影响，行政审判队伍不够稳定，面对数量逐年增加的行政案件，民事审判中案多人少矛盾同样在行政审判领域上演。

行政审判资源有限性与行政案件增长之间的紧张关系，使得法院自身具有足够的繁简分流改革动力。一方面，法院自身出于摆脱"行政案子收进

---

① 2021 年 1 月 29 日，笔者以"标准诉讼"为关键词、以"行政案件"为范围在中国裁判文书网进行检索，共获得 722 个结果。其中，最高人民法院 115 件，高级人民法院 212 件，中级人民法院 358 件，基层人民法院 37 件。

来却难以下判”尴尬境地的本能，具有通过府院互动、借助外力妥善处理个案的内生动力。这就不难理解，尽管尚无明确的法律依据，但行政争议的诉前调解、诉调对接以及主动参与诉源治理仍然广受法院关注并积极推行。个中缘由，还是在于法院只有通过借助体制内资源才能改变自身孤掌难鸣的处境。另一方面，受制于行政诉讼简易程序适用的诸多不便，法院更愿意在“法外”探索行政速裁、普遍程序简化、二审程序简化、要素式审理、裁判文书简化等改革举措，既能够合理规避现有法律规定的约束，又能够及时应对行政案件数量上涨的现实压力。这种“内部挖潜、外部借力”双重手段的运用，是法院行政审判工作生存智慧的具体体现，更是法院行政审判面临窘境的真实写照。2014 年修订的《行政诉讼法》实施以来，行政诉讼繁简分流改革形式之多样、推进之迅猛、接受之广泛，着实已经成为行政审判领域新的风向标，也折射出法院“依法审判”的难度之大、无奈之深。

三、行政诉讼繁简分流的规范构造

行政诉讼繁简分流理念的贯彻需要依托相应的规范构造，具体包括行政诉讼法存量制度的继续优化和增量制度的及时供给。需要指出的是，当下的行政诉讼繁简分流改革主要还是依靠最高人民法院相关司法文件的推动，尽管民事诉讼程序繁简分流的授权决定及实施方案可以参照适用，但二者的性质毕竟不同，很多制度还不能简单照搬。因此，行政诉讼繁简分流改革的合法性还必须经由法律解释和修改予以支撑，避免发生“文本上”的行政诉讼与“行动中”的行政诉讼之间的偏离。

（一）行政诉讼繁简分流存量制度的优化

就改革的系统性和集成性而言，行政诉讼繁简分流存量制度的优化既包括行政诉讼简易程序的改造，也包括基于繁案精审取向的普通程序的补强。在行政诉讼简化、速裁、快审等强势话语之下，繁案精审的机制补强更为重要。唯其如此，繁简分流改革才不至偏离行政诉讼制度的目的。

关于行政诉讼简易程序的改造，理论界和实务界已经提出过相关建议。[①] 总体来说，理想的简易程序应朝两个方向发展：一是由法院掌握是否适用简易程序的主导权。行政诉讼的专业性和技术性较强，在是否简化审理方面法院比当事人各方更有发言权。除了进一步扩大法定适用简易程序的行政案件范围之外，对于一审简单行政案件，只要当事人不表示异议，法院都可以自主决定适用简易程序审理。二是对简易程序的具体规则进行名副其实的简化改造。通过简易程序审理行政案件是否还要一律开庭，或者说庭审过程是否可以进一步简化，这些都是未来改造的重点。此外，作为重要的配套机制，简易程序的庭前准备和文书简化都应当予以明确。

关于繁案精审的程序补强，可以从如下四个方面进行努力：一是充分发挥专业行政法官会议的作用，努力消弭行政案件审理法律适用中的分歧，产生更多具有规则示范效应的典型裁判。专业法官会议是司法责任制改革背景下的一种程序性专业咨询机制，是合议庭与审判委员会之间重要的连接纽带，具有“凝聚法官集体智慧、防止法官个人专断、提高法官职业素质、有效抵御内外部干扰、有效解决审判组织内部分歧、预防司法腐败、为法官业绩评价提供重要参考”等诸多价值。[②] 二是充分发挥类案强制检索制度的作用，确保行政案件裁判中法律适用的统一性，避免发生“同案不同判”现象。“类案不同判的最大弊端是破坏了人们的行为预期，影响了社会成员对自己行为后果的准确判断，阻却了良好社会秩序的形成。”[③]2020 年 7 月，最高人民法院发布《关于统一法律适用加强类案检索的指导意见（试行）》，对类案检索的具体情形、适用范围作了明确规定。鉴于行政案件种类繁多，加之行政法律规范不确定条款大量存在，尤其需要通过类案强制检索增强法

---

① 参见刘一玮：《行政诉讼简易程序的理性反思与完善路径》，载《行政法学研究》2019 年第 4 期。

② 参见贺小荣主编：《最高人民法院民事审判第二庭法官会议纪要——追寻裁判背后的法理》，人民法院出版社 2018 年版，序言“法官会议制度的价值功能与实现路径”第 2—4 页。

③ 贺小荣主编：《最高人民法院第二巡回法庭法官会议纪要》（第一辑），人民法院出版社 2019 年版，序言“法理适用分歧的解决方式与制度安排”第 2 页。

律适用的统一性。三是充分发挥外部专家咨询制度的作用,弥补行政法官具体领域专业知识的不足。目前一些法院已聘请部分法学专家作为咨询委员会委员,但挂名现象比较明显。今后可以参照一些地方政府成立行政复议委员会、吸收外部专家力量处理重大疑难复杂行政复议案件的成功做法,分领域组建外部专家咨询委员会,借助外脑力量减轻行政法官恶补具体领域专业知识的压力。四是充分发挥裁判文书说理制度的作用,真正把繁案办成“精品案件”。2018 年 6 月 1 日,最高人民法院印发《关于加强和规范裁判文书释法说理的指导意见》(法发〔2018〕10 号),对提高释法说理水平和裁判文书质量提出了明确要求。目前,行政案件审理中裁判文书说理还存在参差不齐现象,需要着力加以解决。[①]

(二) 行政诉讼繁简分流增量制度的规范

就改革的引领性和前瞻性而言,行政诉讼繁简分流增量制度的规范主要包括增设诉前分流机制、立案阶段案件繁简分流机制、简案快审程序和标准诉讼制度,有的可以从现行法律相关条款的解释中获得证成,有的则需要通过法律修订加以完成。

增设诉前分流机制是实现行政诉讼繁简分流改革的前提,直接决定着繁简分流的轻重缓急。能够将行政争议化解于法院门外,这既是人民法院积极参与诉源治理的具体表现,也是行政争议多元化解机制发挥作用的应有成果。诉前分流机制的运作,主要包括两个层面的内容:一是积极引导当事人通过行政复议、行政裁决、行政调解等非诉讼机制寻求行政争议的更好

---

① 例如,在政府“依政策行政”的行为是否属于受案范围、法院该如何审查的问题上,各地法院裁判文书说理就存在很大差别。在“青海华灏农牧科技发展有限公司与大通回族土族自治县人民政府、大通回族土族自治县自然资源局、大通回族土族自治县农业农村局土地行政强制案”中,法院就以诉争强拆行为是贯彻落实国务院“大棚房”问题专项清理整治行动执行政策性的处理行为为由驳回起诉。参见青海省高级人民法院行政裁定书(2020)青行终 77 号。在“南通乐天伦休闲农庄诉南通市通州区三余镇人民政府行政强制案”中,法院则明确指出,虽然行政机关拆除违法建筑是基于“大棚房”问题进行整治,但行政机关应当依法进行,这是依法行政的基本要求,最终判决确认强拆行为违法。参见江苏省南通市中级人民法院行政判决书(2020)苏 06 行终 467 号。

解决。司法是矛盾纠纷化解的最后一道防线，而并非第一道防线。在整个多元化纠纷解决体系中，应当充分发挥诉讼与非诉方式各自的优势，形成合作共赢的格局。特别是在努力打造行政复议化解行政争议“主渠道”地位的当下，更应起到对行政诉讼进行分流的预期作用。[①] 二是对适宜通过调解或者行政相对人愿意和解的行政争议，法院可以在立案之前引导当事人自行和解，或者组织、利用第三方调解。如果能够达成和解协议或者调解方案的，则可以增设司法确认程序，以法院出具正式行政调解书方式最终解决行政争议，实现诉调的无缝隙对接。诉前调解超出了现行法律有关行政案件调解范围的规定，需要通过法律修改为其正名。目前，诉前调解尚需审慎使用，以征求当事人双方同意和司法确认作为适用的双重保障，避免重走“和稀泥”“以协调为名行拖延立案之实”的老路。

立案阶段案件繁简分流标准的厘清是实现行政诉讼繁简分流改革的关键，直接决定着繁简分流的科学程度。由于缺乏统一明确的法律规定，目前简单案件和复杂案件的分类还存在标准模糊、衔接不畅等问题。《一站式意见》对繁简分流提出了两个方面的原则性要求：一是根据案由、诉讼主体、诉讼请求、法律关系、诉讼程序等要素确定简案范围；二是普遍应用系统算法加人工识别实现精准分流。《关于行政诉讼案件繁简分流的实施意见（试行）》则分别就一审行政案件和二审行政案件中的简单案件直接进行列举，明确性程度相对更高。[②] 相比较民事案件繁简分流而言，行政诉讼案件种类

---

① 2020年2月5日，中央全面依法治国委员会召开第三次会议，习近平总书记明确指出：“要落实行政复议体制改革方案，优化行政复议资源配置，推进相关法律法规修订工作，发挥行政复议公正高效、便民为民的制度优势和化解行政争议的主渠道作用。”参见习近平：《论坚持全面依法治国》，中央文献出版社2020年版，第274页。

② 《关于行政诉讼案件繁简分流的实施意见（试行）》第3条规定的一审简单行政诉讼案件包括：(1)被诉行政行为是依法当场作出的；(2)案件涉及款额二千元以下的；(3)属于政府信息公开案件的；(4)行政复议机关对复议申请不予受理或者以不符合受理条件为由程序性驳回的；(5)诉行政机关不履行法定职责的；(6)与已审结案件属于系列性案件的；(7)起诉已经被人民法院认定为滥诉的；(8)其他事实清楚、权利义务关系明确、争议不大，当事人各方同意适用简易程序的。第4条规定的二审简单行政诉讼案件包括：(1)一审已被确定为简单案件的；(2)对不予立案、管辖权异议、驳回起诉裁定不服提起上诉的。

繁多、社会影响面更广、专业识别性要求更高，因而简单案件和复杂案件的区分尤需慎重，仅仅从案由名称、标的额大小上还难以作出判断。一方面，应当对复杂案件优先进行列举，确保行政审判制度基本功能的实现。大体上来说，社会影响重大案件、涉外涉港澳台案件、新类型案件、裁判结果具有标杆示范意义案件、发回重审案件、按照审判监督程序再审案件等都属于复杂行政案件，需要实现繁案精审。另一方面，应当对简单案件和适用简易程序案件进行区分，避免出现架床叠屋的局面。凡简单案件中明确属于法定简易程序案件适用范围的，一律适用简易程序审理，确保简易程序规定的落地实施；对于简单案件中不属于法定简易程序案件适用范围的，可以采取普通程序简化审理或者速裁程序快审方式进行。

增设简案快审程序是实现行政诉讼繁简分流改革的重点，直接决定着繁简分流的实施成效。优化行政审判资源配置、全面提高司法效能，满足人民群众对公正权威高效司法的现实需求，是繁简分流改革的初衷。如何在确保最低限度程序公正的基础上真正实现快慢分道、使有限行政审判资源得到最佳配置，是增设简案快审程序的基本遵循。从广义上来说，扩大简易程序适用范围、进一步实现简易程序的实质化改造也属于简单案件快速审理范畴。同时，还应当根据简单案件特点增设一些新的机制，确保在简易程序之外也能够得到具有针对性的快速处理。这些机制包括：明显不符合法定起诉条件案件的径直裁驳机制；事实清楚、权利义务关系明确、案涉款额较小案件的速裁机制；简单案件推行要素式审理、当庭宣判、裁判文书简化机制。这些程序简化之举突破了现行法律有关“一审普通程序—简易程序—二审程序—审判监督程序”的既有结构安排，只能通过先由权力机关授权试点、总结经验再修改法律的方式完成。

探索建立标准诉讼制度是实现行政诉讼繁简分流改革的有益补充，直接决定着批量同类行政案件的审理成效。标准诉讼也可称为示范诉讼，是法院依据职权对已经立案且具有相同事实、法律问题和同类诉讼请求的系列行政案件，选取其中个别代表性案件作为标准案件进行审理，其余类案参照标准案件审理结果进行裁判的审理方式。“示范诉讼能用比较小的诉讼规模解决比较大的群体纠纷中共通的事实或法律问题，从而扩大诉讼制度解决纷争的能力。”[①]在我国当下的行政审判实践中，征地补偿安置案件、政府信息公开案件、行政给付案件是系列性或群体性行政诉讼案件的代表，通过标准诉讼制度的建立，能够实现以个案示范处理带动批量案件高效解决的效果，对减轻法院负担、节约司法资源具有重要意义。从推动类案快审意义上来说，标准诉讼制度同样是行政诉讼繁简分流改革的题中应有之义。与法定的当事人合意形成的共同诉讼、代表人诉讼所不同的是，标准诉讼主要因法院职权主义认定而产生，因而也需要在总结试点经验的基础上经过法律修改完成。

四、行政诉讼繁简分流的辩证关系

诉讼繁简分流改革是优化司法资源配置、切实提高审判效能的应时之举。特别是在刑事案件、民商事案件爆发式增长时期，繁简分流改革体现了司法本能的内在反应，应当获得社会的理解与认同。在此过程中，受管辖体制改革影响而产生案多人少新矛盾的行政诉讼，也搭上了繁简分流改革的快车。在法定简易程序规定较为粗略难以获得有效利用的背景之下，行政诉讼繁简分流改革自然获得了相应的正当性基础。同时，2014 年修订的《行政诉讼法》实施以来“喜忧参半”的局面，又不得不让人对实践中急速推进的繁简分流改革保持应有的冷思考。一方面，管辖改革造成的“倒金字塔”现象已经引起广泛关注，相关再改革举措也在积极酝酿推进之中，最高人民法院和高级人民法院案多人少的矛盾有望得到一定程度的缓解，行政诉讼繁简分流改革的紧迫性有所纾解。[②] 另一方面，行政诉讼繁简分流改革偏重于“简案快审”，对“繁案精审”则关注不够，有可能使改革的实际效果打上折

---

① 杨严炎:《示范诉讼的分析与借鉴》,载《法学》2007 年第 3 期。

② 2021 年 3 月 26 日，最高人民法院印发《关于正确确定县级以上地方人民政府行政诉讼被告资格若干问题的规定》，有望恢复基层人民法院对部分一审行政案件的管辖，为促进行政争议诉源治理和彻底解决行政诉讼“倒金字塔”问题发挥积极作用。

扣。特别是在一些地方有意无意突出行政诉讼制度“支持”重于“监督”行政机关依法行政的特殊时期，行政诉讼繁简分流改革更应循序渐进，避免因操之过急或者“好简恶繁”而产生负面影响。为此，行政诉讼繁简分流改革需要处理好如下两组辩证关系。

（一）程序简化与诉权保障的关系

行政诉讼制度是“衡量一国法治发达程度与社会文明程度重要标尺”[①]，在建设社会主义法治国家进程中具有举足轻重的重要地位。2014 年修订的《行政诉讼法》第 3 条专门新增“人民法院应当保障公民、法人和其他组织的起诉权利，对应当受理的行政案件依法受理”的规定，体现出《行政诉讼法》“诉权保障法”的应有特质。努力让人民群众在每一个司法案件中感受到公平正义是司法为民的终极目标，也是任何诉讼制度改革的逻辑起点。在当下的行政审判实践中，参照民事诉讼程序繁简分流相关规定固然可以增加行政诉讼繁简分流改革的合法性，但二者之间的性质差异又决定了简单照搬的不适。为此，必须处理好程序简化与诉权保障之间的关系，避免诉权保障因失去基本的程序依托而沦为空谈。

当下的一些行政诉讼繁简分流改革虽然也有“经当事人同意”“当事人不表示异议”等前提性限定，但更多体现的还是一种改革策略和司法智慧，并未完全落实好诉权保障的基本理念。特别是一些流行的诉前分流机制，很难说真正为当事人所愿。在今后的繁简分流改革中，应当充分发挥法院行政诉讼释明制度的作用，通过更多解释、说明、帮助、指导活动的开展，提高当事人在繁简分流改革中自主选择的能力，增强诉讼制度改革中的消费者体验度。目前法律明确规定的行政诉讼释明仅适用于立案登记制中的“起诉状内容欠缺或者有其他错误”的情形，应当积极拓展到其他领域，发挥其“实现当事人实质平等”“促进行政诉讼公正性”的应有作用。[②] 只有通过

---

① 马怀德：《行政审判体制重构与司法体制改革》，载《国家行政学院学报》2004 年第 1 期。

② 参见丁晓华：《论行政诉讼释明制度的构建》，载《法律适用》2018 年第 6 期。

相应司法职责的增加,才能降低诉讼程序简化可能带来的风险,达至"简化不减权"的理想境地。

(二)诉讼改革与绩效评价的关系

诉讼制度改革不仅是技术理性的提升,而且还需要彰显应有的人文关怀。除了更好回应当事人诉权保障的需要之外,还必须充分考虑法院内部行政审判队伍的重组和相应匹配机制的建立。身处人工智能时代,当下的诉讼繁简分流改革更多凸显了科技赋能的力量。立案阶段的"智能识别为主、人工分流为辅",庭审阶段的"全程录音录像",疫情之下得心应手的"远程在线诉讼",海量裁判文书数据库中的"类案快速检索",简便易行的"电子送达",无不彰显"智慧法院"的美好愿景。繁简分流改革与智慧司法建设的深度融合,反倒使得主宰审判活动的活生生的法官"退居幕后"。这种现象是否符合司法规律,是否坚持以人为本,尚需认真加以检视。

任何审判活动都是具有丰富情感的人的活动,技术更新带来的便利和进步并不能完全取代人的作用。行政诉讼案件关乎人民法院对行政相对人合法权益的有效保护,关乎人民法院对行政机关依法行使职权的监督和支持,关乎人民法院对党委政府中心工作的服务保障。因此,行政诉讼繁简分流改革必须以科学的人员分类和客观的绩效评价作为配套机制。一方面,在现有的入额法官、法官助理、书记员组成的审判团队体系之外,还应当建立起适应行政诉讼繁简分流改革需要的快审团队、速裁团队、专业化审判团队,保障"简案快审、类案专审、繁案精审"理想型诉讼格局的实现。另一方面,要按照繁简分流改革的要求,建立起一整套分类科学、指标合理的绩效评价体系,确保适用不同类型程序实质性化解行政争议的行政审判人员都能够拥有应得的司法尊荣。只有切实解决好人员组织保障问题,消除行政审判人员的后顾之忧,才能使行政诉讼繁简分流改革在法律性与政治性之间保持平衡,进而助力行政诉讼制度得到更好实施。

第七章

规范性文件附带审查论

2014 年《行政诉讼法》中确立了规范性文件附带审查制度。此前，各界对规范性文件是否纳入、如何纳入法院审查范围以及纳入后如何予以审查等问题均有着不同的意见。① 最终，行政诉讼中的规范性文件定位为是公民、法人或其他组织可以诉请附带审查的对象。《行政诉讼法》第 53 条作为规范性文件附带审查制度的直接依据，基本勾勒出法院启动规范性文件审查的条件和程序；第 64 条则明确了法院对不合法规范性文件的处理方式。在 2014 年修订的《行政诉讼法》施行之前，不同法院对待规范性文件的态度存在较大区别。② 然而，规范性文件附带审查制度被正式确立之后，法院对于具体如何审查的问题仍存在颇多疑惑，如在规范性文件如何界定、规定中的“依据”如何理解等问题上各法院的实际做法不一。③ 为了进一步明确规范性文件附带审查制度的具体适用规则，《行诉解释》第 145—151 条就规范性文件附带审查中的提起时限、管辖法院、审查标准等内容进行了更为细致的规

① 参见全国人大常委会法制工作委员会行政法室编：《行政诉讼法立法背景与观点全集》，法律出版社 2015 年版，第 288—290 页。

② 参见余军、张文：《行政规范性文件司法审查权的实效性考察》，载《法学研究》2016 年第 2 期。该文系统整理与分析了 2000 年以来的最高人民法院公报案例，展现了 2014 年《行政诉讼法》实施以前法院对规范性文件的审查、适用情况。

③ 对此，已有不少学者进行实证总结，如王春业：《论附带审查中行政规范性文件的司法识别》，载《法治现代化研究》2019 年第 2 期。

定。从实际的适用效果来看，审查规则上的细化并未真正改变规范性文件附带审查实践中的诸多乱象，也始终未能实现该制度设计的预期目标。[①]

就目前规范性文件附带审查制度的运行状况而言，该制度的相关法律规范仍需进一步细化、明晰，已暴露的问题也需借此加以回应。针对规范性文件附带审查制度运作不佳的现状，理论与实务界专家从不同视角进行了诸多探讨。有的着重呈现规范性文件附带审查制度的运作现状[②]，有的致力于探寻造成当前局面的原因[③]，还有的意在为规范性文件附带审查制度提供修正意见与方案。[④] 毋庸置疑，已有的探讨与研究成果均富有启发意义，对今后规范性文件附带审查制度的完善也都颇有助益。但是，现有的研究思路多是从规范性文件附带审查制度自身出发，而忽略了其仅是规范性文件监督体系中一环的基本事实。因此，本章拟从过程视角通过典型案件考察规范性文件附带审查相关法律规范的解读路径，并据此阐明在我国整个规范性文件监督体系下，明确规范性文件司法监督制度角色定位的重要意义，进而在明确规范性文件附带审查角色功能的基础上，形成该制度适用与完善上的些许建议。

一、规范性文件附带审查的适用现状

自确立以来，规范性文件附带审查制度的具体适用就引发诸多争议。

---

① 据总结，实际审判中规范性文件附带审查的启动门槛被大幅抬高，得以进入实质审查阶段的也极易流于形式，最终致使 2014 年《行政诉讼法》建立规范性文件附带审查制度的目的难以真正实现。参见陈良刚：《规范性文件一并审查制度的运行与完善》，载程琥等：《新行政诉讼法疑难问题解析与实务指引》，中国法制出版社 2019 年版，第 299 页。

② 有学者通过梳理大量规范性文件附带审查相关案例揭示该制度目前的运作状况，如李明超：《论规范性文件不予一并审查：判断要素及其认定规则——基于 1799 份裁判文书的分析》，载《政治与法律》2021 年第 4 期；谭爱华、周敏：《规范性文件附带审查制度的"冷热现象"思考》，载最高人民法院行政审判庭编：《行政执法与行政审判》（总第 74 集），中国法制出版社 2019 年版，第 76—91 页。

③ 参见卢超：《规范性文件附带审查的司法困境及其枢纽功能》，载《比较法研究》2020 年第 3 期。

④ 参见何海波：《论法院对规范性文件的附带审查》，载《中国法学》2021 年第 3 期。

这种争议既存在于司法实践层面，也存在于理论探讨层面。无论是实务上，还是理论上的不同看法，其实涉及的始终是规范性文件附带审查制度各运行环节相关要素的理解问题。结合《行政诉讼法》第 53 条与第 64 条的规定内容来看，规范性文件附带审查制度的运作由三个阶段串联而成：一是当事人启动，二是法院审查，三是审查结果的处理。通过这一过程性视角，结合典型案件观察规范性文件附带审查的适用情况，得以更为清晰地展现以下现实：在启动阶段法院的审理思路左右着规范性文件附带审查制度的适用空间；在审查阶段法院遵循的审查标准影响着制度的运行实效；在审查终结阶段相关机制的配置情况决定着裁判效果。

（一）启动阶段

在当前多数的理论讨论中，规范性文件附带审查的启动是指法院对行政行为所依据的规范性文件进行合法性审查的开始。法院视角下的规范性文件附带审查制度的启动以当事人已满足法定门槛条件为基础。然而，根据《行政诉讼法》第 53 条的规定，规范性文件附带审查的启动存在另一角度的理解。公民、法人或其他组织是规范性文件附带审查程序的启动主体，且只要其认为相关规范性文件不合法即可提出规范性文件附带审查请求权。一旦公民、法人或者其他组织提出一并审查请求，就意味着规范性文件附带审查程序的启动，这即是原告视角下的规范性文件附带审查制度的启动。综合来看，两种视角的主要区别在于对规范性文件附带审查的启动要件的理解。就法院而言，它收到原告的规范性文件附带审查请求后，还需进一步判断该诉求是否满足了法定审查条件，只有具备了法定审查条件后才意味着规范性文件附带审查程序的启动。就原告而言，规范性文件附带审查诉请的提出即可意味着该审查程序的启动。因此，在不同主体视角下，规范性文件附带审查的启动要件是两个层次的问题，而区分二者的意义在于更为清晰地观察影响规范性文件附带审查制度启动的因素。

1. 公民、法人或者其他组织视角下规范性文件附带审查的启动要件

如前文所言,《行政诉讼法》第53条是规范性文件附带审查启动条件的直接表达。根据该条款和《行诉解释》第68条的文义,规范性文件附带审查制度的启动条件可初步归纳为以下三项:第一,公民、法人或其他组织已提起针对行政行为合法性的诉求;第二,公民、法人或其他组织针对其认为不合法的规范性文件在规定时限内提出附带审查请求;第三,公民、法人或其他组织向法院提供了明确的规范名称或审查对象。对原告而言,《行政诉讼法》第53条规定是其行使规范性文件附带审查请求权的基本指引,但也是其诉请附带审查请求需要满足的门槛要求。确切而言,上述视角下所谈及的启动要件是属于形式意义层面,规范性文件附带审查的真正启动还需法院进行判定。

2. 法院视角下规范性文件附带审查的启动要件

如果说公民、法人或者其他组织是从自我认知角度看待规范性文件附带审查的启动要件,那么法院则是从审查角度看待这一要件,它需法院具体审查个案中的情况是否达到了法律上所规定的门槛。以"罗某与贵州省人民政府资源行政管理纠纷案"①为例,罗某就黔府函〔2011〕278号《省人民政府关于都匀经济开发区调整区位和扩区的批复》和黔府函〔2018〕99号《省人民政府关于第四届中国绿化博览会绿博园总体规划的批复》诉请法院审查其合法性,法院提出启动规范性文件合法性审查应具备两项前提条件:其一,要求审查的文件属于规范性文件;其二,要求审查的规范性文件是作出案涉行政行为的依据。最终,案中法院认定诉请审查的两个规范性文件均系贵州省人民政府作出的具体行政行为,并非能广泛、重复使用的规范性文件,且与案涉不予受理决定的审理毫无行政法上的联系,因此并未真正启动规范性文件合法性审查。除上述案件中法院明示的两个启动条件以外,行政行为合法性审查诉求的成立也是规范性文件附带审查启动的前提条件之一。在"赵某与邵东市人民政府资源行政管理纠纷案"中,法院明确指出:

---

① 贵州省高级人民法院行政判决书(2019)黔行终1779号。

“一并请求对行政机关做出行政行为所依据的规范性文件进行审查的前提是，人民法院对该行政行为进行合法性审查时，被诉行政行为符合起诉条件。”[①]由此可见，如果被诉行政行为本身无法成立，那么形式上同时提起的规范性文件审查诉求即属于单独的诉讼请求，而单独针对规范性文件合法性的诉求并未纳入行政诉讼的受案范围。

实践中，原告与法院之间在规范性文件附带审查启动要件上的认知差异往往源于对相关法律规范的不同解读。对于目前法律规范中规定的部分启动条件，法院能够作出清晰的裁断，法院之间也并不过多争议。典型情形如，对于明显超过规定时限的规范性文件附带审查诉求，法院往往直接拒绝启动审查。在“刘某与盐城市盐都区盐渎街道兴民社区居民委员会行政纠纷案”[②]中，法院根据规定确认：“请求审查规范性文件的合法性是一种附带请求，应当在提起行政诉讼时一并提出，即使有正当理由也应在一审法庭调查结束前提出。”案中上诉人在二审阶段提出附带审查的请求，明显不符合相关法律和司法解释的规定，因此法院作出不予审查的裁断。在行政行为合法性之诉不存在或者不成立之时，法院往往拒绝启动对规范性文件的合法性审查。在“罗某与普安县人民政府行政纠纷案”[③]中，法院强调对规范性文件的审查应当依附于案涉行为的审理而进行，需符合“附带性”原则。该案中，由于罗某诉请确认普安县政府强制砍除其地上附着物的事实不存在，因此诉请审查的规范性文件不属于行政诉讼受案范围，法院最终判定对该文件不予审查。虽然在诸如上述情形时各法院能够作出明确裁断，但在“规范性文件”的判定、规范性文件与行政行为关联性等问题的理解上，各方却仍存在较大争议，不同案件中也出现过完全相左的结论。[④] 例如，关于行政

---

① 湖南省高级人民法院行政裁定书(2020)湘行终 304 号。

② 江苏省盐城市中级人民法院(2020)苏 09 行终 624 号。

③ 贵州省高级人民法院行政裁定书(2019)黔行终 1893 号。

④ 多项研究已呈现出这一现状，如朱远军:《论行政规范性文件司法审查的缺位——以法官的行动选择为视角》，载最高人民法院行政审判庭编:《行政执法与行政审判》(总第 76 集)，中国法制出版社 2019 年版，第 53—68 页。

机关与党的组织机构联合发布文件的定性问题，各法院间常出现不同的结论[①]，而依据目前《行诉解释》中的规定亦无法明确。进一步而言，如果原告就某份行政机关和党的组织机构联合发布的文件提请法院进行附带审查，在目前法律规范尚未明确界定其内涵与外延的情况下，法院的理解实质上就成为裁断的关键。正因如此，除现有规定已明晰的要件外，法院对相关启动条件的解读与规范性文件附带审查制度的适用空间密切关联。

（二）审查阶段

当原告一方对规范性文件附带审查的诉求成立之时，法院便将聚焦于规范性文件是否合法的问题之上。2014 年修订的《行政诉讼法》施行以后，"安徽华源医药股份有限公司诉国家行政管理总局商标局等商标行政纠纷案"[②]作为首例规范性文件附带审查案件备受关注。有不少学者认为该案对同类案件的审理具有重要的指导意义，其中包括将审查对象限定于规范性文件特定部分，提出规范性文件的合法性构成要件为主体、权限、内容和程序四项等。[③] 早在 2000 年，最高人民法院就已创设法院在行政诉讼中对行政规范性文件的司法审查权[④]，而 2018 年颁布的《行诉解释》将规范性文件合法性审查标准进一步予以明晰。最高人民法院通过《行诉解释》第 148 条对规范性文件合法性审查的基本路径与标准予以进一步明确。"邓某与重庆市渝中区人民政府行政征收补偿纠纷案"中的审理思路就是法院依循上述规定的具体体现，法院针对"规范性文件制定主体是否超越制定机关的法定职权""被诉请审查的规范性文件与上位法相关规定是否存在抵触""是否违法增加公

① 对此，已有学者进行整理，如王春业：《论附带审查中行政规范性文件的司法识别》，载《法治现代化研究》2019 年第 2 期。

② 北京知识产权法院判决书(2015)京知行初字第 177 号。

③ 参见朱芒：《规范性文件的合法性要件——首例附带性司法审查判决书评析》，载《法学》2016 年第 11 期。

④ 《执行解释》第 62 条第 2 款规定："人民法院审理行政案件，可以在裁判文书中引用合法有效的规章及其他规范性文件。"

民、法人和其他组织的相应义务或者减损公民、法人和其他组织的合法权益"以及"制定及公开发布程序是否合法"四个方面内容进行审查。[①] 尽管如此,从后续的审判实务情况来看,法院对规范性文件合法性上的审查问题仍存在不少争议。[②] 同时,现实中影响规范性文件合法性的情形并不止于《行诉解释》中所列明的上述情形。通过概览规范性文件的备案审查规定和规范性文件附带审查的司法实例发现,现行规范性文件合法性审查标准的适用中仍存在以下问题值得进一步探究。

1. 现有规范性文件附带审查标准的理解问题

虽然《行诉解释》第 148 条已明示规范性文件附带审查时的合法性判断标准,但其条文逻辑与具体适用中均存在问题。就条文结构而言,该条第 2 款的四项规定并非彼此独立、相互并列的关系。其中,第 1 项指向规范性文件制定主体的权限要求,第 2 项与第 3 项指向规范性文件内容合法性方面的要求,第 4 项则指向的是规范性文件合法的程序合法性要件。就具体适用而言,各项情形常处于互相交织的状态。例如,在"陈某诉南京市江宁区住房和城乡建设局不履行房屋登记法定职责案"(以下简称"陈某案")中,法院审查后认为《关于房产登记管理中加强公证的联合通知》这一规范性文件是"在有关法律法规规定之外创设新的权力来限制或剥夺行政相对人的合法权利",被告据此作出的行政行为与法律法规相抵触。[③] 据此,该案中规范性文件的违法情形归于《行诉解释》第 148 条第 2 款前三项中的任一种均符合规范文义。然而,实践中部分法院对上述条款的理解过于简单而失之灵活。例如,对于上位法没有规定而规范性文件中加以规定的情形,有的法院将其解读为是对立法空白起了补充完善作用。[④]

---

① 重庆市高级人民法院行政判决书(2020)渝行终 3 号。

② 有学者对相关司法实务进行梳理后指出,目前个案中规范性文件附带审查的标准多种多样,缺乏统一性。参见王春业:《论规范性文件一并审查中的"内容"审查标准》,载《江汉论坛》2020 年第 1 期。

③ 参见《最高人民法院公报》2014 年第 8 期。

④ 湖北省武汉市中级人民法院行政判决书(2017)鄂 01 行终 80 号。

2. 对不同规范性文件的审查限度问题

规范性文件自身具有复杂性，有学者根据规范性文件的法律效果将其分为创制性、解释性、指导性、告知性文件四种。[①] 实际上，规范性文件的制定主体、规定内容等都是影响法院审查限度的要素。相较于授权性规范性文件，解释性规范性文件更加具有行政专业性的特质。规范性文件是行政机关落实行政任务的重要方式，是细化法律规范与上位政策的具体表达，这正是行政专业性的集中体现。在“孙某诉原浙江省环境保护厅环保行政许可案”[②]中，涉及原环保部制定的《机动车环保检验合格标志管理规定》。该规范性文件具有较强的专业性与政策性，法院发函了解其制定目的、依据及出台背景等，制定主体则在复函中予以详细介绍与解释。正是在这类情形下，法院对规范性文件的合法性审查时不可避免触及行政机关的专业判断，对此法院如何处理尚未明确。

在司法实务中，制定主体的行政级别越高，越易于得到审判法院的尊重。较为典型的情形是，上级行政机关制定的规范性文件有时会被认定为其下位规范性文件的合法性判断依据。按照《行诉解释》第 148 条，应当以“法律、法规、规章”的规定作为依据判定规范性文件各项要素的合法性。值得注意的是，该条第 2 款第 2 项中关于“法律、法规、规章”的表述与其他项之间存在细微差别。不同于第 1、3、5 项中将规范性文件合法性判断依据限定为“法律、法规、规章”，第 2 项规定的是“与法律、法规、规章等上位法的规定”，而此处的“等”字实际上存在多种理解。根据我国规范性文件行政监督机制上的相关规定，“国家政策”已然成为评价规范性文件内容合法性的重要依据之一。国务院办公厅《关于全面推行行政规范性文件合法性审核机制的指导意见》中明确了规范性文件合法性审核机构的审核职责，其中包括需要审查规范性文件的内容是否符合国家政策规定。司法实务中也有法院将上级行政机关的规范性文件作为合法性判断依据。在“徐某诉山东省五

① 参见叶必丰、刘道筠：《规范性文件的种类》，载《行政法学研究》2000 年第 2 期。

② 杭州市西湖区人民法院行政判决书(2015)杭西行初字第 291 号。

莲县社会医疗保险事业处不予报销医疗费用案”[①]中，法院将《山东省新型农村合作医疗定点医疗机构管理暂行规定》，山东省卫生厅、民政厅、财政厅、农业委员会《关于巩固和发展新型农村合作医疗制度的实施意见》作为案中诉请审查的规范性文件的上位依据，并据此认定案涉规范性文件限缩了行政相对人选择就医的权利，不符合上位依据的相关规定，不能作为认定涉案行政行为合法的依据。国家层面或者上级行政机关制定的规范性文件往往成为地方或下级行政机关行政执法的依据，该现实导引出高层级的规范性文件能否成为低级别规范性文件合法性判断依据的问题。对于上级规范性文件能否作为法院判断规范性文件合法性依据的问题，有学者认为，“不管是哪一级的规范性文件，规范性文件本身就是行政诉讼一并审查的对象，不能作为认定其他规范性文件是否合法的标准”。[②] 综合而言，将上级行政机关的规范性文件直接作为合法性判决依据，一定程度上代表的是法院对行政专业性的高度尊重，这无疑会使规范性文件附带审查制度的实效大打折扣。但是，罔顾已有的上位规范性文件，法院审查结果的科学性恐遭质疑。

（三）终结阶段

规范性文件附带审查的终结需从两个层次予以理解：其一，对启动要件进行审查后的处理。直观而言，法院对规范性文件附带审查启动要件的审查只存在两种结果，一种是认为满足启动要件后展开对规范性文件的合法性审查，另一种是认为未满足启动要件而驳回原告的这一项诉求。但是，结合个案情境来看，启动要件的审查过程并非如此简单，其中包含着更为丰富的内容。如上文所展现的，规范性文件附带审查启动阶段中各要件的理解较多需要专业性的知识背景。有法官指出：“大多数当事人对规范性文件附

---

① 日照市中级人民法院行政判决书(2016)鲁 11 行终 9 号。

② 参见王春业：《论规范性文件一并审查制度的实践偏离与校正——以 907 个案例为研究样本》，载《浙江大学学报(人文社会科学版)》2021 年第 1 期。

带审查制度都不了解,甚至很多人连什么是规范性文件都不清楚。"[①]因此,在启动要件审查阶段法院的应对方式与规范性文件附带审查制度的有效激活密切相关。其二,对规范性文件进行合法性审查后的处理。2004年《最高人民法院关于审理行政案件适用法律规范问题的座谈会纪要》(以下简称《座谈会纪要》)明确规定,人民法院在裁判理由中对其他规范性文件作合法性评价。《座谈会纪要》中规定:"人民法院经审查认为被诉具体行政行为依据的具体应用解释和其他规范性文件合法、有效并合理、适当的,在认定被诉具体行政行为合法性时应承认其效力;人民法院可以在裁判理由中对具体应用解释和其他规范性文件是否合法、有效、合理或适当进行评述。"由此来看,《行诉解释》第149、150条是进一步的充实与完善,它们对不同法律状态的规范性文件的处理方式予以明确规定。规范性文件经审查为合法的,应当作为认定行政行为合法的依据;不合法的,除法院应阐明裁判理由外,还应以司法建议形式延展判决效果。当前行政诉讼法与《行诉解释》中的制度安排意在从根本上纠正违法的规范性文件,这也符合"我国宪法和法律有关人大对政府、政府对部门以及下级政府进行监督的基本原则"。[②] 除以上两种情形外,实务中有的法院背离法律规范中的处理要求,即对规范性文件进行附带审查后未在裁判文书中予以阐述说明。对于这一情形,有的二审法院以"遗漏当事人诉请,严重违反法定程序"的理由撤销原判决,发回原审人民法院重审。[③] 有的法院在审查后的说理上过于简单,陈述理由也难以使人信服。在"袁某、周某、易某等擅自进口固体废物罪行政纠纷案"中,法院不予审查案中规范性文件的理由之一是,该规范性文件已经失效。[④] 监督规范性文件合法性是确立规范性文件附带审查制度的目的之一,但同时判断

---

① 谭爱华、周敏:《规范性文件附带审查制度的"冷热现象"思考》,载最高人民法院行政审判庭编:《行政执法与行政审判》(总第74集),中国法制出版社2019年版,第83页。

② 参见全国人大常委会法制工作委员会行政法室编:《行政诉讼法立法背景与观点全集》,法律出版社2015年版,第6页。

③ 具体案件可参考"吴某、赵某、新昌县七星街道办事处等不履行法定职责纠纷案",绍兴市中级人民法院行政裁定书(2020)浙06行终653号

④ 参见四川省高级人民法院判决书(2019)川行终1929号。

相关行政行为的合法性也是重要目的。因此，在上述案件中对失效的规范性文件直接做出不予审查的结论实际上回避了审查制度的后一目标。总结而言，规范性文件附带审查制度运行的终结阶段并非仅仅代表着法院审查的结束，其间法院的说理、对规范性文件的处理等均影响着制度运行实效。

二、规范性文件附带审查的功能定位

规范性文件附带审查制度的确立无疑是为了从司法层面加强对规范性文件的监督与制约，但对该制度的审视更宜于从规范性文件的整个监督体系下进行。近年来，我国对规范性文件的监督有所加强，不同层面的监督机制均有所完善。党的十八届三中全会、四中全会接连强调应完善规范性文件合法性审查机制，随后中共中央、国务院印发的《法治政府建设实施纲要(2015—2020年)》则对加强规范性文件的监督与管理进行了细化规定。因此，在规范性文件附带审查这一新型监督机制运转“失灵”的情况下，相较于直接从相关规范、制度设置本身思考完善之策，更应先厘清这一规范性文件司法监督机制的角色定位，在凸显其专业优势的前提下明晰其功能，再行构想未来的完善进路。

(一) 规范性文件的立法监督机制

长期以来，规范性文件是我国行政执法的重要方式。行政机关在享有规范性文件制定权的同时，始终受到人大常委会监督权的约束。根据1982年《宪法》第67条和第104条的规定，全国人民代表大会常务委员会有权撤销国务院制定的同宪法、法律相抵触的决定和命令，县级以上地方各级人民代表大会常务委员会有权撤销本级人民政府不适当的决定和命令。[①] 随着

① 参见李玉梅、刘东风:《论地方国家权力机关对规范性文件的审查处理权》,载《中国法学》1995年第2期。

我国法治建设的逐步推进，国家层面不断强调需加强对规范性文件的立法监督，不断完善规范性文件备案审查这一事前监督机制。2013 年党的十八届三中全会通过的《中共中央关于全面深化改革若干重大问题的决定》中明确，完善规范性文件合法性审查机制，健全法规、规章、规范性文件备案审查制度；2014 年党的十八届四中全会通过的《全面依法治国决定》中明确，加强备案审查制度和能力建设，把所有规范性文件纳入备案审查范围。虽然全国人大常委会层面并未专门针对规范性文件的备案审查制定专门性规定，但 2019 年 12 月 16 日十三届全国人大常委会第四十四次委员长会议通过的《法规、司法解释备案审查工作办法》却也引起地方各级人大常委会的关注，使得多地据此更新规范性文件备案审查规定。例如，上海市依循该办法精神和规则，更新、完善了上海市人大常委会规范性文件备案审查规则，并于 2021 年 5 月 21 日通过并发布了《上海市人民代表大会常务委员会规范性文件备案审查条例》。在日趋完善的规范性文件备案审查制度中，人大常委会对规范性文件合法性的监督手段也愈加多元和体系化。各级人大常委会依循《法规、司法解释备案审查工作办法》中的“有件必备、有备必审、有错必纠”的审查原则，采取主动审查、专项审查、依申请审查和移送审查等多种审查机制。除审查程序的启动较为多元以外，人大常委会对规范性文件的审查标准也较为多样。

根据目前多个地方的规范性文件备案审查具体规定来看，人大常委会对规范性文件的审查主要针对以下方面进行：其一，合宪性。该方面主要对规范性文件是否存在违背宪法规定、宪法原则或宪法精神问题进行审查研究。其二，与党和国家的政策的一致性。该方面主要对规范性文件是否存在与党中央的重大决策部署不相符或者与国家重大改革方向不一致问题进行审查。其三，合法性。该方面既根据《立法法》《行政处罚法》《中华人民共和国行政许可法》《中华人民共和国行政强制法》等法律规定，也根据法律优位、授权法定、法律保留等审查规范性文件是否存在违反法律、法规规定的情形。其四，合理性。该方面主要对规范性文件是否存在明显不适当的问题进行审查,如是否明显违背社会主义核心价值观和公序良俗,对公民、法人或者其他组织的权利和义务的规定明显不合理,或者为实现立法目的所规定的手段与立法目的明显不匹配,抑或因现实情况发生重大变化而不宜继续施行,以及其他明显不当的情形。对于不符合审查标准的规范性文件,人大常委会与规范性文件制定机关之间已有较为顺畅、系统的沟通机制。具体审查机构可以直接与制定机关沟通,也可以采用书面方式对制定机关进行询问,需要予以纠正的,与制定机关沟通后要求制定机关予以修改或者废止。

(二) 规范性文件的行政监督机制

与立法监督机制相同,行政体系内部对规范性文件的自我监督机制也早已有之。早期针对规范性文件的监督主要体现为《中华人民共和国行政复议法》(以下简称《行政复议法》)第 7 条规定的规范性文件审查机制。《行政复议法》所确立的规范性文件审查机制是一种依附于行政行为复议申请的审查,其具体的审查对象被明确列举,即国务院部门的规定,县级以上地方各级人民政府及其工作部门的规定和乡、镇人民政府的规定。[①] 近年来,针对规范性文件的监督主要体现为行政机关对规范性文件制定程序、合法性审查等制度的自我完善,以及规范性文件清理长效机制的建立。根据《法治政府建设实施纲要(2021—2025 年)》,“加强行政规范性文件制定监督管理”是健全依法行政制度体系的重要内容之一,具体要求是规范性文件制定主体在制定权限、程序、内容合法性与科学性上的自省自查。

行政复议作为一种典型的行政纠纷解决机制自建立以来就被寄予厚望,但施行后屡屡被质疑缺乏公正性,运作效果背离制度设计初衷。这在一

① 《行政复议法》第 7 条第 1 款规定:“公民、法人或者其他组织认为行政机关的具体行政行为所依据的下列规定不合法,在对具体行政行为申请行政复议时,可以一并向行政复议机关提出对该规定的审查申请:(一) 国务院部门的规定;(二) 县级以上地方各级人民政府及其工作部门的规定;(三) 乡、镇人民政府的规定。”

定程度上也表明行政复议中的规范性文件附带审查机制的实施效果不甚理想。行政复议中的规范性文件附带审查机制确立之初，被认为是对抽象行政行为监督上的重要性制度建设与突破，是我国法治政府建设推进的一大标志。但是，早有学者结合该制度实践情况揭示出其制度设计存在诸多缺陷。该学者指出，行政复议中规范性文件附带审查制度存在"可复议范围的不周延性""缺乏对'规定'的进一步分类，使一些性质上不宜复议审查的规范性文件被申请复议，造成行政执法资源不必要浪费""整体制度低层次性""规范性文件复议审查的不独立性""'处理'权限和主体的模糊、狭隘性"五个方面的缺陷。[①] 除此之外，从当前规范性文件行政监督机制的建设与完善方向也可看出，行政复议中规范性文件附带审查机制已不是重点建设对象。

目前，行政体系内部对规范性文件的监督更加侧重于规范性文件制定机制的完善与清理长效机制的建立。基于《法治政府建设实施纲要（2015—2020 年）》中确定的目标任务，国务院办公厅于 2018 年 5 月 16 日发布了《关于加强行政规范性文件制定和监督管理工作的通知》，旨在进一步加强行政规范性文件制定和监督管理工作，进一步消除乱发文、出台"奇葩"文件的现象，保障公民、法人和其他组织的合法权益，提升政府公信力。文件中明确了加强规范性文件制定和监督管理工作的三项内容：一是严格依法行政，防止乱发文件；二是规范制定程序，确保合法有效；三是加强监督检查，严格责任追究。此外，国家层面还专门针对规范性文件合法性审核机制的建设与完善明确了具体方向。2018 年 12 月 4 日，国务院办公厅发布《关于全面推行行政规范性文件合法性审核机制的指导意见》，为全面推行规范性文件合法性审核机制提出具体意见。该文件旨在进一步明确规范性文件合法性审核的范围、主体、程序、职责和责任，建立健全程序完备、权责一致、相互衔接、运行高效的合法性审核机制，落实审核工作要求，加大组织保障力度，确保所有规范性文件均经过合法性审核，保证规范性文件合法有效。

---

① 参见潘荣伟：《抽象行政行为行政复议制的缺陷与完善——〈行政复议法〉第 7 条评析》，载《行政法学研究》2003 年第 3 期。

伴随着中央对规范性文件监督和管理上的新要求，多个国务院部委和地方政府亦通过修改或制定规范性文件相关规范的形式予以落实，例如2019年12月31日通过的《国家广播电视总局行政规范性文件管理规定》，2020年3月27日通过的《山西省行政规范性文件制定与监督管理办法》。由此可见，近年来我国规范性文件的行政监督与管理制度得到较大的充实与完善。

（三）规范性文件附带审查机制的功能优势

在规范性文件的立法监督与行政监督机制建设不断推进与完善的情况下，行政诉讼法修订中确立了规范性文件的司法监督机制，即行政诉讼中的规范性文件附带审查。早在二十多年前，已有学者指出将规范性文件这种抽象行政行为纳入诉讼范围十分必要。他认为，当时对抽象行政行为的监督主要是通过非诉讼方式进行，而当时的人大常委会的备案审查监督、上级行政机关的备案审查和清理监督、行政复议的审查监督均未能有效也很难发挥作用，为了有效监督抽象行政行为，及时解决抽象行政行为引发的各类争议，十分有必要将抽象行政行为尽快纳入行政诉讼的范围。[①] 如今，在人大常委会的备案审查监督和多项行政监督机制获得极大完善的情况下，需要重新思考与论证对规范性文件的司法监督机制设置的必要性与具体设计的着眼点。

行政诉讼中规范性文件附带审查机制实践运作不佳，与制度设计初衷背离的现实，已有多位专家学者撰文总结并予以呈现。对于该制度的完善较为一致的意见是，规范性文件附带审查的相关法律规范仍需进一步明确与细化。虽然目前已有多个关于进一步完善规范性文件附带审查的方案，但问题的关键在于，现有方案的论述中大多疏于考虑规范性文件附带审查这一司法监督机制在整个规范性文件监督体系中的角色定位。无视其他层

① 参见马怀德：《析抽象行政行为纳入诉讼范围之必要性》，载《人民检察》2001年第10期。

面的监督机制，而仅关注规范性文件附带审查的单一视角，虽无碍于该制度的实际运作，但不利于明晰规范性文件司法监督机制的功能，以最精当的制度设计最大化发挥实效。进一步而言，只有在明确规范性文件司法监督自身特点，注重其他监督机制现状的前提下，方能形成真正有效发挥规范性文件附带审查机制实效的运作规则。当前规范性文件附带审查机制的功能的定位需要借助两组关系的厘清，其一是规范性文件附带审查与规范性文件立法、行政监督机制之间的关系，其二是规范性文件附带审查与其确立之前的规范性文件司法适用之间的关系。

1. 作为“问题发现者”的规范性文件附带审查

从现有制度安排上看，规范性文件附带审查与其他监督机制的区别主要体现在以下三个方面：第一，审查阶段。当前备受国家与地方层面重视的规范性文件立法与行政监督的集中体现是规范性文件的备案审查制度。相较于规范性文件附带审查的事后监督，规范性文件的备案审查侧重在规范性文件的制定与形成阶段进行约束。第二，审查范围。除行政复议中的规范性文件附带审查监督以外，立法与行政监督阶段确立的是“有件必审”原则，旨在对所有规范性文件进行审查。规范性文件附带审查已在《行政诉讼法》第 53 条中初步限定其审查范围，明确法院只需审查被诉行政行为所依据的规范性文件。第三，审查标准。综合多个国务院部委和地方的规范性文件监督与管理规则的内容来看，人大常委会备案审查与行政机关法制审核中确立的审查标准更为全面与多元。除基本的合法性标准以外，立法与行政监督中还包括合理性等标准，而规范性文件附带审查制度则仅能进行合法性审查。

当然，规范性文件的备案审查机制中也存在规范性文件实施以后普通公民、法人或其他组织，或者其他国家机关提请人大常委会审查规范性文件合法性的情形。行政复议中的规范性文件一并审查与行政诉讼中的规范性文件附带审查也具有相似性，它们都是对实施生效后的规范性文件的监督审查，都是具有救济性特点的监督机制。但是，审查主体及其权力属性实际上决定着规范性文件监督机制的具体配置。相比较而言，由法院通过审判程序对规范性文件予以审查，其优势之处集中在以下两个方面：其一，通过个案适用更易于发现规范性文件中潜存的问题。“法律的生命不是逻辑，而是经验。”[①]规范性文件作为可反复适用的规范文本，其合法性上的问题常在个案适用中才能显现。例如，“陈某案”中，司法部和建设部联合发布的《关于房产登记管理中加强公证的联合通知》在文义逻辑上并无问题，其中要求公民必须出示遗嘱公证书才可办理房屋转移登记的规定在适用时方受质疑，并最终被认定与《中华人民共和国物权法》《中华人民共和国继承法》等多部法律法规相抵触。[②] 其二，司法机关在法律问题上更具专业性与权威性。对于法律问题而言，司法机关是最后一道防线。司法的典型特征即是以法律的适用为前提，“为了发挥法的功能，在最可能正确的保证下，作成权威性的法的判断、法的宣告”。法院“在个案中告诉当事人法的意旨是什么，以客观公正的立场将法的意旨予以实现”，这是“法官的任务，亦即是司法的任务”。[③]相对地，规范性文件的司法监督机制的缺陷主要在于：其一，囿于司法的被动性，可纳入审查的规范性文件较为有限；其二，由于不同权力的专业分工，法院原则上仅以“合法性”为审查标准。

2. 作为“职责确立者”的规范性文件附带审查

规范性文件附带审查与其确立之前的规范性文件司法审查的关系是正确理解当前规范性文件司法监督机制的关键问题。有学者将 2014 年修订《行政诉讼法》之前的规范性文件适用审查机制称为“旧模式”，当前的规范性文件附带审查机制是“新模式”。“旧模式”的审查规则体现在《座谈会纪要》的规定，其中明确了规范性文件的主要范畴，法院对其他规范性文件的司法审查是一种“附带审查权”，且属于一种主动审查，而“新模式”除法律赋权和明确审查后的处理措施外，并未突破“旧模式”的审查框架，并且附带审

---

① 〔美〕小奥利弗·温德尔·霍姆斯：《普通法》，冉昊、姚中秋译，中国政法大学出版社 2006 年版，第 2 页。

② 参见《最高人民法院公报》2014 年第 8 期。

③ 参见翁岳生：《法治国家之行政法与司法》，元照出版有限公司 2009 年版，第 346、348 页。

查的制度设计使其变为法院的被动审查。[①] 正因如此，有学者认为当前的规范性文件附带审查制度是对原有审查机制的倒退。[②] 综合而言，无论是2014年修订的《行政诉讼法》实施之前，还是之后，“附带性”始终是规范性文件司法审查的“底色”，前后的区别主要在于启动条件的设置上。相较于以往，现行规范性文件附带审查的启动条件更为明确，也更为复杂。但是，据此判定该制度退步的意见有失偏颇。虽然2014年修订的《行政诉讼法》实施以前的司法文件中已明确法院对规范性文件的附带审查权，但相关规定实际上并不具有法律规范效力，这进一步对附带审查权的实效性产生了不利影响，并成为法院回避行使审查权的空间。[③] 与之不同，2014年《行政诉讼法》中确立规范性文件附带审查制度，在赋予原告审查请求权之时，也就赋予法院回应这一诉求的职责。至少在启动审查上，限制了法院随意回避的空间。启动要件的增加是否意味着启动门槛的提升，实际上受启动要件法律规范的解读影响。目前实务中部分法院极狭义的解读正是被诟病的关键之所在，而规范性文件附带审查制度的正向定位，与先前审查机制的衔接实际上均需倚赖对相关法律规范的妥当解读。

三、规范性文件附带审查的适用路径

规范性文件附带审查制度在确立之初虽然颇受推崇，但其后续实践备受质疑。有学者指出，《行政诉讼法》第53条规定的“形式意义大于实质意义”[④]，

---

① 根据《座谈会纪要》，最高人民法院在审查内容上作出了“合法、有效并合理、适当”的规定；对于符合上述标准的规范性文件，法院在认定被诉行政行为合法性时，应当承认其效力，反之可以排除适用；在裁判理由中对被审查的规范性文件是否合法、有效或者适当，法院可以进行评述。参见秦新举：《基于裁判的统一：规范性文件一并审查的系统架构——以1367份裁判文书为分析样本》，载最高人民法院行政审判庭编：《行政执法与行政审判》（总第74集），中国法制出版社2019年版，第94—95页。

② 参见何海波：《论法院对规范性文件的附带审查》，载《中国法学》2021年第3期。

③ 参见余军、张文：《行政规范性文件司法审查权的实效性考察》，载《法学研究》2016年第2期。

④ 孙首灿：《论行政规范性文件的司法审查标准》，载《清华法学》2017年第2期。

法院对规范性文件进行审查的“实际能力与制度角色之间严重不匹配”。[①]在针对规范性文件附带审查制度的完善意见中，虽大多注意到法院实际审查中的被动性与能力欠缺性，但基本均直接落脚于制度适用规则的细化与统一。诚然，具体适用规则的完善能够形成有效的指导进而提升法院的规范性文件审查能力。但是，高度契合规范性文件司法监督特质，有效衔接其他环节监督机制，应是构想规范性文件附带审查具体适用规则的基本前提。根据前文的梳理与分析，规范性文件附带审查适用规则的解读与设计应致力于凸显其“问题发现者”的角色，缩减法院回避审查的空间，并形成法院作为法律问题权威解读者的基本定位。规范性文件附带审查是新设立的行政诉讼制度，其实效性不足的修正仍需从现有相关规定着手。其中，规范性文件附带审查这一司法监督程序的激活与启动要件的理解密切相关，该制度司法监督功能的实现与审查标准的确定相勾连，该制度的作用范围则取决于裁判结果“输出”渠道的设置。

（一）启动要件的厘清

从实施状况来看，规范性文件附带审查制度的启动率主要由两个方面的因素所致。一是公民、法人或者其他组织对该制度认知上的不足。对规范性文件直接提起审查请求，无法明确诉请审查的规范性文件或具体条款等情形是不少案件中法院不予启动的理由。有法院根据《行诉解释》第 68 条第 2 款的规定[②]，要求原告诉请审查规范性文件时应明确规范性文件不合法的具体内容。例如，“西宁某公司与西宁市文物管理所、西宁市人民政府行政复议纠纷案”中，法院指出，根据《行政诉讼法》第 53 条规定，公民、法人或者其他组织认为行政行为所依据的规范性文件不合法的，有权提出附带审

---

① 参见刘行：《从问题倒逼到价值引领：行政审判“结构性矛盾”及职能重塑》，载最高人民法院行政审判庭编：《行政执法与行政审判》（总第 74 集），中国法制出版社 2019 年版，第 33 页。

② 该条款中规定，“请求一并审查规章以下规范性文件的，应当提供明确的文件名称或者审查对象”。

查请求，但由于原告在诉讼中未说明该文件内容与哪部法规相悖，致使其诉求对文件审查缺乏事实及法律依据，因此认定原告的诉求不符合上述法律规定。二是法院对启动要件解读上的“僵化”。对此，已有不少学者通过司法案件梳理予以揭示，典型如将《行政诉讼法》第53条中的“依据”限缩为“引用”，将“起诉时提出”限缩为“在诉讼中提出”等。[①] 在“李某与蒙城县人民政府房屋征收决定纠纷案”中，原告申请审查《蒙城县国有土地上房屋征收与补偿暂行办法》《蒙城县嵇康小区（万庄）项目国有土地上房屋征收与补偿实施方案》的合法性，法院认为“《蒙城县国有土地上房屋征收与补偿暂行办法》并非被诉征收决定的作出依据”，“《蒙城县嵇康小区（万庄）项目国有土地上房屋征收与补偿实施方案》是市、县级人民政府作出征收补偿决定的重要依据”，也即被诉征收决定的直接依据，因此未支持原告的审查请求。[②]

法院对规范性文件附带审查的启动要件如何解读实际上左右着该制度运行“门槛”的高低，而门槛设置的高低与制度自身的角色定位密切相关。妥善处理与会议纪要中明确的规范性文件司法审查机制之间的关系，是明晰当前规范性文件附带审查定位的重要前提。基于行政诉讼法中对规范性文件审查的附带性设定，包含了启动要件的《行政诉讼法》第53条规定宜从宽解释。规范性文件附带审查的制度设计意味着其不同于立法与行政环节的规范性文件合法性监督制度，它是一种有限审查，而非直接将所有提请审查的规范性文件“收入囊中”。因此，如果将《行政诉讼法》第53条规定从严解释，将导致当事人诉请审查的门槛过高，进而使规范性文件司法审查的运作有倒退之嫌疑。同时，规范性文件附带审查的制度设置目标也将难以实现。

综合而言，关于规范性文件附带审查制度的启动条件可作以下具体解读：第一，提请审查的主体。依据《行政诉讼法》第53条第1款，规范性文件

① 参见陈良刚：《规范性文件一并审查制度的运行与完善》，载程琥等：《新行政诉讼法疑难问题解析与实务指引》，中国法制出版社2019年版，第296—297页。

② 参见安徽省高级人民法院行政判决书（2020）皖行终426号。

附带审查的提起主体是“公民、法人或其他组织”。实务中引发争议的是，利害关系第三人、提起行政公益诉讼的人民检察院能否作为提请规范性文件附带审查的主体。一般而言，第三人与被诉行政行为或案件处理结果具有利害关系，因此认可第三人在诉讼中享有与原告基本相同的权利和义务。在诉讼中，当事人向法院提出一并审查行政行为所依据规范性文件的请求，实际上是为了据此确认行政行为的合法性。第三人与原告具备同样的诉求时，不应因为其第三人身份而排除提起规范性文件一并审查请求的权利。同样地，从行政诉讼法条文体系上看，检察机关在对行政机关不依法履行职责的行为提起诉讼时，涉及相关规范性文件的，也应有权提出一并审查请求。第二，提请审查的时限。部分案件中，存在被告一方刻意隐瞒所依据的规范性文件、相关规范性文件在庭审过程中才发现或生成等情况，导致原告在开庭审理前，甚至法庭调查前都无法获悉相关规范性文件。① 因此，宜将提起规范性文件一并审查权的时限拓展至法庭辩论阶段。第三，规范性文件的界定。经搜索发现，多个国务院部委和地方政府的规范性文件管理规定中均有针对“规范性文件”的内涵界定。通过对比，在提炼共有要素的基础上，规范性文件可界定为：除规章以外，由行政机关或者法律、法规、规章授权的具有管理公共事务职能的组织单独或者牵头会同有关部门，按照法定权限、程序制定并发布的，涉及公民、法人或者其他组织权利义务，具有普遍约束力并且在一定期限内反复适用的公文。对于实践中频现的党政联合发文是否审查的问题，只要文件符合“涉及公民、法人或者其他组织权利义务”“具有普遍约束力”“在一定期限内反复适用”等特点，就应纳入一并审查的规范性文件范畴，否则将成为规范性文件司法监督上的重大缺口。也就是说，行政机关和党的组织针对行政管理事项共同作出的规定、办法、决定、命令等，也应纳入可供诉请附带审查的规范性文件的范畴。第四，规范性文件与被诉行政行为之间的关联性。根据《行政诉讼法》第 53 条的规定，公民、

① 参见何海波：《论法院对规范性文件的附带审查》，载《中国法学》2021 年第 3 期。

法人或其他组织只要认为某项规范性文件是行政行为的作出依据，就有权提出一并审查请求。面对提起的一并审查诉求，法院应进一步判定被诉请审查的规范性文件是否是行政行为的作出依据。为了避免对"依据"一词的模糊理解，通过结合当前的实践情况，可提炼出四种规范性文件作为行政行为"依据"的情形，其中包括被告在行政处理决定书中引用的规范性文件，被告在庭审中提出的作为行政行为依据的规范性文件，被告未在行政处理决定书中引用、未在庭审中提出但实际适用的规范性文件及其他影响行政行为合法性的规范性文件。

（二）审查程序的激活

为了避免规范性文件附带审查制度被空置，除了从有利于保障公民、法人或者其他组织规范性文件诉请审查权的角度解释相关法律规范外，法院在启动阶段还宜负担合理的释明义务。有法官指出，尽管行政诉讼法建立了规范性文件附带审查制度，但相关规定过于原则和笼统，尤其在"要不要审查、审查哪些方面、审查到何种程度"等实体性问题上缺乏明确的具体标准。[①] 无论是审查法院，还是审查标准，抑或是审查方式问题，其实已有不少学者提出具有建设性的完善意见。但是，在规范性文件附带审查制度尚未有效激活的情形下，单纯地统一标准、提高审查法院级别等思路可能无法真正扭转规范性文件附带审查制度实际运作上的"颓势"。对此，法院可选择使用的工具之一即为"释明"。目前，当事人提出规范性文件附带审查请求和法院对规范性文件启动审查的比率均较低。其中，当事人专业知识的欠缺，明确规范性文件附带审查诉求能力的缺乏，是造成上述情况的重要原因。为了尽可能激活规范性文件附带审查制度，应明确法院在启动审查环节具有给予指导和释明的义务。例如，在"林某、平阳县人民政府、平阳县新鳌城

① 参见程琥主编：《行政审判前沿问题探讨》，中国法制出版社 2020 年版，第 272 页。

市建设有限公司行政征收纠纷案”[①]中，原告请求一并审查平政办〔2013〕126号《关于印发平阳县“三改一拆”范围内违法建筑认定和处置办法等文件的通知》第三点第二项的规定，法院认为这一条款并非被告签订涉案协议的依据，据此认定原告提出的该项申请不符合前述规定的条件，不予审查。据此来看，法院仅否定了原告的规范性文件附带审查请求，至于其原因是在于原告对规范性文件具体条款选择上的错误，还是对规范性文件本身选择的错误，从裁判文书中无从得知。实际上，如法院能够积极予以释明，那么无法审查的缘由能够得到进一步明晰。“胡某与常德市自然资源和规划局、常德市人民政府土地行政征收及行政复议案”即是法院运用释明手段的典型例证。原告胡某起诉的是被告常德市自然资源和规划局作出的责令交出土地决定的行政行为，法院审查后认定该行政行为依据的是《中华人民共和国土地管理法实施条例》这一行政法规，而非常国土征补字〔2014〕24号《征地补偿安置方案》。对该方案，法院也已经将其作为被告作出交地决定的一个前置决定在本案中进行了审查，但这种审查并非上述司法解释规定的对规章以下的规范性文件的附带审查。最终法院判定原告的规范性文件附带审查请求不符合法律规定，并积极予以释明。[②]

（三）审查效果的保障

无论是根据现有相关规定，还是基于权力分工原理上的考量，规范性文件附带审查制度的功能定位是对规范性文件合法性的司法监督。结合司法实务来看，这一目标的最终实现有赖于审查标准的明晰与审理结果效力的延展。

前文已提及，规范性文件合法性审查标准的模糊不清既是规范性文件附带审查的制度现状，也是被多方诘难并探讨完善之策的重点内容之一。

① 浙江省高级人民法院行政判决书(2019)浙行终1681号。

② 参见常德市中级人民法院行政判决书(2020)湘07行终70号。

有学者认为，对规范性文件的合法性审查标准应当“按照规范性文件制定时的要求和标准进行审查，而不能将其他法律渊源的制定要求和标准作为规范性文件的审查标准”①。该完善意见实际上将规范性文件的立法监督标准与司法监督标准相衔接，在进一步明晰审查标准的同时，也有益于实现一个融贯的规范性文件合法性保障体系。但是，立法监督视野下对规范性文件合法性标准的观察是一种静态视角，其中确立的合法性标准是固定的“出厂设置”。与之不同，法院对规范性文件的合法性审查是一种动态意义的法律规范的理解，是对规范性文件于个案中适用阶段的法律评价。在具体审查中，法院实际上需要对规范性文件的合法性标准进行再次解读，而法院的解读路径往往受规范性文件的具体属性、规范内容等因素影响。有学者将其归于法院对规范性文件的审查限度问题，并认为在理论上“能够影响法院对于规范性文件审查强度的因素包括规范性文件的上位法授权、功能、政治责任、形成方式和规范领域等等”②。

综合来看，法院对规范性文件的合法性审查标准实际上可划分为两个层次进行理解。一是规范性文件合法有效生成的基本标准。它应是不论规范性文件自身特点为何，均能够明确辨识规范性文件合法性的判决基准。由此不难发现，规范性文件的制定权限与制定程序上的合法性要求较为统一。就《行诉解释》第148条规定中的审查标准而言，应注意与另外两阶段的监督机制中合法性审查标准的衔接与融合。例如，结合国务院办公厅《关于全面推行行政规范性文件合法性审核机制的指导意见》对规范性文件制定权限合法性上的具体要求，增加“制定主体不合法”“没有法律、法规依据，违法增加或减少规范性文件制定主体法定职责的”两种情形。又如，由于规范性文件严重违反制定程序的情形不限于目前列举的两种，因而可在“严重违反制定程序”的表述后增加“等”字。二是规范性文件合法有效适用的判断标准。作为事后的监督者，法院在发现规范性文件具体内容的合法性问题

① 王春业：《论规范性文件一并审查中的“内容”审查标准》，载《江汉论坛》2020年第1期。
② 俞祺：《规范性文件的权威性与司法审查的不同层次》，载《行政法学研究》2016年第6期。

上具有优势。但是，法院对规范性文件内容的合法性审查往往难以提炼出完全客观、清晰的标准。较为典型的状况是，规范性文件内容的专业性程度常左右法院的审查态度。对此，除总结与把握规范性文件合法性审查的影响因素之外，通过在诉讼程序中实现法院与规范性文件制定主体的有效互动与交流以消除双方之间的信息不对称，更加有益于法院有效审查规范性文件的合法性。事实上，根据《行诉解释》第 147 条规定，法院与规范性文件制定主体的交流渠道已初步明确。虽然法院对规范性文件的审查内容限于其合法性，但双方的沟通交流的问题无须限于规范性文件的合法性。更确切地说，只要法院在辨明规范性文件合法性过程中存有疑惑，认为有必要时，均可听取制定机关的意见。对于个案中规范性文件被法院认定不合法却依然继续有效的问题[①]，将规范性文件制定主体以直接或间接的方式纳入审查程序中，使规范性文件制定主体成为规范性文件合法性审查的参与者，而非仅限于规范性文件合法性审查结果的接收者。这一互动机制的搭建、互动程序的明确，不仅有利于法院对规范性文件的有效审查，还有利于最终审查结果法律效果的延展。

① 参见袁勇：《行政规范性文件效力的废除困境及其化解》，载《行政法学研究》2021 年第 5 期。

第八章

确认违法判决适用论

2014 年《行政诉讼法》经过了体系性的修订，其中判决方式部分是颇具亮点的内容之一。作为新增设的判决方式，确认违法判决及其适用情形被体系性地规定于 2014 年《行政诉讼法》第 74 条中。这一重要改变“在一定程度上显示了中国行政诉讼正在迈向科学、完善和成熟的道路”，是行政诉讼由单向度的“行为诉讼”转向多向度的“关系诉讼”的重要体现。[①] 目前规定中列明的五种情形呈现出确认违法判决较为复杂的适用状况，在诉讼类型体系中确认诉讼也的确被认为是最棘手的一种。[②] 有学者将五种情形下的确认违法判决进一步归为“情况判决”“因程序轻微违法的衡平判决”“诉讼类型选择错误的判决”（包括不具有可撤销内容和继续履行没有意义）和“继续确认判决”。[③] 无论是学理上的区分归类，还是《行政诉讼法》第 74 条将适用情形列为两款内容的安排，均表明不同情形下的确认违法判决有着相异的适用逻辑与适用目标。正因如此，实务中具体类型确认违法判决方式的选择应是契合案件客观情境和价值目标的判断。综观相关研究来看，情况判决与

---

① 参见梁凤云：《不断迈向类型化的行政诉讼判决》，载《中国法律评论》2014 年第 4 期。

② 参见〔德〕弗里德赫尔穆·胡芬：《行政诉讼法》（第 5 版），莫光华译，法律出版社 2003 年版，第 311—312 页。

③ 参见梁凤云编著：《新行政诉讼法逐条注释》，中国法制出版社 2017 年版，第 596—599 页；陈伟：《情势变更与情况判决》，载《山东法官培训学院学报》2016 年第 3 期。

衡平判决一直更受关注，存在不少针对性的研究成果[①]，而其他确认违法判决方式则多在统一的确认违法判决研究成果中被论及。有鉴于此，本章将以确认违法判决的规范构造与适用目的的厘清为基础，明确确认违法判决五种适用情形的区分逻辑及其意义，进而检视确认违法判决的司法实践，希冀促进确认违法判决方式的规范运用。

一、确认违法判决的规范定位

（一）条文构造

2014 年《行政诉讼法》第 74 条是吸收并完善细化确认违法判决相关司法解释规定的成果。在 2000 年《执行解释》中，第 50 条第 3 款和第 4 款、第 57 条第 2 款第 1 项和第 2 项以及第 58 条均是确认违法判决可适用情形上的规定。经过进一步整合，确认违法判决的适用情形最终被分为两款统一规定于《行政诉讼法》第 74 条之中。《行政诉讼法》第 74 条以分项列举的形式明确了确认违法判决的五种适用情形。同时，以是否保留行政行为效力为标准，这五种情形分列为两款。[②] 其中，第 1 款规定的是行政行为违法但保留其法律效力的两种情形，第 2 款则规定的是行政行为违法但其已无法律效力的三种情形。

《行政诉讼法》第 74 条第 1 款规定的主文与两个分项均采用了“但书”的文义表达方式，明确了行政行为违法但不宜撤销而宜确认违法的两种情形。该款第 1 项中规定，“撤销会给国家利益、社会公共利益造成重大损害的”是阻却违法行政行为被撤销的理由，该内容承继于《执行解释》第 58 条规定。该款第 2 项中规定，“行政行为程序轻微违法，但对原告权利不产生实际影响的”

① 情况判决的代表性研究成果如金成波：《情况判决规范旨意分析》，载《人大法律评论》2011 年第 2 期；衡平判决的代表性研究成果如陈振宇：《行政程序轻微违法的识别与裁判》，载《法律适用》2018 年第 11 期。

② 参见江必新编著：《行政诉讼法修改资料汇纂》，中国法制出版社 2015 年版，第 235 页。

不宜撤销，该内容是 2014 年《行政诉讼法》中新规定的适用情形。

《行政诉讼法》第 74 条第 2 款规定的是“不需要撤销或者判决履行”时法院可适用确认违法判决的三种情形。该款第 1 项同样采用了“但书”的文义表达形式，规定了“违法，但不具有可撤销内容的”行政行为宜采用确认违法判决形式。这一内容源于《执行解释》第 57 条第 2 款第 2 项的规定。在第 2 项规定中，虽未使用但书的表达结构，但不难看出其中仍包含着转折的意味。它明确的是在“被告改变原违法行政行为”，但“原告仍要求确认原行政行为违法的”情况下，法院采用确认违法判决。该项内容源于《执行解释》第 50 条第 2 款的规定。同样地，第 3 项内容部分源于《执行解释》第 57 条第 2 款第 1 项的规定。相较而言，当前规定存在两处变化：一是增加了“拖延履行法定职责”的情形；二是将“判决责令其履行法定职责已无实际意义”的表述简化为“判决履行没有意义”。

（二）规范目的

行政诉讼法上的确认判决是参照适用民事诉讼法中确认之诉的结果。在 1989 年颁布的《行政诉讼法》施行过程中，法院根据审判需要，参照民事诉讼法的有关规定在审判实务中发展出了确认违法判决。《执行解释》中的相关规定确认了这一实践做法，2014 年《行政诉讼法》进一步肯认行政审判实践中的部分创新，其中主要吸收了确认违法、确认无效判决，放弃了确认合法、确认有效判决。① 这一变化不仅回应了 2014 年《行政诉讼法》第 1 条立法目的上的变化，也更加凸显出行政诉讼与民事诉讼中确认判决的不同之处——行政诉讼聚焦于判决被诉行政行为的合法性问题，而非确认行政机关与行政相对人之间的法律关系状态。② 从该判决方式的配置目的上来看，确认违法判决的存在当然服务于《行政诉讼法》第 1 条中所明确的“保护公民、法人和其

① 参见王贵松：《论我国行政诉讼确认判决的定位》，载《政治与法律》2018 年第 9 期。

② 参见蔡小雪：《行政确认判决的适用》，载《人民司法》2001 年第 11 期。

他组织的合法权益，监督行政机关依法行使职权”。但是，就确认违法判决的法律条文本身而言，《行政诉讼法》第 74 条明确的是确认违法判决优先于其他判决的适用情形，也框定了这一判决方式的适用边界。综合来看，《行政诉讼法》第 74 条中五项内容主要彰显出以下规范目标：

1. 对行政权力行使的约束

确认被诉行政行为违法这一判决既不赋予某种名义，也不形成某种法律状况，它真正的作用在于对行政的法律约束和促使行政机关守法。[①] 宣示性和补充性是确认判决的典型特征，即便如此，确认违法判决意味着法院针对的是行政行为的法律状态。确认违法判决没有改变行政行为所形成的法律关系，但对行政行为的合法性作出了否定评价。[②]《行政诉讼法》第 74 条第 1 款中任一情形的适用前提，均是法院判定被诉行政行为存在可判决撤销的违法情形或者属于程序上轻微违法的状态。同样地，第 2 款中描述的三种情形均是被诉行政行为已然构成不合法的状态。因此，与撤销判决一样，确认违法判决也可作为依法行政状况的评判依据。

2. 公益与私权之间的平衡

确认违法判决适用中，法益衡量目标的实现集中体现于《行政诉讼法》第 74 条第 1 款的规定。就该款第 1 项内容而言，当被诉行政行为违法，但撤销会造成国家利益或者社会公共利益上的重大损失时，确认违法判决的适用是化解其间矛盾的具体方案。对被诉行政行为作出否定性评价而非直接撤销，是在保障业已形成的公共利益的基础上，也对受到被诉行政行为损害的当事人提供主张赔偿的依据。就该款第 2 项内容而言，确认违法判决的适用是平衡相对人权益保障与诉讼经济性的结果。两项规定中的法益平衡并非单纯地牺牲原告一方权益而保全公共利益，实际上确认违法判决的适用正是原告受损权益获得进一步救济的重要支撑。

---

① 参见〔德〕弗里德赫尔穆・胡芬：《行政诉讼法》（第 5 版），莫光华译，法律出版社 2003 年版，第 593 页。

② 参见程琥等：《新行政诉讼法疑难问题解析与实务指引》，中国法制出版社 2019 年版，第 412 页。

3. 对相对人诉权的回应

除法益衡平的目标外,确认违法判决的适用还意在对诉讼中当事人的诉求进行回应。《行政诉讼法》第 74 条第 2 款规定的三种适用情形体现的即是对原告诉求的积极回应。该回应不在于为当事人设定、变更或消灭其间的权利义务,而在于确认由相关行政行为引发的法律关系状态,通过确认违法判决保障当事人受损的合法权益。正因如此,确认违法判决的独立价值愈加凸显。如学者所言:“只有满足了如下条件,确认之诉才是适当的诉种:一个那样的具体行为尚未出现,或者较之采用任何其他的诉讼种类,通过确认之诉能够更加清楚、深入、持久地揭示法律关系。”[①]

二、确认违法判决的类型区分

前文已提及,《行政诉讼法》第 74 条的两款规定以是否保留行政行为效力为界分。值得注意的是,结合两款规定的具体适用路径来看,五项适用情形中还存在另一区分标准。根据各项的规范目的,适用《行政诉讼法》第 74 条第 1 款呈现出的是一个法益衡量的过程,而适用第 2 款呈现出的是对被诉行政行为客观状态进行判断的过程。也就是说,第 1 款规定的两种情形均涉及不同价值之间的衡量,第 2 款规定的三种情形涉及的则是对客观现实的判断。因此,笔者将二者分别归为“法益衡量型”与“事实判断型”确认违法判决。

(一) 法益衡量型确认违法判决

在《行政诉讼法》第 74 条第 1 款规定的两种情形下,确认违法判决的适用是法益衡量的体现。有学者认为,此处的两种确认违法判决是其他诉讼

① 〔德〕弗里德赫尔穆·胡芬:《行政诉讼法》(第 5 版),莫光华译,法律出版社 2003 年版,第 313 页。

类型的“变种”判决，如符合撤销判决适用情形的违法行政行为，因保障公共利益上的考虑法院将其“转换”为负面评价较轻的确认违法判决。[①] 具体而言，在第 74 条第 1 款第 1 项规定的情形下，选择对行政行为的效力没有溯及既往效力的确认违法判决，重大公共利益得到保障的同时，原告因此受到的损害也应当且可以得到赔偿或补偿。在第 1 款第 2 项规定的情形下，是权衡被程序轻微违法所影响的相对人权益与撤销该行政行为所影响的经济性之后，以确认违法判决作为最佳的处理方案。

虽然第 74 条第 1 款中两项规定的适用本质上都涉及法益衡量，但两者博弈的具体内容并不相同。第 1 项规定的情形在学理上常被称作为情况判决，它是公益与私益碰撞并衡量后的产物。依据法律规定，情况判决的适用范围限于保护“国家利益、社会公共利益”的情形。这一情形在实务中大多运用于土地征收、房屋征收类行政纠纷，争议双方往往聚焦在是否存在“公共利益”这一法律事实。例如，在“杨某、刘某再审审查案”[②]中，再审申请人认为法院先认定涉案批复违法却又以维护公共利益为借口判决不予撤销的行为缺乏依据，他认为无论是涉案土地的前置审批、规划，还是现实的开发销售宣传，都在证明着案涉项目是开发商的商业利益，并非所谓的公共利益。

第 2 项规定的情形在学理上常被称作衡平判决，体现的是行政效率与行政相对人程序性权利保障之间的权衡考量。具体而言，面对“程序轻微违法，但对原告权利不产生实际影响的”行政行为，仅确认其违法，但继续保留它的法律效果。如此，行政相对人的程序性权利得以肯定，行政效率与诉讼积极性也得以保障。以“李某与贵州省六盘水市钟山区人民政府行政纠纷案”[③]为例，最高人民法院在再审审理中指出，虽然征收决定被人民法院以程序违法为由判决确认违法，但该确认违法判决依然保留了征收决定及其附件征收补偿安置方案的效力，不能据此撤销李某与项目指挥部自愿签订的

① 参见梁凤云：《不断迈向类型化的行政诉讼判决》，载《中国法律评论》2014 年第 4 期。

② 最高人民法院再审行政裁定书(2017)最高法行申 1143 号。

③ 最高人民法院行政裁定书(2019)最高法行申 10641 号。

被诉《六盘水市钟山区棚户区征收补偿合同》。虽然目前规定中已明确法院对于程序轻微违法的行政行为的裁判思路，但此前各方对该问题存在不同意见。[①] 根据新行政诉讼法的第一次与第二次审议稿的相关内容可知，制定者在行政程序规则与理念的保障程度这一问题的态度上出现了摇摆。第一次审议稿中第 73 条第 1 款第 3 项规定的是："具体行政行为程序违法，但未对原告权利产生实际影响的"，人民法院判决确认具体行政行为违法或者无效；第二次审议稿中上述内容调整为："行政行为程序轻微瑕疵，能够补正的"，人民法院判决确认行政行为违法。[②] 然而，最终正式发布施行的《行政诉讼法》整合了第一次和第二次审议稿中的规定，综合考虑程序违法程度和对原告权利是否产生影响，形成了当前《行政诉讼法》第 74 条第 1 款第 2 项的内容。

（二）事实判断型确认违法判决

不同于第 1 款，《行政诉讼法》第 74 条第 2 款的适用无涉主观层面的价值衡量，仅聚焦于被诉行政行为违法这一事实状态的判断。在现实意义上，该款第 1 项所描述的"行政行为违法，但不具有可撤销内容的"主要存在两种具体表现。一种是相关行政行为已经终结，如已履行完毕、期限届满；另一种目前多为违法的事实行为，如暴力执法、强制拆除等。虽然这两类行政行为活动违法，但已无可撤销内容，因此宜选择确认违法判决。有学者称之为是"诉讼类型选择错误的判决"，因为这类行为已经实施完毕，且无行为载体，原告起诉时往往进行的是撤销诉讼，而即便该行为违法，法院也无法进行撤销，只可作出确认违法判决。[③] 另有学者认为，上述情形下的确认违法

---

① "一种意见认为，具体行政行为违反法定程序的，不论是否侵犯实体权益，也不论撤销重作可能的结果，都应当判决撤销。另一种意见则认为，对于行政机关的程序违法应当视其是否可能侵害当事人的实体权益而区别对待。"参见何海波：《行政诉讼法》（第二版），法律出版社 2016 年版，第 456 页。

② 参见江必新编著：《行政诉讼法修改资料汇纂》，中国法制出版社 2015 年版，第 240、242 页。

③ 参见梁凤云编著：《新行政诉讼法逐条注释》，中国法制出版社 2017 年版，第 597 页。

判决具有独立性，与撤销判决之间不存在补充性的关系。[①]

第 2 项中规定，“被告改变原违法行政行为，原告仍要求确认原行政行为违法的”，法院适用确认违法判决。在理论上，这一适用情形常被称为“继续/事后确认判决”或“追索判决”，具体指的是在诉讼过程中行政行为可能被变更或消灭，当原告仍要求审查原行政行为时，违法的行政行为仍可被法院作出否定性判决。在域外的诉讼类型中，继续确认诉讼具体针对的是已经不复存在或被改变的被诉行政行为，其主要包括“被诉行政行为已经改变”，“被诉行政行为因事实上的原因而不复存在”。[②] 从第 1 项与第 2 项的文义上看，两者的规范内容存在交叉之处。具体而言，当行政机关改变行政行为导致原行政行为的消失时，也就使得法院失去可撤销的内容。也就是说，第 2 项中规定的情形在一定概率上会造成第 1 项中规定的情况。

第 3 项中规定，“被告不履行或者拖延履行法定职责，判决履行没有意义的”，法院适用确认违法判决。据此不难看出，这一确认违法判决的适用情形针对的是不作为类违法行政行为。对于不履行或拖延履行法定职责行为违法时，如判决履行已无意义，法院通过适用确认违法判决以保障原告受损的合法权益。根据实务运用中的具体表现，该项规定与第 2 项的适用也存在交叉之处。现实中，履行没有意义往往包括已经履行，因情势变化导致的履行不能或履行没有必要等情况。如果行政机关在诉讼过程中积极履行了当初怠于履行的法定职责，那么也就符合第 2 项中所规定的“被告改变原违法行政行为”情形。在这种情况下，适用第 2 项或第 3 项规定均无障碍。例如，在“龙某与天津市北辰区宜兴埠镇人民政府、天津市北辰区人民政府行政复议案”中，被告天津市北辰区宜兴埠镇人民政府未在 15 个工作日内对原告提出的政府信息公开申请进行答复，属于不履行依法申请公开的法定职责行为，但法定期限截止后被告以邮寄方式向原告送达了《申请信息公开

---

① 参见王贵松：《论我国行政诉讼确认判决的定位》，载《政治与法律》2018 年第 9 期。

② 参见梁凤云编著：《新行政诉讼法逐条注释》，中国法制出版社 2017 年版，第 598 页。

的答复》,原告仍坚持请求法院确认被告未按法定期限进行答复的行为违法。[①] 据此,被告的确存在拖延履行法定职责的行为,但由于期限届满后的履行行为使得法院即便判决履行也已无意义,而该情况正是由被告改变履职行为所导致的。因此,案中情形同时符合第 2 项和第 3 项规定的情形。

三、确认违法判决的适用现状评述

一直以来,确认违法判决在行政诉讼案件中的适用比率较低。据学者抽样统计,在 1989 年颁布的《行政诉讼法》实施过程中,确认违法判决的适用比率不及 2%。[②] 2014 年修订的《行政诉讼法》实施以后,确认违法判决的适用比率进一步降低。根据"威科先行·法律信息库"的检索结果,近五年间确认违法判决的适用比率不及 1%。[③] 尽管这一判决方式整体的适用数量不多,其部分适用情形的解读却常出现争议。如学者所言:"确认判决基本上属于法院自身的裁量权,并不必然是原告诉讼请求的对应物。"[④]《行政诉讼法》第 74 条中"公共利益""轻微违法"等不确定法律概念的存在使确认违法判决的适用边界模糊不定。在司法实践中,确认违法判决各情形的适用也呈现出解读思路不一的情况,甚至在个别案件中对关键概念的理解不甚合理。概括而言,《行政诉讼法》第 74 条两款规定分别对应的法益衡量型和事实判断型确认违法判决各自的实践运用情况截然不同。前者的适用呈现出被宽泛解读进而扩大适用的倾向,后者则呈现出适用条件不明的情况。

---

① 参见天津市北辰区人民法院行政判决书(2016)津 0113 行初 177 号。

② 参见黄启辉:《行政诉讼一审审判状况研究——基于对 40 家法院 2767 份裁判文书的统计分析》,载《清华法学》2013 年第 4 期;朱春华:《行政诉讼二审审判状况研究——基于对 8 家法院 3980 份裁判文书的统计分析》,载《清华法学》2013 年第 4 期。

③ 检索结果显示,截至 2021 年 9 月 3 日,行政诉讼判决文书共 653899 份,其中包含"判决确认违法"内容的文书共 26464 份。

④ 江必新、梁凤云:《行政诉讼法理论与实务》(第三版·下),法律出版社 2016 年版,第 1675 页。

（一）法益衡量型确认违法判决的扩张适用

1. 情况判决的适用

《行政诉讼法》第 74 条第 1 款对应的法益衡量型确认违法判决中，第 1 项情况判决的适用关键在于对“国家利益、社会公共利益造成重大损害”的理解。为日本所首创的情况判决一直备受争议，这皆是缘于其适用极易空置法治原则。[①] 适用情况判决意味着需要一定程度上个人利益的牺牲，需要通过“纵容”违法的行政行为保障已经形成的公共利益。将“国家利益”“社会公共利益”等不确定法律概念解释得过于宽泛，则有假借“公益”之名为违法行政辩护之嫌。遗憾的是，这种解释路径已出现在我国部分司法案件中。例如，在“范某与卢氏县人民政府资源行政管理案”（以下简称“范某案”）中，被告卢氏县人民政府存在侵犯行政相对人依法享有的听证、陈述申辩等重要程序性权利的情形，一审与二审法院虽均认为被告的这一违法情形不应适用《行政诉讼法》第 74 条第 1 款第 2 项规定，但也未直接适用撤销判决。他们认为，范某的听证、陈述申辩权在行政复议与行政诉讼程序中已得到充分保障，且卢氏县人民政府的该程序违法对范某实体合法权益不产生实际影响。据此，法院指出，适用撤销与重做判决不仅不会改变行政行为的处理结果，也造成了程序空转，司法与行政资源的浪费，以及增加当事人申诉上访几率。基于上述考量，法院最终认为符合《行政诉讼法》第 74 条第 1 款第 1 项规定的“撤销会给国家利益……造成重大损害的”情形，并选择了确认违法这一判决方式。[②] 该案中法院的裁判思路显然是将《行政诉讼法》第 74 条第

---

① 参见〔日〕盐野宏：《行政救济法》，杨建顺译，北京大学出版社 2008 年版，第 135 页；金成波：《情况判决规范旨意分析》，载《人大法律评论》2011 年第 2 期。

② 河南省高级人民法院行政裁定书（2018）豫行终 1823 号。该案中的裁判思路不是个例，在“长沙南仁医院有限公司与长沙市市场监督管理局食品药品安全行政管理案”［长沙市中级人民法院行政判决书（2018）湘 01 行终 694 号］中，法院同样认为：“考虑到所诉行政处罚决定结果是正确的，撤销重作可能导致程序空转，浪费行政资源和司法资源，导致公共利益受损，依照《中华人民共和国行政诉讼法》第七十四条第一款第一项的规定，本案应确认违法而不撤销，保留被诉行政处罚决定的效力。”

1款的两项规定杂糅在一起予以理解，且不难发现其间存在偷换概念，致使情况判决与衡平判决均背离规范设计初衷，而被扩张适用的现实。进一步而言，法院将实体合法权益未受影响作为阻却程序违法行政行为被撤销的理由。在“唐某龙与湖南省道县人民政府资源行政管理纠纷案”中，实体合法权益未因违法行政行为受影响也成为阻却适用法律错误情形下行政行为被撤销的理由。在该案中，被告的行政处理决定适用法律错误，本应判决撤销，但再审法院认为，适用法律错误但结论并无不当，撤销并责令重作只会耗费行政资源，有损公共利益，应适用确认违法判决。[①] 行政行为结果的正确性俨然已成为公共利益的代名词，这实际意味着法院将法益安定性作为一种公共利益加以维护。

目前官方并无对《行政诉讼法》第74条第1款第1项中的不确定法律概念进行统一或明确的解读，一直以来理论界与实务界不少专家学者均认为这是一个应置于具体案件情境中通过法益衡量加以解读的概念。[②] “之所以必须采取‘在个案中之法益衡量’的方法……正因为缺乏一个由所有法益及法价值构成的确定阶层秩序，由此可以像读表一样获得结论。”[③]虽然“范某案”中法院误读《行政诉讼法》第74条规定是较为少见的情况，但从其他适用变更判决的司法案件中亦可发现法院将“法安定性”视作公共利益的倾向。在原告诉请审查的行政行为的确违法时，法院常从社会稳定、多数人的法益安定性等因素上判断撤销违法行政行为是否损害公共利益。例如，在“尚某、张某与河南省驻马店市驿城区人民政府行政征收决定纠纷案”中，法院指出，被告驿城区政府的征收决定存在事实不清、证据不足、超越职权、违反法定程序等违法情形，应予以撤销，但案件中的驻马店市火车站东片区棚户区改造项目涉及8955户，截止到提起本案诉讼时，已有8265户签订征收补

① 参见最高人民法院行政裁定书(2019)最高法行申1297号。

② 如李瑞钦：《利益衡量方法在行政审判中之运用——以行政确认违法判例为例》，全国法院系统第二十二届学术讨论会论文集，2011年，福建。

③ 〔德〕卡尔·拉伦茨：《法学方法论》，陈爱娥译，商务印书馆2003年版，第279页。

偿协议，4802户房屋被拆除，因此判决撤销将会给社会公共利益造成重大损害。[①] 又如，在“符某等与海口市琼山区人民政府房屋征收决定案”中，法院指出：“考虑到一、二审审理中反映的巾子山团块被征收户协议签约情况、腾空验收情况、实际完成拆除情况和补偿安置款支付情况，以及巾子山团块改建活动符合公共利益需要等因素，原审法院按照《行政诉讼法》第74条第1款第1项作出确认违法但不撤销行政行为的判决，符合本案实际。”[②]在部分房屋登记行政纠纷案件中，法院对既有法益的保护不以涉及主体的数量为限。2010年8月2日，最高人民法院审判委员会第1491次会议通过的《最高人民法院关于审理房屋登记案件若干问题的规定》第11条第3款中规定：“被诉房屋登记行为违法，但判决撤销将给公共利益造成重大损失或者房屋已为第三人善意取得的，判决确认被诉行为违法，不撤销登记行为。”据此，“第三人善意取得”也可成为法院适用情况判决的情形之一。法院的适用路径是，将善意第三人的权益解读为社会公共利益，据此适用情况判决。例如，在“抚顺市中源建筑工程有限公司与清原满族自治县房产管理处城乡建设行政管理纠纷案”中，法院认为，根据《最高人民法院关于审理房屋登记案件若干问题的规定》第11条第3款规定，案涉房屋抵押登记应该受到法律保护。如果撤销案涉房屋的房屋登记行为，则抵押登记的物权基础不复存在，抵押权人的合法权利得不到保护，势必造成社会公共利益的损害。[③]

“想要借规范来规整特定生活领域的立法者，他通常受规整的企图、正义或合目的性考量的指引，它们最终又以评价为基础”，“要‘理解’法规范就必须发掘其中所包含的评价及该评价的作用范围”。[④] 如果法安定性认定为是一种国家利益、社会公共利益，那么《行政诉讼法》第74条第1款第2项的规定实际上没有必要存在。因为按照目前的司法适用逻辑，已经在一定程度上空置了第2项的规定。这种适用路径在征地拆迁补偿纠纷中表现得尤

① 参见最高人民法院行政裁定书(2019)最高法行申10269号。

② 浙江省高级人民法院(2020)浙行终701号。

③ 参见抚顺市中级人民法院(2020)辽04行终113号。

④ 参见〔德〕卡尔·拉伦茨：《法学方法论》，陈爱娥译，商务印书馆2003年版，第94页。

为突出，当行政行为程序违法，相对方人数较多时，无论实体合法权益是否受到影响，法院均倾向于认定撤销行政行为危及既成的法益安定性，也即公共利益，进而适用确认违法判决。然而，第1款第2项规定的存在，意味着基于法安定性上的考量适用确认违法判决的情形限于“程序轻微违法且对相对人权益不造成实际影响”。进一步而言，第1款两项规定看似割裂，却需进行体系性考量与解读。

2. 衡平判决的适用

行政诉讼中区别行政行为程序违法的程度，对应不同类型判决方式的适用，是利益衡量的具体体现。衡平判决本质上亦是一种情况判决，“是在利益衡量下产生的一种非常态化的情况判决”[①]。一般而言，“情况判决是在诉讼法层面上的一种尊重既成事实的制度，它赋予法院以裁量权，在特定情况下使公共利益优先于私人利益的保护”[②]。衡平判决则是在程序瑕疵可补救的情况下，维持程序违法行为的法律效力，以避免撤销该行政行为导致程序空转、效率克减。简言之，情况判决的适用以保护业已形成的公共利益为目标，而衡平判决的适用以保护未来可预期的法安定性为目标。

《行政诉讼法》第74条第1款第2项规定中明确了衡平判决的两个适用条件：一是程序违法是否属于轻微情节，二是该轻微违法是否对原告权利义务不产生实际影响。两者并非互为因果的关系，程序轻微违法并不一定对原告的权利不产生实际影响，对原告权利不产生实际影响的违法行为也不仅仅表现为程序轻微违法。这也就意味着，只有同时满足上述两个条件才能适用此项规定作出确认违法判决。由于规定中“轻微违法”“不产生实际影响”等不确定法律概念的存在，使其的实际适用仍需进一步予以解读。《行诉解释》第96条虽具体列明了“程序轻微违法”的现实表现，但也并未囊括所有“程序轻微违法”的具体情形，因此条文中仍用“其他程序轻微违法的

---

① 高宏亮：《审慎治愈：行政程序轻微违法的司法审查与矫正——基于〈行政诉讼法〉第七十四条第一款第二项展开》，载贺荣主编：《深化司法改革与行政审判实践研究（下）——全国法院第28届学术讨论会获奖论文集》，人民法院出版社2017年版，第1598页。

② 王天华：《行政诉讼的构造：日本行政诉讼法研究》，法律出版社2010年版，第176页。

情形”进行兜底。现实中的“程序轻微违法”的表现形式的确十分丰富。例如，在“彭某某诉上海市社会保险事业管理中心劳动和社会保障要求撤销不予办理养老金回执案”中，由于被告市社保中心的“系统内撤销”这一过程行为缺乏外化的有效正式方式，被法院认定为是程序轻微违法。据称，这种程度的程序违法既未达到违反正当程序原则的程度，也未对当事人权利义务产生实际影响。[①]

内涵的不明确与外延的不周延使在衡平判决的适用上，法院具有较大的裁量空间。对此，理论界与实务界已有颇多讨论和研究成果。[②] 有专家总结认为，程序轻微违法主要包括五种类型：“形式缺陷、步骤遗漏、顺序颠倒、时限逾越、理由欠缺。”在具体适用上，应着重进行三方面的判断：一是行政行为违反的法律层级，二是对于违法程度的判断，三是利益衡量的引入。[③] 按照《行政诉讼法》第 74 条第 1 款第 2 项设计的初衷，立法者在原告的程序性权利的保护与行政效率、诉讼经济性的保障上进行了取舍与平衡。然而，司法实务中破坏这种平衡的裁判思路已初露端倪。例如，“范某案”中，法院认为程序严重违法但对原告权利义务不产生实际影响的，适用确认违法判决。按照这一逻辑，适用确认违法判决的关键性条件是未对原告的权利义务产生实际影响，而不论行政行为程序违法的程度如何。除此之外，有的案件中法院将行政主体作出行政决定前未听取相对人的陈述申辩这一情形也认定为是程序轻微瑕疵。[④] 作为正当程序原则的基本内容之一，行政主体作出不利决定前公民的陈述、申辩权显然是一项重要的程序性权利。《行诉解释》

---

① 参见张文忠、陆华：《“行政过程”中行政行为的效力认定及确认程序轻微违法的法律适用——彭某某诉上海市社会保险事业管理中心劳动和社会保障要求撤销不予办理养老金回执案》，载《上海法学研究》2019 年第 16 卷。

② 如李烁：《行政行为程序轻微违法的司法审查》，载《国家检察官学院学报》2020 年第 3 期；梁君瑜：《行政程序瑕疵的三分法与司法审查》，载《法学家》2017 年第 3 期；陈振宇：《行政程序轻微违法的识别与裁判》，载《法律适用》2018 年第 11 期；唐啸：《程序违法行政行为司法审查标准及处理——基于 317 份行政判决书的实证研究》，湖南师范大学 2018 届硕士学位论文；等等。

③ 参见程琥主编：《行政审判实务问题解答》，中国法制出版社 2020 年版，第 273—274 页。

④ 参见国家法官学院、中国人民大学法学院编：《中国审判案例要览（2008 年行政审判案例卷）》，中国人民大学出版社 2009 年版，第 502 页。

第96条也明确规定,"对原告依法享有的听证、陈述、申辩等重要程序性权利不产生实质损害的",方属于"程序轻微违法"。此外,还有学者进一步区分程序轻微违法与程序瑕疵。对于程序轻微违法,法院需要适用确认违法判决,指出其违法性但维持其效力;对于程序瑕疵,则行政主体可事后加以补正或重做,补正或重做后视为自始合法。① 实务中,有法院依据这一逻辑进行裁判。在"甄某与内蒙古自治区巴林左旗人民政府行政补偿纠纷案"中,法院认为:"《房屋征收决定》在整体上符合《征收条例》的规定,但在细节方面存在部分瑕疵。鉴于甄某的诉讼请求为撤销《房屋征收决定》,案涉棚户区改造工程中的绝大多数被拆迁户已经达成补偿协议,为维护社会关系的稳定,一审指出本案征收行为的瑕疵后,未确认违法并无不当……"②

总结而言,无论理论与实务层面如何细化程序违法的情形,现有规定已明确,一旦行政行为侵犯了相对人重要的程序性权利,这种情形下的确认违法判决随之失去了适用基础。然而,实务中有的法院或是宽泛解读"程序轻微违法"的内涵,或是将"对原告权利不产生实际影响"作为确认违法判决适用的唯一条件。这些裁判思路虽然可能有益于程序经济性,却无不是以蚕食程序独立性价值为代价。

(二)事实判断型确认违法判决的模糊适用

《行政诉讼法》第74条第2款规定的三种情形属于事实判断型确认违法判决,因为它们的适用无涉价值判断与衡量,仅需对客观情况进行判断。尽管如此,三种事实判断型确认违法判决的适用仍需具备一定的条件。在目前规范层面未予以进一步厘清的情况下,考察相关司法案件后发现,实务中呈现的适用条件同样不甚清晰。

1. "行政行为违法,但不具有可撤销内容"情形的适用

《行政诉讼法》第74条第2款第1项的规定与撤销判决以及第74条第

① 参见杨登峰:《行政行为程序瑕疵的指正》,载《法学研究》2017年第1期。

② 最高人民法院行政裁定书(2018)最高法行申5900号。

1 款的适用情形存在部分竞合之处，三者的适用前提都是“行政行为违法”。例如，在“吴某平与福建省龙海市人民政府房屋强制拆除纠纷案”中，龙海市颜厝镇人民政府的强制交付土地行为存在违反法定程序和超越职权的情形，法院适用的是确认违法判决。[①] 在“王某明与山东省聊城市东昌府区人民政府行政强制案”（以下简称“王某明案”）中，法院判定东昌区政府、侯营镇政府以《征用土地补偿协议》代替审批征收占用王某明承包土地的行为违反《中华人民共和国土地管理法》的规定，对违法占地行为适用确认违法判决。[②] 从上述两个案件共同的裁判逻辑中不难看出，案涉行为均是行政事实行为且已实施完毕，不具有可撤销内容，因此无法撤销而只能确认违法。据此，第 74 条第 2 款第 1 项的独特性在于，行政行为违法本可选择撤销判决，但涉及的行政行为不具有可撤销的内容，导致转而适用确认违法判决。因此，如前文所言，该条款适用对象一般是违法的行政事实行为。与之不同，第 74 条第 1 款中规定的违法行政行为一般指的是行政法律行为，符合撤销判决的适用情形，且存在可以撤销内容，本可撤销，但基于法益衡量不应撤销。

经考察，目前司法实务中关于《行政诉讼法》第 74 条第 2 款第 1 项规定的适用问题集中体现为，对规范文义与目的理解上的偏差，导致确认违法判决具体适用情形选择上的错误。有的法院混淆或误读案件审查对象，导致确认违法判决情形选择上的错误。在“刘某庆与山西省芮城县人民政府城乡建设行政管理纠纷案”中，原告诉请审查的对象是山西省芮城县人民政府撤销房屋登记决定和山西省运城市人民政府行政复议维持决定，而一审法院以“本案涉及的房屋已被全部拆除，芮城县政府行为不具有可撤销内容”为由，适用《行政诉讼法》第 74 条第 2 款第 1 项规定确认被告撤销房屋登记决定行为违法，确认行政复议决定违法。[③] 显然，这一裁判逻辑存在偷换概

---

① 参见最高人民法院行政裁定书(2016)最高法行申 2369 号。
② 参见最高人民法院行政裁定书(2018)最高法行申 4437 号。
③ 参见最高人民法院行政裁定书(2017)最高法行申 2930 号。

念的嫌疑，事实上撤销房屋登记决定中的法律关系与房屋被拆除的事实之间并无直接关联，更无因果关联。房屋的事实状态不是判断案中撤销登记决定合法性的依据，更无法且不应据此选择具体适用的判决情形。在“陈某银与荆州市荆州区人民政府行政纠纷案”（以下简称“陈某银案”）中，法院同样存在审查对象上的理解问题，导致确认违法判决适用情形上的选择错误。案中荆州区政府对原告房屋在内的荆北村沿 318 国道一线房屋进行征收，在与包括陈某银在内的少数征收户的洽谈阶段，荆州区政府在陈某银房屋前沿线搭建起围墙，陈某银针对该搭建围墙的行为提起诉讼，要求荆州区政府立即拆除，停止妨碍对其商铺的正常经营使用。针对该争议，一审与二审法院适用《行政诉讼法》第 74 条第 1 款第 1 项确认荆州区政府在陈某银房屋前搭建围墙行为违法，而适用理由是陈某银与荆州区政府之间的纠纷实质是征收法律关系，围墙的搭建能够保障征收、房屋拆除工作的顺利进行，符合社会公共利益目的。[①] 不难看出，此案中一审与二审法院同样在审查对象的问题上存在错误理解，误读原告的诉请的同时，在围墙拆除与公益损害之间建立不当的因果关联。

2. “被告改变原违法行政行为，原告仍要求确认原行政行为违法”情形的适用

确认违法判决是当行政行为违法但不宜或无法适用撤销、履行等判决方式时的选择。确认违法判决适用的本义中包含着存在须受判决确认的法律利益这一内涵，以“避免权利保护对当事人而言已显得无足轻重时，法院还必须为已终结的行政处分是否违法作出裁判”[②]。这一适用要求实际上在《行政诉讼法》第 74 条第 2 款第 2 项的适用上表现得最为直接，如果不存在需确认的法律利益，原告确认违法的诉请即无法成立。具体案件中，法院就是否具有确认的利益问题裁判逻辑并不统一。在“卢某锋与广东省兴宁市

① 参见最高人民法院行政裁定书(2018)最高法行申 4332 号。

② 彭凤至:《德国行政诉讼制度及诉讼实务之研究》,我国台湾地区司法主管机构 1998 年度研究发展项目研究报告,第 102 页。

人民政府行政征收补偿纠纷案"中，原告不服被告作出的房屋征收补偿决定，诉请撤销，而兴宁市人民政府于案件再审阶段作出撤销房屋征收补偿决定书，其中载明："因存在程序缺失问题，现决定予以撤销。本府将在补正完善程序后重新作出房屋征收补偿决定。"鉴于卢某锋不撤回其诉讼请求，再审法院认为符合《行政诉讼法》第74条第2款第2项规定的情形，据此判决确认原房屋征收补偿决定违法。[①] 然而，在同类型的"李某菊与开封市鼓楼区人民政府房屋征收补偿纠纷案"（以下简称"李某菊案"）中，同是再审阶段，最高人民法院却以行政征收补偿属于授益行政行为，对当事人自始未施与负担为由，否定存在确认原行政行为违法的利益，认可一、二审法院"原补偿决定在实质上不再发生法律效力，对李某菊的权利义务也未产生实际影响"的裁判意见，进而驳回了李某菊的再审申请。按此裁判逻辑，原房屋征收补偿决定的终止，意味着最终未影响相对人的权利义务。如果该征收补偿决定被撤销或被撤回，那么相对人的权利义务关系的确极有可能回复到最初状态。即便如此，一旦行政机关因自身原因撤销或撤回行政决定，对相对人合法权益造成损害的，也应进行补偿或赔偿。在"李某菊案"中，诉讼中被告对房屋征收补偿决定撤销的同时，还表示"将在充分论证的基础上依法重新作出补偿决定"。因此，开封市鼓楼区人民政府意在改变原房屋征收补偿决定，其与李某菊之间征收补偿上的权利义务仍未明确。原告诉请审查行政行为合法性时，法院适用驳回诉讼请求判决或是基于行政行为合法，或是基于原告不存在诉的利益。结合"李某菊案"而言，法院关于原告是否存在确认利益的论述逻辑上难以自洽，也回避了对原行政行为合法性的审查。

3. "被告不履行或者拖延履行法定职责，判决履行没有意义"情形的适用

履行判决与《行政诉讼法》第74条第2款第3项规定的确认违法判决存在同样的适用前提，即行政主体一方不履行或拖延履行法定职责。两者的区别在于，后者只有在"判决履行没有意义"的情况下才可加以适用。仅就

---

① 参见最高人民法院行政判决书(2017)最高法行再3号。

第 74 条第 2 款第 3 项的规定而言，如何理解“判决履行没有意义”左右的是履行判决与确认违法判决的选择适用问题。然而，结合实践中的个案情境来看，上述规范内容的理解还涉及驳回原告诉讼请求这一判决方式的适用问题。

概览适用第 74 条第 2 款第 3 项规定的司法案件发现，在被告于原告发起权益救济后方才履行相应法定职责的情况，法院存在两种裁判思路。第一种是适用上述条款，作确认违法判决。在“谢某锋与哈尔滨市南岗区人民政府信息公开案”中，被告因未在法定期限内履行政府信息公开被谢某锋诉至法院，在一审过程中对原告的信息公开申请作出书面答复。基于这一情况，法院认为再判令被告作出信息公开答复已无实际意义，因此依据《行政诉讼法》第 74 条第 2 款第 3 项规定作出“确认南岗区政府未在法定期限内依谢某锋申请给予信息公开答复的行为违法”的判决。[①] 第二种是适用《行政诉讼法》第 69 条的规定，作驳回原告诉讼请求判决。在“张某凤等与丹江口市人民政府行政复议案”中，原告就丹江口市新港经济开发管理处未在法定期限内履行政府信息公开职责和丹江口市人民政府未在法定期限内作出行政复议决定提起行政诉讼。经审理后发现，丹江口市人民政府虽在法定期限内作出，但并未在该期限内及时送达，一审过程中才邮寄送达行政复议决定书。再审程序中针对张某凤要求确认丹江口市人民政府未依法履行行政复议法定职责行为违法的诉请，最高人民法院认为，“行政机关在诉讼过程中作出了行政复议决定，再审申请人所提起的履行法定职责之诉已告终结。行政机关固然存在送达不及时的问题，但在复议决定支持了其请求的情况下，仅以这种轻微程序性瑕疵就进行继续确认诉讼，显然欠缺确认利益”，进而支持一审法院适用《行政诉讼法》第 69 条规定，作出驳回原告诉讼请求的裁判。[②] 对比两案不难发现，同样是未在法定期限内履行法定职责而事后履行的案件事实情况，法院却选择适用了两种完全不同的判决方式。具体从

---

① 参见最高人民法院行政裁定书(2018)最高法行申 11161 号。

② 参见最高人民法院行政裁定书(2018)最高法行申 9422 号。

法院的裁判思路来看，两种适用路径的关键区别在于，对是否存在确认利益的判断。这也意味着，关于《行政诉讼法》第 74 条第 2 款第 3 项的适用逻辑与条件，还需进一步予以厘清。

四、确认违法判决适用条件的厘清

确认判决往往是其他判决的基础，“无论是撤销判决、课以义务判决、还是一般给付判决，都隐含着一个确认判决”[①]。与此同时，确认违法判决作为一个独立的判决方式又具有补充性这一典型特征。“补充性意味着，只有在其他诉讼不能提供救济的时候，确认诉讼才是必要和适当的，即‘形成诉讼、给付诉讼优位’。”[②]从《行政诉讼法》第 74 条的文义上看，确认违法判决的适用是行政行为违法时法院“退而求其次”的一种选择。但是，从该判决的具体适用情境上看，它也有其独立的价值。法益衡量型确认违法判决的适用重在平衡公益与私益，事实判断型确认违法判决重在回应原告一方的诉求。就目前我国实务中的适用情况而言，两类确认违法判决已不同程度地偏离其确立的本意，各情形的适用条件仍需予以厘清。综合《行政诉讼法》第 74 条规定及其实践情况来看，确认违法判决具体适用条件需从以下三个层面进行理解：

（一）确认违法判决与其他判决方式之间的选择适用

“确认判决只有在被诉具体行政行为违法或者无效时才能真正体现其救济功能。”[③]当行政行为违法时，法院可选择适用的判决方式存在多种。[④]

---

① 梁凤云：《不断迈向类型化的行政诉讼判决》，载《中国法律评论》2014 年第 4 期。

② 江必新、梁凤云：《行政诉讼法理论与实务》（第三版 · 下），法律出版社 2016 年版，第 1673 页。

③ 同上。

④ 本部分所讲的“违法”，并不包括行政行为存在重大且明显违法的情形。

根据违法行政行为自身情况上的差异，法院能够选择适用的判决方式亦各有不同。首先，判决方式的选择条件因相关行政行为的履职状态而异。以履职状态为标准，行政行为可区分为作为类行政行为与不作为类行政行为。其次，判决方式的选择条件因相关行政行为产生法律效果的情况而异。以是否直接产生法律效果为标准，行政行为可区分为行政法律行为和行政事实行为。[①] 综合上述两个方面的变量进行组合后逐一分析，确认违法判决与其他判决方式的选择适用，具体呈现为以下几种状态。

1. 当作为类行政法律行为违法时，法院主要在撤销判决与确认违法判决之间进行选择

个案情境符合《行政诉讼法》第 74 条第 1 款和第 2 款第 2 项的规定情形时，则适用确认违法判决，否则适用撤销判决。其中，一种较为特殊的情况是，案中行政主体改变原行政行为的同时，相对人丧失可确认利益的情况下，法院选择适用驳回原告诉讼请求判决。例如，“李某菊案”中法院遵循的即为这一裁判逻辑，虽然其具体裁判思路有待商榷，但呈现出作为类行政法律行为违法时适用驳回原告诉讼请求这一判决形式的可能性情况。

2. 当作为类行政事实行为违法时，法院存在撤销判决、确认违法判决、驳回原告诉讼请求判决、给付判决等多种选择

如果行政事实行为一经作出即告完成，不存在可撤销内容的情况下，法院往往判决确认该行政事实行为违法即可。相应的，如果违法的行政事实行为具有可撤销内容，法院当然可直接适用撤销判决。但是，如果原告受侵害的权益已获救济，在不存在可确认利益的情况下，法院则适用驳回原告诉讼请求判决。例如，“王某明案”中，原告已获得法定数额的补偿款，确认被告占用其土地行为违法的利益关系已经消失。此外，当违法的行政事实行为造成原告权利行使上障碍的，法院可适用广义的给付判决，要求被告排除妨碍，“陈某银案”的法院裁判即是典型例证。

---

① 参见王锴：《论行政事实行为的界定》，载《法学家》2018 年第 4 期。

3. 当不作为类行政行为违法时，法院主要在履行判决、确认违法判决与驳回原告诉讼请求判决之间进行选择

诉讼中被告存在不履行或者拖延履行法定职责的情形时，法院优先选择履行判决。当且仅当“判决履行没有意义”之条件达成时，法院可以适用确认违法判决。但是，如果可确认的利益消失，法院则选择适用驳回原告诉讼请求判决。

（二）五种确认违法判决情形之间的选择适用

从《行政诉讼法》第 74 条五项规定的基本文义中不难发现，各确认违法判决的适用情形之间存在部分适用条件的重合。例如，“行政行为程序轻微违法”与“行政行为违反法定程序”均可能对原告权利不产生实际影响。又如，《行政诉讼法》第 74 条第 1 款第 1 项与第 2 款第 1 项规定中的行政行为违法一般指的是符合《行政诉讼法》第 70 条中规定的违法形态。

虽然不同种类的确认违法判决在具体适用条件上存在部分重叠，但各自均有不同的适用目的和适用要件。仅从第 74 条规范本身进行解读，各确认违法判决的适用边界较为清晰。然而，实务层面不同情形确认违法判决的适用存在一定程度的混同。

典型表现之一是第 74 条第 2 款第 1 项的误用。司法实务中法院对该条款的误用主要是缘于对其中“不具有可撤销内容”的误读。在该规范内容的理解上，法院往往将其等同于行政行为已执行完毕，进而导致该条款被扩张适用。实际上，该项立法本意针对的是违法的行政事实行为，其执行完毕且无行为载体。在“海南拓成太阳能发电有限公司与海南省澄迈县人民政府行政纠纷案”中，被告作出《澄迈县人民政府关于依法有偿收回海南拓成太阳能发电有限公司 97884.60 平方米国有土地使用权的决定书》，该决定存在“认定事实不清，适用法律错误，行政程序违法”等违法情形。因相关土地已完成“三通一平”，二审法院则认为上述决定不具有可撤销内容，并适用《行

政诉讼法》第74条第2款第1项规定作确认违法判决。[①] 显然，案中二审法院未准确把握《行政诉讼法》第74条第2款第1项的规范本义，该款项针对的是客观上无法撤销的违法行政行为，而澄迈县人民政府的决定并非无法撤销。正因如此，最终再审法院结合“三通一平”等开发准备工作已经完成，以及撤销将损害社会公共利益的事实，转而适用第74条第1款第1项作出确认违法判决。

典型表现之二是，第74条第1款中两种确认违法判决适用情形的混同理解。具体而言，对于程序违法已超过“轻微”程度的行政行为，当该违法行为被认定对原告不产生实际影响时，法院存在适用第74条第1款第1项还是第2项作确认违法判决的分歧。例如，在“范某案”中，法院对违反正当程序原则但未对原告权利产生实体影响的行政行为适用了情况判决。在“麦某初与珠海市自然资源局行政管理纠纷案”中，一审法院认定被告的行政决定违反正当程序原则，但实体结果处理正确，因此适用了《行政诉讼法》第74条第1款第1项规定作确认违法判决。值得注意的是，二审法院对一审裁判思路的评述呈现出对第74条第1款内容的另一种理解。该案中二审法院认为，一审法院的说理与最终适用的法律规范之间逻辑不一，如果认定被告违反正当程序行为未对原告实体权利产生实际影响，应适用第1款第2项而非第1项规定。二审法院进一步指明，适用第1项意味着被告败诉，第2项则是原告败诉。[②] 综合而言，实务中法院对各确认违法判决适用情形的错误选择主要缘于其在规范文义上的误读。这种误读间接反映出目前各类确认违法判决具体适用边界的模糊。

除此之外，结合前文关于《行政诉讼法》第74条第2款规定的解读与相应实例的观察，三种事实判断型确认违法判决的适用情形之间存在部分竞合之处。在能否适用的问题上，法院主要聚焦于案中原告是否具备可确认利益的判断。在具体选择何种情形加以适用的问题上，主要由案中原告的

---

① 参见最高人民法院行政裁定书(2017)最高法行申2864号。

② 参见珠海市中级人民法院行政判决书(2019)粤04行终25号。

具体诉求决定。

（三）两类确认违法判决的适用边界

确认违法判决方式的适用既包含其与其他判决方式的选择问题，也包括《行政诉讼法》第 74 条中五种情形之间的选择问题，无论何种选择最终均需落脚于第 74 条五项规定的具体解读。以规范的实践适用逻辑为区分标准，将第 74 条两款规定分别对应于法益衡量型、事实判断型确认违法判决。法益衡量型确认违法判决的适用边界与“国家利益、社会公共利益”“重大损害”“程序轻微违法”等不确定法律概念的具体理解密切相关，事实判断型确认违法判决的适用则主要聚焦于是否存在可确认利益的判断之上。因此，两类确认违法判决适用边界、适用条件的厘清无法依循同一思路。针对确认违法判决的适用现状而言，以法益安定性为法益衡量型确认违法判决应综合规范内容与实务情况来而言，我国法益衡量型确认违法判决宜进行限缩适用，而事实判断型确认违法判决宜扩张当前对“可确认利益”的理解。

《行政诉讼法》第 74 条第 1 款第 1 项对应的情况判决已在实务中被大量扩张适用[①]，其中对公益的理解已呈现出泛化为法安定性的趋势。现有解读中，不少裁判意见认为将违法但对原告权利不产生实际影响的行政行为予以撤销，则是对公共利益的挑战。这一裁判思路不仅极大扩展了“给国家利益、社会公共利益造成重大损害”的内涵与外延，还空置了第 1 款第 2 项的规范目标。第 2 项规定旨在平衡原告的程序性权利与行政效率，不因对原告一方轻微的程序性损害破坏既成的法益安定性。然而，目前对第 74 条第 1 款两项规定的适用极大地被局限于是否对原告的权利产生实际影响的判断之上。同时，法院将“对原告的权利不产生实际影响”的理解限缩为对原告的实体权利或者说实体处理结果不产生影响，不仅与第 1 款第 2 项规定的立法

① 参见郑春燕：《论“基于公益考量”的确认违法判决——以行政拆迁为例》，载《法商研究》2010 年第 4 期。

目的相悖，还变相地进一步扩大了确认违法判决的适用空间。结合《行政诉讼法》第 70 条的规定进行体系性理解，第 74 条第 1 款两项情形的适用中包含着以下逻辑。首先，行政行为程序轻微违法且对原告权利不产生实际影响时，可适用确认违法判决。其次，行政行为程序一般违法且对原告权利不产生实际影响时，应适用撤销判决。再次，行政行为程序轻微违法或一般违法但对原告权利产生实际影响时，应适用撤销判决。最后，行政行为程序一般违法，不论是否对原告权利产生实际影响，只要撤销会给国家利益、社会公共利益造成重大损害时，应适用第 74 条第 1 款第 1 项作确认违法判决。至于“国家利益、社会公共利益造成重大损害”的理解，宜根据案中利益的形成依据、形成程序以及实际可能的损害结果等多方因素综合加以考虑，而非简单依凭可能的程序上的影响即判定将侵害公共利益。

与第 74 条第 1 款的宽泛适用倾向不同，法院在第 2 款的适用上呈现出谨慎姿态。这种谨慎适用集中体现在对“可确认利益”的判断上。结合诸如“李某菊案”“王某明案”等实务裁判意见来看，法院倾向于将“可确认利益”等同为实体结果意义上的权益损害，致使不少侵犯原告程序性权利的行政行为适用的是驳回原告诉讼请求。这一裁判逻辑不仅与第 74 条第 1 款第 2 项的规范意图相矛盾，还无法真正发挥第 2 款三种确认违法判决适用情形的独立价值。正如学者所言：“行政诉讼法上作为独立诉讼形态而存在的违法确认诉讼指的是请求法院确认已经失效的行政行为违法的诉讼。”[①]由此，事实判断型确认违法判决独立价值的实现，第 74 条第 2 款三项确认违法判决适用情形的全面激活还有赖于对“可确认利益”的宽容理解，将对原告行政程序性权利的保护也纳入其中。

---

① 章志远：《行政诉讼类型构造论》，法律出版社 2021 年版，第 200 页。

第九章

变更判决适用论

行政变更判决是一种被严格限定适用范围的判决形式。在行政变更判决的适用范围问题上，存在过三种意见：第一种主张法院享有变更权，第二种主张法院仅可享有部分变更权，第三种则主张法院不应变更行政决定。1989 年《行政诉讼法》制定时，关于法院变更权的争议未曾断绝，各方围绕法院应否具有变更权争论不休。[①] 在 2014 年《行政诉讼法》修订过程中，关于法院变更权的讨论更多地聚焦在是否进一步扩大其适用范围的问题上。对此，较为统一的意见是，应在 1989 年《行政诉讼法》的基础上进一步扩大行政变更判决的范围。[②] 2014 年《行政诉讼法》第 77 条第 1 款对行政变更判决的适用范围进行了一定程度的扩张，新增“行政行为涉及对款额的确定、认定确有错误的”这一适用情形。

行政变更判决相关法律规定中不确定法律概念的存在使其适用范围存在较大的解释空间。1989 年七届全国人大常委会第六次会议分组审议《行政诉讼法（草案）修改稿》提出的意见中，有一种观点认为草案中适用变

① 例如，在 1989 年七届全国人大第二次会议分组审议法律草案提出的修改意见中，关于法院的变更权问题，有人提出，法院不能享有变更权，只应审查行政行为的合法性；另有人认为，法院必须拥有变更权，且目前规定的适用范围过窄。参见何海波编：《行政法治奠基时：1989 年〈行政诉讼法〉史料荟萃》，法律出版社 2019 年版，第 50—51、85、112—113、119、121 页。

② 参见梁凤云编著：《新行政诉讼法逐条注释》，中国法制出版社 2017 年版，第 622 页。

更判决所规定的“显失公正”存在“不明确，很难掌握”的问题。[①] 按此逻辑，现行规定中将“显失公正”改为“明显不当”也无法解决上述难题，二者同是不确定法律概念，其适用与否均需法院结合个案情境进行明确。加之第77条中新增了“其他行政行为涉及对款额的确定、认定确有错误的”这一情形，使变更判决的适用问题更加复杂。

规范层面行政变更判决适用情形的增加并未改变其在实务层面整体适用率低的局面。正因如此，有一种观点认为，我国的行政变更判决的适用状况几无改观，未能有效发挥这一判决方式特有的实质性化解行政争议的功能。[②] 然而，实务中也有少数法院积极能动地适用行政变更判决，力图实现实质性化解争议，节约行政与司法资源，减少行政相对人诉累等制度设计目标。对于这种审判思路，也有观点认为是对行政变更判决适用范围的过度扩张，极不可取。[③] 从2014年修订的《行政诉讼法》实施以来的司法实践和学理讨论来看，变更判决适用上不同的做法和争论仍在持续。在适用不足或是适用过度的判断中，蕴含着对法院功能的理解、对行政诉讼中司法权的定位、行政诉讼目的中司法审判的定位等因素上的倾向性考量。事实上，根据第77条第1款的规定，法院在是否选择适用变更判决的问题上，的确存在诸多裁量空间。关键在于，变更判决的解读与适用应契合我国当前行政诉讼制度的目标定位，回应行政争议解决上的现实需求。为此，本章拟在检视2014年修订的《行政诉讼法》实施以后变更判决适用实践的基础上，明晰变更判决的制度定位，进而厘清变更判决的适用条件，以期有益于在未来司法实践中形成适用这一判决方式的统一性方案。

---

① 参见何海波编：《行政法治奠基时：1989年〈行政诉讼法〉史料荟萃》，法律出版社2019年版，第91页。

② 参见李振凡：《实质化解行政争议视角下行政变更判决适用研究——以环渤海行政区域内的行政案件为样本》，载程琥主编：《行政审判前沿问题探讨》，中国法制出版社2020年版，第334页。

③ 参见曹巍：《变更判决在行政协议诉讼中的适用边界》，载最高人民法院行政审判庭编：《行政执法与行政审判》(总第80集)，中国法制出版社2020年版，第182—189页。

一、行政变更判决的适用现状

自 1989 年至 2014 年的二十余年间，变更判决始终是使用频次最少的判决方式，且其使用率一路下滑，直至 2010 年变更判决使用率几近跌至零点。[①] 行政变更判决适用率低不仅是由于行政诉讼法中适用范围的限定，还与法院的慎重态度不无关联。为了激活变更判决，切实发挥这一判决方式的价值功能，2014 年《行政诉讼法》在规范层面增加了变更判决的适用情形。尽管如此，有部分专家学者认为目前规范上的调整仍存在较大缺陷：其一，第 77 条中“人民法院可以判决变更”的规定给予法院选择空间，削弱了该条的规制意义；其二，现行规定仍未充分释放变更判决应有的适用空间。[②] 司法实务中，各法院对变更判决的适用未形成统一思路。例如，有法院在具体案件上表现出较大的灵活性，呈现出适用范围上的实践扩张，但另有实务工作者认为这种扩张属于司法权的不当介入。[③] 前文已提及，目前变更判决适用范围的理解与《行政诉讼法》第 77 条第 1 款的解读密切相关。为了较为全面地了解当前变更判决适用的现实情况，笔者抽离出上述条文中的三个重点要素，结合相关典型案例进行梳理与分析。

（一）适用的行政纠纷类型

根据权威解读，《行政诉讼法》第 77 条第 1 款所明确的能够适用变更判决的行政纠纷类型有两种：一是行政处罚纠纷；二是涉及对款额的确

① 参见梁伟芳、蔡春：《检视与构建：试论行政变更判决的有限扩张》，载贺荣主编：《公正司法与行政法实施问题研究——全国法院第 25 届学术讨论会获奖论文集》（下），人民法院出版社 2013 年版，第 1408 页。

② 参见江必新、梁凤云：《行政诉讼法理论与实务》（第三版·下），法律出版社 2016 年版，第 1622—1623 页。

③ 参见曹巍：《变更判决在行政协议诉讼中的适用边界》，载最高人民法院行政审判庭编：《行政执法与行政审判》（总第 80 集），中国法制出版社 2020 年版，第 182—189 页。

定、认定上的行政行为纠纷，其具体指的是行政处罚以外的行政行为。[①] 这意味着其适用只要满足规定的“涉及对款额的确定、认定确有错误”情形，并不限定具体行政行为种类。初步梳理采用变更判决的典型案件发现，第二种情形的适用主要出现在以下类型的行政纠纷中。

1. 行政赔偿纠纷

除了赔偿是否成立，行政赔偿纠纷双方往往争议的是赔偿的数额，因而变更判决较常被运用于这类纠纷之上。在“初某与沈阳市沈河区人民政府行政管理纠纷案”中，法院判决变更被告沈阳市沈河区人民政府作出的《行政赔偿决定书》中赔偿数额，增加两项赔偿内容并直接核定数额。[②]

2. 行政征收补偿协议纠纷

征收补偿争议被理解为是另一种与“款额”密切相关的纠纷类型，因此也是目前法院选择适用变更判决较多的案件类型。在“陈某某、王某某诉杭州市余杭区人民政府良渚街道办事处因征迁行政协议案”中，法院认为良渚街道在与王某某户签订《集体所有土地、房屋征迁补偿安置协议书》时，拒绝将徐某某列入安置人口，不符合上述规定，也造成显失公平的后果，依法应予纠正。在裁决方式的选择上，法院认为协议中已经确定的安置人口与安置面积均属于王某某户的合法权益，且王某某、陈某某均未提出撤销整个协议的请求，所以不应选择撤销判决进行纠正。结合案件具体情况最终法院适用变更判决，将杭州市余杭区人民政府良渚街道办事处与王某户于2015年6月25日签订《集体所有土地、房屋征迁补偿安置协议书》第6条第1项中确定的安置人口6人变更为7人，安置面积480平方米相应变更为560平方米。[③] 不过，也有法院认为，安置补偿协议不可适用变更判决。在“杜某与金堂县淮口镇拆迁安置补偿协议纠纷案”（以下简称“杜某案”）中，二审法院从《行政诉讼法》第77条的文义、司法权与行政权的关系、行政协议纠纷应予

---

① 参见梁凤云编著：《新行政诉讼法逐条注释》，中国法制出版社2017年版，第623页。

② 参见辽宁省沈阳市中级人民法院行政判决书(2020)辽01行初315号。

③ 参见浙江省杭州市中级人民法院行政判决书(2016)浙01行终367号。

适用的民事法律规范等角度进行详细论述，认为在行政诉讼法中未明确规定行政协议类案件可以适用变更判决，案件涉及的安置补偿协议中补偿标准问题更多体现了行政管理中的行政先行原则乃至直接适用民事法律规范，因此不应适用变更判决，直接认定应适用的补偿标准。[①] 同时有人指出，在集体土地征收补偿领域，对于补偿标准的救济路径，法规及司法解释均设置了起诉的前置条件，因此在该领域司法权通过变更判决的形式直接介入并不妥当。[②]

3. 行政给付纠纷

按照通常的理解，行政给付中一般是行政机关承担一定的金钱给付义务。因此，行政给付争议案件中适用变更判决成为法院可进行考虑的情形。在“陈某与海门市社会保险事业管理处行政给付纠纷案”中，双方就原告养老保险待遇核定表的内容存在争议，法院依职权调查核实原告个人档案后发现对于原告军龄的认定确有错误，适用变更判决改变被告海门社保处于2018年2月13日对原告陈某作出海门市企业职工养老保险待遇核定表中的缴费年限，改为26年4个月。[③]

4. 社会抚养费征收纠纷

社会抚养费的核定是《行政诉讼法》第77条规定的“涉及对款额的确定、认定”问题的直观体现。在“程某某、丘某某与福建省长汀县人口和计划生育局计划生育行政管理行政处罚案”中，被告对原告按照2.9倍征收抚养费，属于高限征收，却未提供规定的证据支撑，被审理法院认定为“征收过重”，并判决“变更福建省长汀县卫生和计划生育局（原福建省长汀县人口和计划生育局）对原告征收社会抚养费105850元的征收决定”，改为对原告程某某、丘某某征收社会抚养费76650元。[④]

---

① 参见四川省成都市中级人民法院（2019）川01行终1213号。

② 参见曹巍：《变更判决在行政协议诉讼中的适用边界》，载最高人民法院行政审判庭编：《行政执法与行政审判》（总第80集），中国法制出版社2020年版，第189页。

③ 参见江苏省南通市经济技术开发区人民法院行政判决书（2018）苏0691行初233号。

④ 参见福建省龙岩市上杭县人民法院行政判决书（2016）闽0823行初3号。

5. 行政裁决纠纷

相较于其他行政行为纠纷，行政裁决纠纷具有特殊性，其纠纷本质属于民事争议。对于这类行政活动亦有法院选择适用变更判决以明确民事争议双方的权利义务。在“孙某诉敦化市人民政府等行政裁决案”中，孙某与李某同为原告且诉讼利益相反。关于各被征收项目的补偿价值问题，行政机关多次实体处理却未得到实质解决。因此，法院结合案件事实情况直接适用变更判决明确李某与孙某的补偿款数额。[①] 在“广西壮族自治区隆林各族自治县新州镇民强村民委员会江管农业经济合作社与隆林各族自治县政府、广西百色市政府、隆林县新州镇民强村民委员会六我农业经济合作社、隆林县新州镇民强村民委员会南林农业经济合作社的行政裁决纠纷案”中，法院认为既然行政裁决基础为民事争议，那么人民法院对民事纠纷本应享有完全的司法裁判权，因此从实质化解争议角度出发可视案件情形适用变更判决，直接处理其中的权属争议。[②]

6. 行政奖励纠纷

行政奖励是直接涉款额问题的另一项纠纷类型。“崔某与丰县人民政府行政奖励纠纷案”中，双方就是否应参照中共丰县县委、丰县政府制定的丰委发〔2001〕23号《关于印发丰县招商引资优惠政策的通知》中规定进行奖励问题产生重大分歧。法院确定奖励标准与引资额后认为，被告目前给予崔某的奖励数额明显偏低，奖励结果明显不当，并判决直接变更具体奖励数额。[③]

（二）“行政处罚明显不当”的认定

从表面上看，变更判决的适用几乎涵盖了主要的行政行为类型，但关键在于是否满足了法律规定的适用情形。就行政处罚而言，法院需要判断案

---

① 参见吉林省高级人民法院行政判决书（2017）吉行终310号。

② 参见最高人民法院行政判决书（2019）最高法行再134号。

③ 参见江苏省高级人民法院行政判决书（2018）苏行终1251号。

中的决定是否“明显不当”。在 2014 年修订的《行政诉讼法》实施以前,法院以行政处罚是否“显失公正”为变更判决的适用情形。一般认为,显失公正指的是“行政机关的行政行为与相对人的违法行为明显不相称,实践中多表现为行政决定畸轻畸重、处罚方式混用、不考虑法定的从重减轻情节致明显过轻过重、相同情况不同处罚、不同情况相同处罚、不同情况责罚导致等”[①]。不难看出,行政处罚“明显不当”是基于行政裁量而言的。“明显不当”作为严重的不合理,实质上背离了立法目的、基本精神,进而成为一种“违法状态”。[②] 如学者所指出的,对于裁量明显不当的标准,只需判断裁量是否考虑相关因素、是否与立法目的和精神一致、是否符合比例要求、是否保障信赖利益、是否平等对待各方利益主体等。[③]

实务中法院判断“行政处罚明显不当”主要包括五个标准。其一,行政处罚机关没有考虑行政处罚从轻或减轻情节。对此,往往涉及 1996 年《行政处罚法》第 27 条是否予以适用的问题。其二,行政处罚机关适用法条错误。典型如“佛山市南海粤丰市场投资有限公司与佛山市南海区应急管理局其他行政管理案”中,法院经审查认为行政机关混淆了“出租场所给不具备安全生产条件或者相应资质的个人或单位储存危险化学品”和“承租人在不具备安全生产条件或者相应资质的情形下在厂房里储存危险化学品”两种情形,认定相对人违反《中华人民共和国安全生产法》第 46 条第 1 款规定并根据第 100 条第 1 款作出处罚存在适用法律不当。[④] 其三,行政处罚违反比例原则。其四,依据裁量基准判定处罚明显不当。例如,“丁某与汝州市公安交通警察大队公安行政管理纠纷案”中,行政机关超越有关国家标准予以处罚,被法院认定为罚款数额明显不当。[⑤] 其五,对比同案行政机关对其他人

---

① 梁凤云编著:《新行政诉讼法逐条注释》,中国法制出版社 2017 年版,第 622 页。

② 参见滕亚为、康勇:《论行政诉讼变更判决的适用范围——兼评新〈行政诉讼法〉第 70 条》,载《重庆理工大学学报(社会科学版)》2015 年第 10 期。

③ 参见沈岿:《行政诉讼确立“裁量明显不当”标准之议》,载《法商研究》2004 年第 4 期。

④ 参见广东省佛山市中级人民法院行政判决书(2019)粤 06 行终 507 号。

⑤ 参见河南省鲁山县人民法院行政判决书(2016)豫 0423 行初 27 号。

的处罚进行判断。①

(三)"涉及款额的确定、认定确有错误"的认定

直观而言,其他行政行为涉及对款额的确定、认定确有错误,就是指除行政处罚以外的行政行为对金钱、数字等的确定和认定确有错误。结合实务中的审判思路来看,对"涉及款额的确定、认定确有错误"的认定可拆分为两方面内容进行理解:一是"涉及款额的确定、认定";二是"确有错误"。对"涉及款额的确定、认定"解读上的宽严极大程度上影响着变更判决适用范围的宽窄。"杜某案"一审与二审法院分别选择适用了变更判决、撤销与重做判决就是典型例证。两个法院选择适用不同判决方式的重大区别就在于对"数额的确定、认定"的理解,二审法院认为案中补偿安置适用标准不能直接等同于对数额的确定认定问题,因此认为不宜采用变更判决。② 有学者认为,"确有错误"有广义和狭义之分。狭义的是指行政处理的"显然错误",即因为书写错误、计算错误、疏漏或者自动化作业的错误等导致行政行为所表现的内容与行政机关的意思不一致;广义的则包含所有导致行政行为款额确认错误的原因,主要包括事实不清或适用法律错误两种情形。③ 关于"确有错误",有理解认为是对人民法院审查程度的要求,是指人民法院经过审查以后,已经对案件的事实认定,尤其是对数额的确定和认定形成确信。这也意味着此种情形下无论是行政机关还是人民法院据此作出的判断都是一致的,行政机关根本没有裁量空间或者裁量空间极小。④ 司法审判实务中,法院对这一情形的适用标准并未达成一致,有的法院只要案件涉及金额、数

---

① 参见王锴:《行政诉讼中变更判决的适用条件——基于理论和案例的考察》,载《政治与法律》2018 年第 9 期。

② 参见四川省彭州市人民法院(2019)川 0182 行初 4 号;四川省成都市中级人民法院(2019)川 01 行终 1213 号。

③ 参见王锴:《行政诉讼中变更判决的适用条件——基于理论和案例的考察》,载《政治与法律》2018 年第 9 期。

④ 参见梁凤云编著:《新行政诉讼法逐条注释》,中国法制出版社 2017 年版,第 623 页。

额认定问题即认为可以适用。[①]

二、行政变更判决适用范围

行政变更判决的特别之处在于，对不合法的被诉行政行为法院通过直接改变其内容的方式作出否定性的评价。2014年修订的《行政诉讼法》实施以后，司法实务中行政变更判决的适用存在两种截然不同的表现。总体上看，行政变更判决的适用比率仍然较低。然而，在部分个案中，这一判决方式因法院对相关法律规定的能动解释被选择运用。[②] 不管是在《行政诉讼法》修改过程中，还是在当前《行政诉讼法》实施过程中，行政变更判决如何适用、是否进行扩张适用等问题始终是理论与实务中争论不休的问题。争论中所聚焦的行政变更判决的适用范围问题，其内含的是司法权监督行政权的边界、行政变更判决的价值定位等基本理论问题。因此，厘清行政变更判决适用中的基本原理是明晰该判决方式适用范围的前提。

（一）行政变更判决有限适用的理论逻辑

1989年与2014年《行政诉讼法》中对变更判决确立的是相同的适用原则，即"有限变更"原则。虽然2014年《行政诉讼法》中司法变更权的适用范围有所扩张，但其核心始终是司法权与行政权主导范围上的一个博弈。我国行政变更判决作为一种法定判决形式在最初确立之时，法院要求有完全的变更权，行政机关则反对法院有任何变更权。[③] 最终，法律明确的是规定范围内法院可以适用变更判决。有学者指出，如此选择的原因是："第一，行政权和审判权之间具有界限，行政机关熟悉主管的行政事务，行政行为是否

① 参见上海市第二中级人民法院行政判决书(2017)沪02行终122号。

② 已有学者做过类似的总结与阐述，参见何海波：《行政诉讼法》(第二版)，法律出版社2016年版，第450页。

③ 参见何海波编：《行政法治奠基时：1989年〈行政诉讼法〉史料荟萃》，法律出版社2019年版，第80页。

适当，一般由行政机关决定。第二，完整的审判权应当包括撤销、给付和变更等，否则审判权是不完整的。第三，对问题比较突出的行政处罚领域开口子。第四，一段时期以来，人民法院对经济行政案件本来就具有变更权。经过二十多年的实践，几乎没有人认为人民法院不应当拥有司法变更权。目前的主要问题集中在司法变更权的适用范围、司法变更的界限等问题。”[①]

回归行政权与司法权分工与制衡的本源，行政变更判决的有限适用，也即司法对行政的监督保持一定程度的谦抑是应有之义。有学者指出：“基于权力分工，法院原则上只能撤销行政处理或者责令行政机关作出行政处理，法院不能独立作出或者改变，或者赋予不同的内容。但是，变更判决属于例外。”[②]按照权力分工理论，行政机关在其作出的行政行为是否恰当、合理的问题上具有天然的专业性优势，法院理应给予较大程度的尊重。司法机关往往不具备行政决定的事务方面的专业知识或专业组织。变更判决的适用之所以是例外，原因在于它针对的是“合理性”上欠缺的行政行为。行政变更判决的适用相当于凌驾于行政机关的专业优势之上，以自己的判断替代行政机关的判断。这意味着行政变更判决的适用有其特殊的价值目标，以能够缓和与弥补变更判决中司法权与行政权之间专业分工上的冲突。一般而言，行政变更判决适用的关键价值在于能够有效提升诉讼效率，是能够有效提升公民、法人或者其他组织的权利救济效率，相应地避免程序资源的消耗。

（二）行政变更判决适用边界的基本考量

变更判决的适用是诉讼效率与权力分工价值目标之间的碰撞，两者之间的取舍实际上反映于法律中所明确的行政变更判决的适用范围之上。有

---

① 江必新、梁凤云：《行政诉讼法理论与实务》（第三版·下），法律出版社 2016 年版，第 1619 页。

② 王锴：《行政诉讼中变更判决的适用条件——基于理论和案例的考察》，载《政治与法律》2018 年第 9 期。

观点认为："凡是应属司法管辖的事项，法院就可以对之进行变更。或者说，司法变更准司法决定，并无任何理论上的障碍。"[①]另有观点认为，"只要行政机关的决定没有超出法定范围和幅度，人民法院不能变更行政机关的决定，更不能撤销其决定，而只能维持行政机关的决定。"[②]从上述争论中不难看出，对变更判决适用边界的确定需要从以下三个方面进行考量：

第一，法院是否将行政机关的专业性判断作为前提。这方面的考量决定的是法院能否在行政机关判断处理前就对行政行为是否合法予以审查，能否替代行政机关作出首次的行政处理决定。有观点认为，如果与案件有关的事实已经明确至可裁判的程度，法院可以直接作出行政变更判决，因为在该情况下，再行让行政机关作出处理有浪费国家资源的嫌疑。[③]

第二，法院通过裁判如何解决行政争议。其他类型的判决方式对行政行为的审理落脚于对行政行为是否合法的判断，对不合法的行政行为或是确认违法，或是撤销并视情况要求行政机关重作，抑或是要求行政机关履行法定职责，这些判决方式在裁断行政行为合法性后均是将行政行为的改正交还到行政机关手中。行政变更判决则是法院自己把控行政行为的修正权，以在审判中形成新的行政法律关系作为解决行政争议的落脚点。这一特点与实质性化解行政争议目的相契合，从根本上为公民、法人或其他组织提供切实有效的权利救济。因此，有人指出，变更判决是行政诉讼判决中最能体现司法的权利保障和纠纷解决功能的判决形式。[④] 适用这一判决方式，法院往往化被动为主动，不受原告诉讼请求的限制。

第三，法院如何衡量各不同法益。相较于对行政机关专业决定的干预，法院选择直接变更以保障行政相对人的权益，保障诉讼效率的条件是什么？

---

① 江嘉禧：《行政审判中的司法变更权研究》，载《中国法学》1988年第6期。

② 阿江：《人民法院能否审查在法定范围和幅度以内的行政决定》，载《法律适用》1988年第12期。

③ 参见李振凡：《实质化解行政争议视角下行政变更判决适用研究——以环渤海行政区域内的行政案件为样本》，载程琥主编：《行政审判前沿问题探讨》，中国法制出版社2020年版，第341页。

④ 参见梁凤云编著：《新行政诉讼法逐条注释》，中国法制出版社2017年版，第622页。

对此，不同国家与地区设置的条件往往存在差别。我国台湾地区将变更判决也称为代替判决，但这种判决方式更多限于法院自行确认给付金额。它具体是指："为维护诉讼经济，如撤销诉讼，其诉讼标的之行政处分涉及金钱或其他代替物之给付或确认者，行政法院得以确认不同金额之给付或以不同之确认代替之。盖原告提起撤销诉讼为理由者，如原行政处分违法情形只涉及金额或数量时，应许行政法院在原告声明之范围内自行判决加以纠正，不必撤销原处分而发回原处分机关重为处分，以免原处分机关有拖延不结，甚至置之不理之情形……"因此，我国台湾地区仿照德国行政法院法的规定，赋予行政法院自行判决确认给付金额。由于这种判决变更或代替给付内容的权限，涉及行政处分的变更，亦即选择部分撤销或对于行政处分进行逆转或其他变更的情形，基于权力分立原则，法院除法律另有特别规定依据外，原则上不得代替行政机关作成行政处分。为了避免侵犯行政权，我国台湾地区明确代替判决的前提要见，必须行政机关就其给付之核定或确认，并无行政裁量或判断余地的情形或者裁量权因特殊情事而收缩到零的情形，始得为之。① 德国学说上的变更判决适用情形包括：受法律拘束的规费的核定、授益负担金的核定、罚锾及秩序发锾的核定。至于行政执行程序的强制怠金则属于行政裁量决定事项，不适用之。此外，法院也不得依据行政机关已经不能在行政诉讼程序上补正之理由，据以作成变更判决，否则无异于以该变更判决做成一个行政行为。② 我国有学者指出："人民法院在对行政行为进行审查时，应当综合考虑案件所涉及的行政法律关系，权衡相关法益的重要性和可保护性。如果依据行政裁量收缩理论，行政机关的裁量权已经收缩至零，那么法院可以结合已经查明的事实，在综合考量行政行为的合法性、相对人的危害性、信赖保护原则等因素后，作出相应的行政变更判决。"③

---

① 参见陈清秀：《行政诉讼法》(修订九版)，元照出版有限公司 2019 年版，第 676—677 页。

② 同上书，第 677 页。

③ 李振凡：《实质化解行政争议视角下行政变更判决适用研究——以环渤海行政区域内的行政案件为样本》，载程琥主编：《行政审判前沿问题探讨》，中国法制出版社 2020 年版，第 341 页。

（三）行政变更判决适用范围设定上的功能定位

通过对比发现，各国或地区在变更判决适用边界的设置上存在一定差别。这种差别既由各自行政诉讼制度的运行目标，也由变更判决在其间的功能定位导致。例如，我国台湾地区变更判决规定上的立法变化就与其欲实现的功能目标有关。我国台湾地区于1998年确立变更判决制度，相关法律规范中明确：原告提出撤销诉讼的，法院应以判决撤销或变更原处分决定。设立该判决方式之目的在于避免原处分机关或有拖延不结，甚至置之不理的情形，所以仿照德国行政法院法的规定，予以增设。然而，实务中法院几无以判决变更处分或决定者，所以我国台湾地区行政诉讼法制事实上成为典型的撤销发回式行政审判制度，非实质内容之自为判决式行政审判制度。[①] 为了实现诉讼经济与诉讼结构改革的目的，并据此进一步彰显行政诉讼的救济功能，我国台湾地区行政变更判决的规定随之进行修订。新规定中明确："撤销诉讼，其诉讼标的之行政处分涉及金钱或其他代替物之给付或确认者，行政法院得以确定不同金额之给付或以不同之确认代替之。"有学者指出："该条新订之目的，除再度揭示行政法院得自为判决外，并有促进诉讼经济，避免行政诉讼判决发回原处分机关后导致延宕不决的情形发生。"[②]

三、行政变更判决适用条件的廓清

虽然《行政诉讼法》第77条第1款规定了行政变更判决的适用条件，但条文中不确定法律概念的存在使得其具体适用仍存在不少争议。结合目前

---

① 参见吴庚：《行政争讼法论》，元照出版有限公司2014年版，第259—260页。

② 翁岳生主编：《行政诉讼法逐条释义》，五南图书出版股份有限公司2018年版，第561—562页。

法院的审理实践来看，不同的解读思路左右着变更判决适用空间的大小。面对1989年《行政诉讼法》适用时期变更判决运用不足的问题，在2014年修订的《行政诉讼法》实施背景下如何真正激活并有效运用这一特殊的判决方式，最终需落脚于其适用条件的廓清。

（一）行政变更判决适用价值的确定

从1989年《行政诉讼法》的立法背景资料上看，我国行政变更判决的确立初衷似乎未有太多细致的考虑，仅是因为行政处罚自由裁量权过大，被认为应当有所制约。[①] 也正因如此，有学者指出，行政变更判决确立之初各方对是否确定变更判决制度意见并不统一，对变更判决的适用范围和审查强度也缺乏明确的认识和司法实践的支撑，这些最终导致变更判决存在“先天性不足”。[②]

2014年《行政诉讼法》对变更判决适用范围的扩张在一定程度上已经说明立法者对这一判决方式的期许。关键问题在于，法律规范层面的适用情形的增加背后包含着怎样的司法理念，蕴含着怎样的价值目标。规定上的变化无法简单套用变更判决确立之初的理由加以阐释。也就是说，变更判决适用情形上的扩张不是对行政处罚裁量权监督范围的扩大或者对行政行为的审查力度的加深。因为对行政处罚行为的相关规定实质上没有变化，而新增“涉及对款额的确定、认定确有错误的”适用情形更多是从实现行政相对人诉累的减少、诉讼经济性的保障等目的上进行设计的。除此之外，变更判决在2014年修订的《行政诉讼法》实施背景下实际上还服务于另一重要目标，即实质性化解行政争议。这既是2014年《行政诉讼法》第1条中新增的“解决行政争议”目标的应有之义，也是变更判决自身的优势所在。

---

① 参见胡康生：《〈行政诉讼法〉立法过程中的若干问题》，载最高人民法院《行政诉讼法》培训班编：《行政诉讼法专题讲座》，人民法院出版社1989年版，第52页。

② 参见李振凡：《实质化解行政争议视角下行政变更判决适用研究——以环渤海行政区域内的行政案件为样本》，载程琥主编：《行政审判前沿问题探讨》，中国法制出版社2020年版，第335—336页。

近年来，最高人民法院工作文件中频繁提及行政争议实质性化解的目标要求。《五五改革纲要》中提出推进行政诉讼制度改革的任务，明确以“改革完善行政审判工作机制，依法保护行政相对人合法权益，推动行政争议实质性化解”为具体目标。有学者通过实证素材的分析总结了行政争议实质性解决的理论内涵，认为它是人民法院在审理行政合法性的基础上，灵活运用相关审判机制对案涉争议进行整体性、彻底性的一揽式解决。[①] 还有学者将实质性化解争议描述为是一个多维度的系统工程，于个案中是“法官、行政机关负责人和相对人三方在一定约束条件下的行为选择”，是“司法、行政、社会互相制约下共同作用的平衡结果”。[②] 相较于其他判决方式，变更判决的作出更加需要法院的主观能动性，法院需要衡平考量相对人诉求、行政专业性、诉讼经济性等法益。综合来看，行政争议的实质性化解与变更判决的运作机理间存在较高的契合度。变更判决是能够体现并在一定程度上实现实质性化解行政争议这一新时代审判理念的重要方式。虽然行政审判职能的发挥与相对人合法权益的切实保障之间存在结构性矛盾[③]，但审判目标的更新需要法院同步释放审判制度的适用空间。因此，《行政诉讼法》第 77 条第 1 款规定的解读适用注重发挥其有效解决纠纷的特质，并以此作为重塑行政审判职能的一个窗口。

(二) 变更判决与其他判决方式的选择

《行政诉讼法》第 77 条第 1 款明确了法院“可以”适用变更判决的条件，因此条件的满足也不意味着该判决形式是唯一选择。从各判决方式的条文规定上看，撤销判决与变更判决的适用情形直接表现出两者的适用存在一

① 参见章志远：《行政争议实质性解决的法理解读》，载《中国法学》2020 年第 6 期。

② 参见郑红葛、郑怡：《实质化解背景下行政诉讼程序空转的图谱分析及治理路径——以 J 省 33 组行政诉讼程序空转样本为切入点》，载最高人民法院行政审判庭编：《行政执法与行政审判》(总第 75 集)，中国法制出版社 2019 年版，第 165 页。

③ 参见刘行：《从问题倒逼到价值引领：行政审判“结构性矛盾”及职能重塑》，载最高人民法院行政审判庭编：《行政执法与行政审判》(总第 80 集)，中国法制出版社 2019 年版，第 83 页。

定的竞合关系。当行政处罚行为明显不当时，同时满足了《行政诉讼法》第70条中撤销判决与第77条中变更判决的适用情形。由于“明显不当”同时出现在《行政诉讼法》第70条和第77条当中，导致变更判决适用条件的明晰不仅需要明确相关不确定法律概念，因此还需要进一步明确行政处罚“明显不当”情形下选择变更判决的标准。

学者对变更判决与其他判决的关系有多种描述。有意见认为，变更判决是撤销判决的补充形式，原因在于变更判决的适用情形大大少于撤销判决，且能包含在撤销判决的适用情形中，因此两者是被包含与包含关系。[①]另有意见认为，变更判决可以定义为一种“给付判决”，因为公法上的给付判决是基于公法上请求权向法院起诉请求给付判决，判令行政机关为一定行为、容忍或不作为一定行为。[②] 实务中，法院对变更判决与其他判决方式的选择适用标准同样存在争议。在“杜某案”中，双方因《拆迁安置补偿协议》的法律效力问题产生争议，杜某请求依法对其父代替他签订的《拆迁补偿协议》中拆迁房屋面积予以变更，并按照金堂府发〔2014〕12号文中的标准对拆迁安置补偿费用进行计算。一审法院审查后支持了原告的诉讼请求，并判决直接变更淮口镇政府于2017年11月1日与杜某签订的《拆迁安置补偿协议》中征地拆迁安置补偿款的计算标准为金堂府发〔2014〕12号文中的标准，重新对征地拆迁安置补偿款进行计算。[③] 淮口镇政府认为一审法院适用《行政诉讼法》第77条直接变更协议属于适用法律错误，遂提起上诉。二审法院的审理围绕案中行政协议能否适用变更判决进行，将第77条中的“行政行为涉及对款额的确定、认定确有错误”理解为需属于“可以直接确定、认定数额”，而案中所涉及的补偿安置适用标准仍属于行政机关综合裁量适用的问题。因

---

① 参见薛政编著：《行政诉讼法注释书》，中国民主法制出版社2020年版，第609页。

② 参见李振凡：《实质化解行政争议视角下行政变更判决适用研究——以环渤海行政区域内的行政案件为样本》，载程琥主编：《行政审判前沿问题探讨》，中国法制出版社2020年版，第338—339页。

③ 参见四川省彭州市人民法院行政判决书(2019)川0182行初4号；四川省成都市中级人民法院(2019)川01行终1213号。

此，二审法院认为该案行政协议中安置标准问题非“数额”所能包含，一审法院适用变更判决明显缺乏法律依据，并最终选择适用撤销与重做判决。

综合变更判决适用的法理逻辑和现实表现来看，将变更判决定位为撤销判决的补充或给付判决的观点有失偏颇。虽然变更判决的适用情形少于撤销判决，且适用情形有所重合，但变更判决自身拥有独立的适用价值。它与撤销判决之间并非附属补充关系，而是供法院根据个案情境、基于法益衡量进行选择的平行关系。另外，我国变更判决归属于给付判决亦难实现规范体系上的逻辑自洽。狭义上而言，我国给付判决仅仅指的是《行政诉讼法》第73条规定的情形；广义上而言，《行政诉讼法》第74条规定的履行判决也可归为给付判决的一种，其给付内容为具体的履职行为。无论狭义还是广义层面的给付判决，其适用结果均是“从无到有”的一种状态，具体指向的是行政机关负有法定的履行或给付义务而未提供之违法情形。变更判决则是修正错误作为的一种状态。如前文所言，如果将变更判决的适用范围包括狭义不作为类违法行政情形，将招致司法僭越行政的指摘。正如学者所指出的：“此种判决变更或代替给付内容之权限，乃涉及行政处分之变更，亦即选择为部分撤销或对于行政处分进行逆转或者其他变更之情形，基于权力分立原则，行政法院除法律另有特别规定依据外，原则上不得代替行政机关作成行政处分。故为避免侵犯行政权，代替判决的前提条件，必须行政机关就其给付之核定或确认，并无行政裁量或判断余地之情形或其裁量权因特殊情事而收缩至零的情形，始得为之。”[①]

① 陈清秀：《行政诉讼法》（修订九版），元照出版有限公司2019年版，第677页。

第十章

地方法院制度创新论

一、上海法院创新实践的样本意义

回望我国行政诉讼制度的建立、发展和完善历程，最高人民法院在其间扮演了极为重要的角色。一方面，最高人民法院通过发布司法解释、司法文件、典型案例等正式方式，不断推动行政诉讼法的精准实施和行政法律规范体系的科学发展；另一方面，最高人民法院通过举办会议、领导讲话、样本推广等非正式方式，根据不同时期国家任务和社会需求变化及时调整行政审判政策，努力弥合法律与现实之间的缝隙。在行政法学理上，已有学者对最高人民法院创制行政法规则、推动行政审判模式转型进行过深入的实践观察和理论阐释。[①] 相比之下，对地方法院助推行政诉讼制度发展的研究则比较少见。[②] 事实上，最高人民法院对很多行政诉讼制度发展的推动都源于地方法院的先行成功实践，如行政机关负责人出庭应诉的“海安样本”、行政案

---

① 参见余凌云：《法院如何发展行政法》，载《中国社会科学》2008 年第 1 期；章志远：《开放合作型行政审判模式之建构》，载《法学研究》2013 年第 1 期。

② 贺欣教授曾经以东部 T 市中级人民法院为样本，考察了该院推动司法创新的外部环境、具体措施及影响因素。参见贺欣：《法院推动的司法创新实践及其意涵——以 T 市中级人民法院的行政诉讼为例》，载《法学家》2012 年第 5 期。

件集中管辖改革的“丽水试验”等。因此，对我国行政诉讼司法推动模式的阐释应当进一步关注法院系统上下之间的联动，探究地方法院丰富的实践创新如何为最高人民法院所认同并在更大范围内得以推广，进而上升为国家正式的法律制度安排。

长期以来，作为全国改革开放排头兵和科学发展先行者的超大型城市，上海始终以建设国内法治环境最好的城市为目标，为全国贡献了一批可复制、可推广的重要法治建设经验。在行政审判体制改革方面，上海抓住全国第一个开展司法体制改革试点单位的契机，2014 年 12 月 28 日率先成立全国首个跨行政区划的人民法院——上海市第三中级人民法院；继上海铁路运输法院 2016 年 7 月 1 日先行实施行政案件集中管辖之后，又于 2018 年 7 月 1 日在全国范围内率先实现全域基层法院行政案件全部集中、跨区异地审理的目标。在最高人民法院 2014 年以来发布的系列典型行政案例方面，上海整体表现突出，1 件入选征收拆迁十大典型案例、1 件入选政府信息公开十大案例、1 件入选环境保护行政案件十大案例、1 件入选十大经济行政典型案例、2 件入选第二批十大环境保护行政典型案例、1 件入选行政诉讼附带审查规范性文件典型案例，这些案件的裁判要旨对同类案件审理具有重要参考价值。与此同时，2014 年修订的《行政诉讼法》实施以来，上海行政审判也出现了一些新变化。一审行政案件数量在经历 2015—2017 年的连续爆发式增长（分别为 5714、6695、7675 件）之后，2018、2019 年则连续下降（分别为 5466、5183 件）；一审行政案件被告败诉率更是持续下降，占比不足 3%；协调化解率则稳中有升，2019 年占比 27.8%，超过近十年平均比率。[①]

上海行政诉讼制度运行的最新变化，是 2014 年修订后的《行政诉讼法》实施成效的局部反映，相关数据起伏的背后可能蕴涵着行政审判理念重大变迁的契机。之所以选择上海作为地方法院行政诉讼创新实践为观察对象，主要基于三个方面考虑：第一，上海是国内城市化率最高的地区，上海行

---

① 相关统计数据参见 2011 年以来上海市高级人民法院每年 1 月向上海市人代会所作的工作报告。

政审判动态是特大城市经济社会运行和矛盾纠纷演变的风向标。对于正在不断提升城市化水平的其他地区而言，上海目前的行政争议及其解决方式变化可能就是本地区今后所面对的局面。第二，在1989年颁布的《行政诉讼法》实施以来的三十多年中，上海行政审判工作一直走在全国前列。除了曾经贡献一批经典行政裁判之外，上海法院在解决行政争议、促进府院互动的功能拓展上不断创新，为行政审判领域国家司法政策调整和进一步优化提供了鲜活经验。第三，作为优化营商环境首位城市和法治政府建设典范城市，上海的行政执法能力水平和行政争议化解能力一直得到国内外的高度认同。身处优化营商环境的前沿阵地，上海法院行政审判既有并不显眼的行政诉讼受案数量和被告败诉率，又有整体审判质效的显著提升，这一"另类"现象更新了行政诉讼传统的认知模式，对国家未来行政审判走势提出了一系列具有前瞻性和挑战性的课题。[①] 正是出于对上海在全国改革发展全局中战略地位的现实关切，本章以最具上海特色的行政争议实质性解决、行政审判职能延伸和司法参与社会治理为三条主线，通过对上海行政审判各类统计数据、典型案例、司法文件、工作报告、会议报道等素材的系统整理，展示上海在实现"司法更像司法"改革目标的基础上是如何迈向"司法更能司法"的，借此阐述地方法院实践创新对行政诉讼制度功能的发展。

二、行政争议实质性解决路径的拓展

2010年5月，在全国法院行政审判工作座谈会上，"实质性解决行政争议"作为行政审判长效机制被最高人民法院首次正式提及。行政争议实质

---

① 最高人民法院历来重视作为司法绩效考评体系重要组成部分的行政审判绩效考评体系的科学性和针对性，强调要充分体现行政审判的特点和规律，对行政审判工作给予客观公正的评价，"尤其不能简单地以案件数量多少来评价行政审判庭和行政审判法官的工作实绩"。参见江必新：《围绕三项重点工作 创新绩效考核体系 进一步提高行政审判工作的质量和效率——在全国法院行政审判绩效考评经验交流视频会上的讲话》，载最高人民法院行政审判庭编：《行政执法与行政审判》（总第39集），中国法制出版社2010年版，第6页。同样地，对具体区域行政审判工作的绩效考评也不能简单地以当地行政案件绝对的受案数量及其升降趋势为根据。

性解决的旨趣在于，通过对“当事人实质诉求”的把握，“以能动司法为手段、以案结事了为目标”，最终实现行政审判活动实质正义与形式正义的统一。[①]此后，实质性解决行政争议经由最高人民法院一系列司法解释、司法文件、工作报告、领导讲话和会议精神等媒介得以广泛传播，成为人民法院行政审判的指导思想。在《五五改革纲要》中，“推动行政争议实质性化解”成为行政诉讼制度改革的主要目标之一。尽管提出已久，但实质性解决行政争议的具体标准和内涵并无权威说明。近年来，上海三级法院聚焦2014年《行政诉讼法》“解决行政争议”基本功能的落地实施，不断拓展实质性解决行政争议的路径，为最高人民法院今后出台有关行政争议实质性解决的专项司法解释提供了丰富样本。

（一）多元化实质性解决争议路径的探索

2014年修订的《行政诉讼法》第1条在宣示行政诉讼制度的功能时并没有使用“实质性”一语，但上海市高级人民法院2016—2020年的工作报告却连续以“实质性解决行政争议”作为其行政审判工作的主要亮点，此举与最高人民法院的工作报告保持了高度一致（参见表5）。2018年是上海实质性解决行政争议真正的“拐点”之年：上海市高院年初将“深化行政争议实质性解决机制改革，细化完善行政案件协调化解相关工作规范”作为全年行政审判的重点工作；5月印发《实施意见》；上海三级法院随即相继设立行政争议多元调处中心，作为行政争议协调化解的专门平台。这些创新性举措分别从规范依据、工作机制和组织机构等方面为实质性解决行政争议提供了全方位保障。

① 参见江必新：《以推进三项重点工作为契机 努力破解行政案件申诉上访难题——在全国法院行政审判工作座谈会上的讲话》，载最高人民法院行政审判庭编：《行政执法与行政审判》（总第41集），中国法制出版社2010年版，第8页。

表5 2014年修订的《行政诉讼法》实施以来工作报告中“行政争议实质性解决”一词的运用

年份＼类别	上海市高级人民法院工作报告	最高人民法院工作报告
2016年	促进行政纠纷实质性解决	无
2017年	有效化解行政争议	妥善化解行政争议
2018年	促进行政争议实质性解决	促进行政争议实质性解决
2019年	完善行政争议实质性解决机制	促进行政争议实质性化解
2020年	推动行政争议实质性化解	无

2019年5月，作为对《实施意见》第16条有关“推广总结机制”的落实，上海市高级人民法院在全国范围内首次向全社会公开发布“2018年行政争议实质性解决十大案例”（参见表6），展现了上海三级法院立足协调化解与依法裁判相结合、促进行政争议实质性解决的司法能力和审判自信。①

表6 行政争议实质性解决典型案件处理过程分析

序号＼事由	被告	类型	审级	原审处理	路径	特色
1	区政府	征收补偿	二审	一审判决驳回诉讼请求	行政调解书	调解地点
2	区市场监管局	投诉举报答复	再审	一审判决驳回诉讼请求，二审维持	协调化解撤回	主动解决民事争议
3	镇政府	行政强制	二审	一审裁驳、二审指令继续审理，一审判决确认违法、二审维持	裁判	以裁定促和解
4	区发改委、经委	行政给付	二审	一审部分撤销、部分判决驳回诉讼请求	协调化解撤回	坚持信赖保护原则

① 2019年6月和7月，安徽省高级人民法院和吉林省高级人民法院也先后向全社会公开发布本地行政争议实质性解决十大案例。就十大案例信息公布的详尽程度、案件本身的典型意义和行政争议实质性解决的路径选择而言，安徽、吉林两地都比上海要逊色很多。2020年5月，上海市高级人民法院再次率先在国内发布“2019年上海法院行政争议实质解决案例”。

（续表）

事由 序号	被告	类型	审级	原审处理	路径	特色
5	市不动产登记局	房屋登记	二审	一审判决驳回诉讼请求	协调化解撤回	院长亲自办案
6	市出入境管理局	履行法定职责	二审	一审裁定不予立案	协调化解撤回	防范潜在诉讼
7	区规土局	责令交地决定	一审	无	协调化解撤回	解决关联争议
8	区城管局、区政府	环保行政处罚	一审	复议机关维持	行政调解书	公私利益衡量
9	区房管局	履行职责	一审	无	协调化解撤回	法律关系释明
10	镇政府、区政府	限期拆违	一审	复议机关维持	协调化解撤回	法律关系释明

上海市首批行政争议实质性解决十大案例，是上海市高级人民法院从29个参评案例中，依据案件类型、化解效果、典型意义等因素最终评选确定的，集中体现了《实施意见》的实践智慧。从案件类型上看，4件为撤销诉讼，4件为履行诉讼，1件为给付诉讼，1件为确认诉讼；从案件审级上看，2件由市高院最终处理，4件由中级法院最终处理，4件由基层法院直接化解；从解决路径上看，1件通过依法裁判化解，2件通过行政调解书化解，7件通过协调当事人撤回化解；从个性化处理方式上看，司法建议、行政机关负责人出庭化解、一并解决关联争议、以判促和、法律关系释明、诉讼风险防范、利益衡量、院庭长亲自办案等配套机制得到灵活运用。在行政案件集中管辖改革增加沟通化解现实难度的背景之下，一审法院能够通过协调化解方式实质性解决行政争议实属不易。

（二）司法化解行政争议的双重模式

上海法院通过“司法文件推动、工作指引指导、典型案例推广”的方式，在实质性解决行政争议方面取得了显著成效，行政案件上诉率、申诉率下降以及息诉服判率、协调和解率稳步提升即可佐证。在具体路径探索方面，上海贡献了“依法裁判与协调化解有机结合、法院系统整体合力化解与府院联动化解相向而行”的有益经验，丰富了最高人民法院倡导的实质性解决行政争议理念，对我国行政审判模式转向和人民法院司法能力提升具有重要的理论启示。

1. “合意性”纠纷解决与“决定性”纠纷解决模式并重

在法院以往的行政审判实践中，普遍存在两类极端思维：一是简单否定协调化解的合法性，认为司法的任务就是依法裁判，只有裁判才能真正体现行政诉讼制度的功能；二是盲目推崇协调化解，认为司法的任务就是化解纠纷，只有通过协调化解才能真正解决行政争议。[①] 2014 年《行政诉讼法》采取了“折中方案”：一方面，第 1 条将“解决行政争议”确定为立法目的之一，通过第 60 条明确承认“有限度的调解”和第 61 条确立“一并解决相关民事争议”，暗含了对实质性解决行政争议的肯定；另一方面，第 1 条删除“维护”二字凸显行政诉讼制度的监督行政功能，通过第 73 条行政给付判决、第 74 条确认违法判决和第 75 条确认无效判决的规定，实现了行政判决制度的多元化设计，暗含着对更好发挥司法监督和救济功能的倚重。审判制度的原初性、基础性功能就是纠纷解决，监督行政和权利救济则是行政审判制度的间接性、衍生性功能。如果行政纠纷没有得到妥善化解，监督行政和权利救济功能的实现也会打上折扣。一个具体的行政案件究竟是通过调解还是判决方式结案，取决于法院对案件本身事实和法律问题以及当事人真实诉求的判断。正如日本学者棚濑孝雄所言，根据是否按照当事人之间的自由合意解决为标准，可以将理想的纠纷解决过程区分为“合意性纠纷解决”和“决定性纠纷解决”两种类型，二者在现实生活中往往是流动的、混合的。“随社会环境、当事者与第三者的力量对比关系、第三者参与解决纠纷的动机等因素的不

① 《行政诉讼法》修改之前，在协调化解司法政策的影响下，行政审判实践出现了“过度调解”现象。过高的协调撤诉率和每况愈下的实体裁判率遭到了理论界的批评，认为此举背离了司法本质，导致法律虚无主义。参见林莉红主编：《行政法治的理想与现实：〈行政诉讼法〉实施状况实证研究报告》，北京大学出版社 2014 年版，第 421 页。

同，实际上的纠纷解决也向这条轴上的一极或者另一极移动。”[①]

上海法院实质性解决行政争议的最新探索诠释了合意性纠纷解决与决定性纠纷解决之间的辩证关系。案 2、案 4、案 5 原本都以法院依法作出驳回诉讼请求判决方式结案，但原告的实质诉求并未得到有效回应，二审、再审程序依旧被频繁启动。这三个案件最终都以法院协调化解方式终结，表明合意性方式在实质性解决行政争议方面有时比决定性方式更胜一筹。案 3 则经历了复杂的两审裁定和两审判决，二审裁定作出之前法院曾经努力加以协调化解，但终因当事人双方利益诉求存在较大分歧未果，转而通过果断作出裁定方式促使案件顺利进入实体性审理。虽然被告针对一审法院确认违法判决提起上诉，但二审法院维持原判已经证明一审判决实现了行政争议的实质性解决。这两组案件中前后不同的行政争议处理方式表明，协调化解和依法裁判本身并无高下之别，只有二者有机结合才能真正促进行政争议实质性解决。值得肯定的是，案 1、案 8 均采用了《行政诉讼法》第 60 条明确规定的行政调解方式，以正式法律文书公开记载形式还原了行政案件的处理过程，避免重新陷入“合意性纠纷解决等同于协调化解撤诉”的窠臼。[②]

当然，从精准适用法律、发展法律规则角度上看，人民法院通过作出变更判决、具有明确内容指引的给付判决乃至仅具宣告意义的违法确认判决等方式实质性解决行政争议仍具有相当大的空间。例如，在“仇某某诉上海市浦东新区建设和交通委员会房屋拆迁裁决案”[③]中，受案法院就创造性地对被诉行政裁决行为直接作出变更判决，从而避免出现循环诉讼导致当事人诉累和法院负担增加，很好地起到了实质性解决行政争议的效果。在备

---

① 〔日〕棚濑孝雄：《纠纷的解决与审判制度》，王亚新译，中国政法大学出版社 2004 年版，第 8 页。

② 依法调解与协调化解撤诉方式在适用范围上存在差异，二者本身也无高下之分。不能因为“调解不是万能的”，就主张“协调和解有存在的必要性”。参见茆荣华主编：《上海法院行政诉讼案例精选》，上海人民出版社 2017 年版，第 140 页。鉴于当前行政审判实践中法院鲜有运用行政调解书方式结案，因而很有必要通过典型案例发布形式加以引导。

③ 上海市浦东新区人民法院行政判决书(2015)浦行初字第 214 号。

受社会关注的“柴丽杰诉上海大学博士学位评定案”[①]中，受案法院对博士学位授予标准的实体问题进行了充分阐释，明确了司法应对高校学术自治保持充分尊重，科学合理的博士学术水平评价则有赖学位授予单位、教育主管部门和学子们的共同推进，最终对被告之前就原告博士学位申请未予组织审核评定行为作出确认违法判决。这些案件的审理方式表明，2014 年《行政诉讼法》确立的多种具有实质性解决行政争议功能的判决尚待开发利用，依法裁判与协调化解的有机结合应成为行政审判工作长期坚持的司法策略。

2. “法院合力式”化解与“府院联动式”化解模式并举

在现代社会，公正、高效、便利、妥善地化解社会矛盾纠纷是法院应当具备的基本能力。“人们评价某一社会法治水平或社会秩序的状况，基本依据并不在于该社会中社会冲突发生的频度和烈度，而在于诉讼对于现实社会冲突的排解能力和效果。”[②]就行政争议解决而言，首先应当立足于人民法院对行政案件的审理，充分发挥司法的主导性作用。在上海法院实质性解决行政争议的探索过程中，“院庭长办案”和“法院整体合力化解”是两条重要的成功经验。院庭长办案是落实司法责任制、优化审判资源配置的重要举措，初衷在于发挥院庭长在审理重大、疑难、复杂、新类型和在法律适用方面具有普遍指导意义的案件中的示范与引领作用。行政案件自身的特殊性和复杂性，以及行政科层制下业已根深蒂固的等级差别观念，决定了院庭长亲自办案在行政审判中的特殊作用。案 5、案 6 分别采取院长和庭长亲自担任审判长的办案机制，体现出法院对所审案件的高度重视，为争取被诉行政机关积极配合实质性解决行政争议创造了条件。如果说其他诉讼中可能存在院庭长“挂名办案、选择办案、作秀办案”[③]等形式主义现象的话，那么行政诉讼则必须严格按照最高人民法院《关于加强各级人民法院院庭长办理案件工作的意见（试行）》的规定建立起常态化的院庭长办案制度。在最高人民

① 上海市浦东新区人民法院行政判决书（2019）沪 0115 行初 362 号。

② 顾培东：《社会冲突与诉讼机制》（修订版），法律出版社 2004 年版，第 18 页。

③ 龙宗智等：《落实院庭长办案制度》，载《四川大学学报（哲学社会科学版）》2018 年第 4 期。

法院首次依法以行政调解方式实质性解决行政争议的“林建国诉济南市住房保障和房产管理局房屋行政管理案”[①]中，时任最高人民法院行政审判庭庭长贺小荣法官就亲自担任审判长赴当地开庭审理并主持调解，取得了良好的社会效果，该案已成为最高人民法院2017年向全社会公开发布的本院第一批“行政审判十大典型案例”之首。

法院整体合力化解是上海市探索行政争议实质性解决的一大经验，已为《实施意见》第5条明确规定。案1、案2分别采取了一、二审法院联动化解和不同受案法院之间合力化解的模式，展现了“作为整体的人民法院”[②]的司法能力。在案1中，一审法院曾经组织当事人进行调解但未能成功。二审法院主动与一审法院积极沟通，了解一审法院调解进度及难点，通过方案优化、辨法析理和精心安排调解书签订最终得以成功化解。在案2中，再审法院及时洞察到行政争议背后的民事争议，主动联系受理再审申请人提起民事诉讼的法院，在全面掌握争议引发事实的基础上确立了“以调为策、行民联动”的协调化解方案，最终通过相互借力一揽子终结了多个不同性质的诉讼。行政审判鲜明的专业性特点，决定了行政法官应当具有娴熟的法律适用能力、案件事实认定能力和高超的法庭驾驭能力。同时，行政案件争议的复杂性特点，又决定了必须及时破除同一法院内部不同审判庭之间、不同审级法院之间、不同案件受理法院之间的壁垒。因此，行政审判质效的提高和司法公信力的增强，不仅取决于案件审理法官个体的司法能力，而且取决于作为整体的人民法院的资源整合能力。

司法主导型的实质性解决行政争议模式并非排除行政机关的参与和配合。相反地，司法与行政之间的良性互动更易促成行政争议的协调化解。多年来，司法与行政良性互动一直是上海法治建设的特色和亮点，其中的经

---

① 最高人民法院行政调解书(2016)最高法行再17号。

② 诚如有的论者所言，司法能力既包括法官个体的司法能力，也包括法院整体的司法能力。法院作为整体，决定了法官从事裁判活动的制度环境，其制度创新能力、资源整合能力、案件管理能力的高低决定了整个司法系统运作的效能。参见陈立斌：《加强司法能力 提高司法公信》，载《人民司法》2013年第19期。

验就是各项工作都围绕化解争议本身以及为化解争议创造必要的环境与条件。案7、案8、案9、案10所涉及的行政争议,之所以能够经由一审就直接得到实质性解决,与司法与行政之间的互动密不可分。从争议属性上看,案7、案8系征收补偿争议,案10系拆违争议,都与上海城市旧改、“五违四必”整治等中心工作息息相关。如果行政机关在这些案件的审理过程中不愿配合或者不愿作出适度妥协让步,法院的协调化解就难以成功,一旦简单作出判决容易引发后续更多的法律程序,实质性解决行政争议的目的就将落空。上海法院所贡献的“法院合力式”化解与“府院联动式”化解并举的经验,展现了司法整合体制有力资源、谋求行政审判发展空间的生存智慧。

三、行政审判基本职能的适度延伸

司法权与行政权之间的关系,是行政诉讼制度发展和运作的引擎。在2007年3月举行的第五次全国行政审判工作会议上,“正确处理监督与维护的关系,是全面发挥行政审判职能的重要原则”被最高人民法院总结归纳为我国《行政诉讼法》实施的七条基本经验之一。“行政审判既要对行政行为实施有效的监督,又要维护正常的行政管理秩序,支持行政机关依法行政。”[①]2015年11月2日,最高人民法院首次向全国人大常委会专门就行政审判工作进行专项汇报,“监督、支持行政机关依法行政,助力法治政府建设”被列为行政审判工作取得的六大成就之一。其中,召开府院联席会议、参与重大政策和建设项目社会稳定风险评估、发送司法建议和行政审判白皮书、推动行政机关负责人出庭应诉等工作被视为“延伸行政审判职能”的重要举措。从上海在新一轮国家发展战略中的定位上看,人民法院行政审判的服务和保障功能尤为突出。上海三级法院以支持行政机关依法行政、

① 《建设公正高效权威的行政审判制度 为构建社会主义和谐社会提供有力司法保障——解读肖扬院长在第五次全国行政审判工作会议上的讲话》,载最高人民法院行政审判庭编:《行政执法与行政审判》(总第26集),人民法院出版社2008年版,第215页。

促进建设法治政府为目标，在延伸行政审判基本职能方面积极探索，走出了一条富有上海特色的司法增进依法行政能力道路，为新时代我国行政审判制度的本土化发展积累了有益素材。

（一）灵活多样的府院互动新实践

作为展示人民法院行政审判工作成绩、基于案件审理查找依法行政和行政应诉存在问题并从全局高度提出相应对策的专项报告，行政审判白皮书的最早发源地在上海。早在 2004 年，上海市高级人民法院就率先发布全国第一份行政审判白皮书，得到了时任上海市委、市政府领导的高度重视和行政机关的积极响应。随后，上海逐步实现了行政审判白皮书发布活动的全覆盖、常态化，并将其纳入行政审判绩效评估体系之中。上海行政审判白皮书发布坚持“统分结合”“虚实结合”“针对性和可接受性结合”“法与理结合”，实现“促进行政审判司法环境优化”“促进依法行政水平提升”“促进司法与行政的良性互动”。[①] 受法院发布行政审判白皮书的启发，经上海市人民政府授权，上海市人民政府法制办公室还编撰发布了《上海市依法行政状况白皮书（2004—2009）》《上海市依法行政状况白皮书（2010—2014）》，成为客观反映一段时期内上海市依法行政状况和法治政府建设进展情况的权威性官方文件。此举同样为国内首创，并于 2012 年获得第二届“中国法治政府奖”。最高人民法院对上海法院发布行政审判白皮书活动给予充分肯定，并于 2009 年年初印发《关于在全国法院开展行政审判“白皮书”活动的通知》，在全国法院系统推广这一做法。在行政案件管辖体制改革新形势下，上海法院行政审判白皮书发布呈现“总—分”的结构特点，既有总体“面上”报告，又有不同行政区、不同类型案件具体“点上”报告。

作为一项极具中国本土特色的行政诉讼制度，行政机关负责人出庭应

① 参见上海市高级人民法院：《优化司法环境 增进良性互动 不断深入推动行政审判“白皮书”工作》，载最高人民法院行政审判庭编：《行政执法与行政审判》（总第 37 集），中国法制出版社 2010 年版，第 78—80 页。

诉经历了“地方试验——中央认可——稳步推广——法制固化”的发展逻辑。[①] 2014年修订的《行政诉讼法》第3条第3款正式确立行政机关负责人出庭应诉制度，国务院办公厅和最高人民法院随后发布《关于加强和改进行政应诉工作的意见》《关于行政诉讼应诉若干问题的通知》，继续推动这一制度的落地生根。自2017年开始，上海市率先推出行政机关负责人出庭旁听讲评“三合一”改革举措，注重在法治实践中锤炼领导干部的法治思维和依法行政能力，形成行政机关负责人出庭应诉“升级版”。这一改革融出庭应诉、旁听观摩和讲评交流于一体，使行政机关负责人由“为应诉而出庭”逐步转变为“因出庭而提升”，产生了制度改革的叠加乘数效应，2018年获得第五届“中国法治政府奖”。

行政规范性文件一并审查是修订后的《行政诉讼法》所确立的一项新制度，赋予人民法院对规范性文件的“有限审查权”。[②] 不过，这一制度在行政审判实践中的运行效果并不理想，存在“提出请求率与启动审查率双低格局”“谦抑有余而能动不足的审查进路”“将合法限缩为不抵触”三方面的突出问题。[③] 自2018年开始，上海市高级人民法院与上海市法治政府建设工作领导小组办公室、上海市人民检察院率先建立行政规范性文件审查衔接工作机制，主动将关口前移至行政规范性文件制定过程之中，形成了司法监督与行政监督合力助推行政规范性文件质量的局面。在这一工作机制建立的第一年，上海市高级人民法院就对28件地方性法规、规范性文件起草制定提出了60余条修改意见。为行政规范性文件建言献策，成为上海市法院又一拓展行政审判基本职能的重要举措。2019年6月，上海市人民政府发布《上海市行政规范性文件管理规定》，以规章形式对这一审查衔接工作机制予以明确规定。

① 参见章志远：《社会转型与行政诉讼制度的新发展》，北京大学出版社2019年版，第10页。

② 参见童卫东：《进步与妥协：〈行政诉讼法〉修改回顾》，载《行政法学研究》2015年第4期。

③ 参见程琥等：《新行政诉讼法疑难问题解析与实务指引》，中国法制出版社2019年版，第294—298页。

(二)行政审判中司法的双重角色

人民法院行政审判活动的基本职能是通过行政案件的公正及时审理，实现解决行政争议、保护合法权益和监督依法行政的功能。上海法院在2014年《行政诉讼法》相关制度规定的基础上，主动通过发布行政审判白皮书、推行行政机关负责人出庭旁听讲评“三合一”、为行政规范性文件制定提供意见征询等创新性方式，进一步拓展了行政审判的基本职能，使司法在社会转型时期的行政审判实践中扮演了自治型和回应型、法治政府建设监督者与促进者并行的双重角色。

1. “自治型”与“回应型”司法的双重角色

从法律与政治秩序和社会秩序关系的进化来看，我国行政诉讼法的实施恰逢“自治型法”和“回应型法”同步发展的特殊时期。一方面，行政诉讼制度的建立旨在通过人民法院依法独立行使行政审判权，达到监督行政机关依法行使职权的功效，使法律能够作为一种“控制压制并维护自己的完整性”的特别制度；另一方面，社会转型所引发的一系列问题又亟待司法机关积极主动予以回应，使法律能够作为一种“回应各种社会需要和愿望”的便利工具。[①] 1989年《行政诉讼法》的颁布，就是希望通过司法权对行政权的监督和制约，营造“忠于法律”“服从规则”“形式正义”的社会氛围；2014年《行政诉讼法》的修订，则坚持现实问题导向和社会需求导向，希望通过更具开放性和灵活性的司法权运作，营造“化解矛盾”“促进发展”“实质正义”的社会氛围。在《行政诉讼法》实施以来的三十多年间，我国既要努力构建起自治型的司法体系，同时也面临着构建回应型司法的时代任务。尤其是在近十多年的行政审判实践中，坚持司法的中立性和被动性、发挥司法的主动性和能动性一直是人民法院践行的双重理念。行政诉讼制度运行所表

---

① 参见〔美〕P. 诺内特、P. 塞尔兹尼克：《转变中的法律与社会：迈向回应型法》，张志铭译，中国政法大学出版社2004年版，第16页。

现出的“多中心主义的司法”[①]景观貌似荒诞，但也是社会转型背景下司法的自觉顺应使然。

上海行政审判的实践发展就是这种“自治型司法”与“回应型司法”并进的真实写照。在案件审理和法律适用方面，上海在政府信息公开、房屋征收补偿、违法建筑拆除、市场监管、金融监管等领域曾经贡献出一批具有示范和引领意义的裁判，体现出履行行政审判基本职能的上海司法水准。同时，上海法院还积极主动服务于上海经济社会发展中心任务，围绕城市更新、旧区改造、交通整治、城市精细化管理、优化营商环境等重点工作提供优质司法保障，展示了回应社会利益关切、服务地方发展战略的上海司法担当。近年来，上海市一、二审行政案件数量回落及被告败诉率持续走低，就反映出自治型司法构建的积极成效。面对上海在新一轮国家发展战略中的重要定位，特别是在上海承担诸多繁重改革任务的新形势下，上海法院并未满足于扮演专注行政案件审理裁判者的消极角色，而是立足《行政诉讼法》的现有规定，更加主动地以各种灵活多样的方式拓展行政审判的基本职能，勇于同时扮演经济社会发展服务保障者的积极角色。这种依托行政案件审理适度延伸行政审判职能的做法，表明法律的主要任务不仅仅是“证明规则和判决的权威”，而且是保证司法机关“拥有实现自己使命的意志和能力”。[②] 行政审判格局的变化，从一个侧面反映了上海司法改革的整体成效，体现出司法改革评价由法院自我体验向司法产品消费者体验的转变。

2. 法治政府建设监督者与促进者的双重角色

自 2004 年 3 月国务院印发《全面推进依法行政实施纲要》以来，基本建成法治政府成为我国社会主义法治国家建设重要的阶段性目标。《法治政府建设实施纲要(2015—2020 年)》实施以来，来自行政系统的自我变革热情空前高涨，不同区域之间的“法治竞赛”日益激烈。作为法治政府建设典范城市

---

① 汪庆华:《中国行政诉讼:多中心主义的司法》,载《中外法学》2007 年第 5 期。

② 参见〔美〕P. 诺内特、P. 塞尔兹尼克:《转变中的法律与社会:迈向回应型法》,张志铭译,中国政法大学出版社 2004 年版,第 117 页。

的上海，围绕依法全面履职、完善制度体系、行政决策法治化、严格规范公正文明执法、强化权力制约监督、有效化解社会矛盾、提高依法行政能力等法治政府建设的主要任务目标，按照世界一流标准进行了全方位对标建设。在这一过程中，上海三级法院通过行政审判活动的开展，发挥了作为法治政府建设监督者的重要作用。在法治政府建设水平已经走在全国前列的高地，能够维系3%左右的被告败诉率和接近30%的协调化解率，反映出上海法院对监督依法行政本分的坚守。

上海法院积极延伸行政审判基本职能的各类创举，显示了法院并不甘于只做“令行政机关望而生畏的讨厌的存在”[①]，还要争做法治政府建设的促进者、助力者。就上海法院拓展行政审判职能的三种代表性方式而言，都是现行行政诉讼法规定延长线能够抵达之处。作为法定司法建议“扩展版”，行政审判白皮书是立足个案审理基础之上的大数据分析报告，对法治政府建设具有“年度全面体检”的功效；作为法定行政机关负责人出庭应诉“加强版”，出庭旁听讲评“三合一”是深度的交互式法治实践体验，对依法行政能力提升具有“实战实时训练”效果；作为法定规范性文件一并审查“升级版”，规范性文件审查衔接机制增进了司法与行政之间的交流互动，对行政规范性文件合法性维系具有“防患于未然”的实效。这些具备实质合法性且富有创造性的超前举措，是对传统消极型、敷衍型和表面化司法的补强，使司法能够在法治政府建设进程中同时担当好监督者和促进者的双重角色。

四、司法参与诉源治理方式的创新

自中共十六届六中全会提出构建社会主义和谐社会的目标之后，为促进社会和谐提供司法保障成为人民法院行政审判工作的重要任务。中共十八届四中全会对全面推进依法治国作出了全方位部署，首次提出“源头治

① 〔日〕原田尚彦：《诉的利益》，石龙潭译，中国政法大学出版社2014年版，第243页。

理”的社会治理理念。中共十九大提出打造共建共治共享的社会治理格局的目标，要求“加强预防和化解社会矛盾机制建设”。《五五改革纲要》首次正式提出“诉源治理”，要求“把非诉讼纠纷解决机制挺在前面，推动从源头上减少诉讼增量”，诉源治理成为新一轮司法改革坚持的基本理念。[①] 上海三级法院积极参与创新社会治理进程，充分发挥行政审判预防和化解行政争议功能，一审行政案件数已经连续两年下降，初步达到了源头减量的目标。2020 年 1 月，上海市高级人民法院工作报告首次提出“切实发挥人民法院在诉源治理中的参与、推动、规范和保障作用”，为行政审判落实诉源治理理念贡献了地方智慧。

（一）诉前调解与法院释明的灵活运用

检测诉源治理成效的重要指标之一就是诉讼案件数量的变化。在立案登记制和行政案件集中管辖改革普遍推行的背景之下，上海一审行政案件数量同其他地区一样曾经历过快速增长阶段。之所以能够连续两年出现明显下降趋势，一条重要的经验就是很好地运用了“诉前调解”机制。《行政诉讼法》修订后不久，最高人民法院就在《全面推进人民法院诉讼服务中心建设的指导意见》中明确提出设立调解工作室，由法官、专职人民调解员等进行诉前调解或立案调解，开展诉调对接工作；《多元化纠纷解决意见》提出构建各方面力量共同参与纠纷解决的工作格局、形成社会多层次多领域齐抓共管的解纷合力，要求探索建立调解前置程序，探索适用调解前置程序的纠纷范围和案件类型。上海三级法院通过设立全覆盖的行政争议多元调处中心，将协调化解的案件类型扩展到行政赔偿、行政补偿以及行政裁量案件之外的其他行政案件，使法院掌握了诉前调解主动权。浦东新区人民法院通

① “诉源治理”虽已成为时下强劲的司法话语，但迄今并无权威的官方正式解释。2019 年浙江省在全国率先实现全省法院年度收案总数负增长 4%的目标，从浙江省高级人民法院 2019 年 12 月 30 日公布的全省“诉源治理十大典型实例”来看，旨在快速化解纠纷、降低案件增量的各种工作平台、工作机制和工作理念都包含其中。

过诉前调解成功化解“数百名出租车司机请求判令撤销市交委高峰时段值班运营车政策案”，有效应对群体性诉讼及矛盾易激化案件；[①]上海铁路运输法院2017年有832件行政纠纷进入诉前调解程序，诉前化解率为10.8%。[②]

行政诉讼具有高度专业化、技术化特质，对于一般的原告而言，往往面临天然的诉讼能力不足困境。如果法院一味坚持当事人主义的诉讼模式不给予必要的指导和帮助，原告的行政诉权就可能无法更好地得以实现，司法公信力也会受到负面影响。2014年修订的《行政诉讼法》首次在第51条立案登记制中就法院释明作出规定，使行政诉讼释明具备了明确的法律依据。上海法院以法官释明权规范行使和释明义务切实履行为中心，将释明充分运用于立案登记、诉讼请求正确表达、一并解决关联性争议、诉讼类型及时转换、诉讼结果风险提示、裁判文书解析等具体事项，将法院释明活动延伸到行政案件的审理、裁判全过程之中，取得了良好的法律效果。在案2中，法院的沟通与释明消解了当事人已经提起的民事诉讼；在案3中，法院的释明明确了案件的性质和潜在的类似行政纠纷；在案6中，法院的释明有效避免了一起潜在的外事纠纷；在案10中，法院的释明则杜绝了更多违法建筑的产生。作为跨区划法院排头兵的上海市第三中级人民法院还在全国率先制定《行政诉讼释明规则》，通过建章立制，对释明阶段、释明范围、释明内容、释明形式和释明种类进行了全面规定，实现了行政诉讼释明活动的全程化、常态化、规范化和实效化。[③]

（二）诉源治理中司法的双重功能

诉源治理是最高人民法院因应积极参与党委政府主导的社会治理法治

---

① 参见殷勇等：《行政案件集中管辖背景下行政争议实质性化解的审视与路径解构》，载最高人民法院行政审判庭编：《行政执法与行政审判》（总第74集），中国法制出版社2019年版，第116页。

② 参见侯丹华等：《行政争议实质性解决机制实证研究——以A直辖市B法院行政案件集中管辖实践为分析样本》，载最高人民法院行政审判庭编：《行政执法与行政审判》（总第71集），中国法制出版社2018年版，第213页。

③ 参见最高人民法院行政审判庭编著：《行政诉讼跨区划管辖改革实践与探索》，人民法院出版社2018年版，第196—200页。

化进程提出的司法新理念，对整个社会矛盾纠纷化解体系和格局将产生重要影响，上海法院近几年的行政审判实践已经为此提供了初步佐证。以诉前调解、法院释明为代表的行政审判工作机制的建立健全，进一步更新了传统行政诉讼观念和司法能力认知。

1. “化讼止争”与“减诉少讼”的功能并立

人民法院传统的角色定位是化解矛盾和定分止争。就行政审判活动而言，聚焦行政行为的合法性审查，目的在于司法权对行政权行使的是非曲直作出一刀两断式的决断；倡导行政争议的实质性解决，目的在于实现本案一劳永逸的终结。诉前调解机制的兴起，试图将某些潜在的行政诉讼案件强行阻断在司法程序之外，尽力通过行政或其他社会力量的多元共治，使得一部分官民矛盾消弭在萌芽状态。法院释明活动的扩张，通过对程序启动后不同诉讼结局可能性的分析判断，努力实现行政案件化解路径的分流；通过裁判作出前后的辨法析理，有效实现当事人的服判息诉。可见，诉源治理司法理念在行政审判中的植入，对人民法院的角色定位和司法能力提出了新的期许，司法既要做相对消极的化讼止争者，又要做积极的减诉少讼者。诉源治理的推行，在很大程度上意味着能动司法观念的复苏，是人民法院对凸显避免、减少同类行政争议重复发生时代需求的主动回应。“尊重冲突主体正当的处分权以及强化法院的疏导作用，有前提地提高诉讼过程中调解与和解的机率，所有这些都在一定程度上为弥补诉讼功能的缺陷提供了可能。”[①]上海法院近几年一审行政案件数量的新变化，特别是同一时期行政复议收案数的激增，显示出多元化行政争议解决体系中行政诉讼与行政复议关系的进一步重组，为国家整体化解行政纠纷体系和能力的现代化提供了可供参考的样本。

2. “理性维权”与“文明促进”的功能并行

社会治理法治化离不开全民对法律的尊崇和守护，依法理性维权就是

---

① 顾培东：《社会冲突与诉讼机制》(修订版)，法律出版社 2004 年版，第 42 页。

衡量全民守法的重要标尺。2014 年修订的《行政诉讼法》实施以来，在公民行政诉权司法保障不断取得进步的同时，非理性维权现象不断涌现。一些当事人通过频繁提起政府信息公开诉讼、投诉举报答复诉讼对行政机关施加压力，一些当事人扭住申请行政机关负责人出庭应诉、审判人员回避等程序事项不放，使诉讼程序迟迟无法正常进行，一些当事人以哄闹法庭、不听从法庭指挥等方式借机发泄对法院的不满。这些行政诉权不当行使甚至滥用的行为严重干扰了行政审判秩序，也损害了司法权威。为此，行政审判活动既要依法有效保护行政相对人合法权益，也要对其非理性维权行为依法予以规范，通过“优化行政诉权分层保障机制”引导当事人养成理性平和、积极向上的诉讼心态。法治社会是公权力之外社会生活的法治化，包括“社会成员自我约束的法治化”“社会成员之间关系的法治化”“社会管理者与被管理者关系的法治化”三个层面。[①] 法院在行政审判过程中通过释明、指导活动的开展，能够积极引导当事人理性诉讼、诚信诉讼，以更加务实的姿态争取自身正当的利益诉求，在积极配合法院行政审判权行使的过程中提升文明水准。在案 10 中，浦东新区人民法院向原告曹某释明法律关系，指出其自行搭建行为的违法性，促使其撤回起诉并自行拆除，有效防止了其他业主模仿搭建造成更大的不利影响及可能引发的更多行政纠纷。上海市第三中级人民法院在“北京优贝百祺儿童用品有限公司诉上海市质量技术监督局行政处罚决定案”[②]中关注儿童自行车安全规则，对童车鞍度标准进行详细阐释，促进了社会文明的整体提升。这些寓普法教育与善意提醒于审判释明活动过程之中的做法，对于引导全社会形成理性维权、文明促进的新风尚发挥了重要作用。

五、新型互动式行政诉讼制度生长路径

在制度经济学理论上，诱致性制度变迁指的是一群（个）人在响应由制

---

① 参见陈柏峰：《中国法治社会的结构及其运行机制》，载《中国社会科学》2019 年第 1 期。

② 上海市第三中级人民法院行政判决书（2016）沪 03 行终 193 号。

度不均衡引致的获利机会时所进行的自发性变迁，强制性制度变迁则是指由政府法令引起的变迁。[①] 追溯我国行政诉讼制度的生长史，不难看出，1989 年《行政诉讼法》的颁布属于典型的“强制性制度变迁”。作为“推进整个行政法治建设的切入口”[②]，制定行政诉讼法是党的十三大报告提出的明确任务，体现了党和国家自上而下强力推动的意志和决心。在三十多年的艰难实施过程中，行政诉讼制度“立案难”“审理难”“执行难”问题日益显露，行政审判和法治政府建设实践对修法的现实需求十分迫切。2014 年修订的《行政诉讼法》实施以来喜忧参半的现实表明，类似行政复议机关作共同被告、行政机关负责人出庭应诉等具有浓郁本土气质的制度设计尚待进一步调整或优化，行政诉讼制度在国家治理体系和治理能力现代化进程中还要继续得到创新生长。

透过本章所考察的上海法院行政诉讼创新的丰富实践可见，一种新型互动式行政诉讼制度生长路径正在形成。这种模式兼顾了强制性制度变迁和诱致性制度变迁的优点，着眼于中央和地方、司法和行政两个层面的积极互动，能够在相对较短的时间内实现行政诉讼制度的有效生长。以 2014 年修订后的《行政诉讼法》总则篇新增“解决行政争议”和“被诉行政机关负责人应当出庭应诉”为例，上海法院在制度框架内积极探索，不仅在体制机制上丰富完善了实质性解决行政争议的内涵，而且通过行政机关负责人出庭应诉的升级扩容，使之成为实质性解决行政争议的重要配套机制。[③] 2020 年 6 月 22 日，最高人民法院印发《关于行政机关负责人出庭应诉若干问题的规定》(法释〔2020〕3 号)，其中有关“行政机关负责人出庭应诉的，应当就实质性解决行政争议发表意见”的规定，首次实现了“实质性解决行政争议”概念

---

① 参见林毅夫：《关于制度变迁的经济学理论：诱致性变迁与强制性变迁》，载〔美〕R. 科斯等：《财产权利与制度变迁——产权学派与新制度学派译文集》，刘守英等译，上海三联书店、上海人民出版社 1994 年版，第 374 页。

② 蔡小雪编撰：《行政诉讼 30 年：亲历者的口述》，法律出版社 2019 年版，第 10 页。

③ 上海市高级人民法院的《实施意见》第 7 条明确将“负责人出庭化解行政争议机制”作为完善行政争议实质性解决的重要机制，在其相继发布的 2018 年、2019 年行政争议实质解决十大案例中，行政机关负责人出庭应诉的就分别有 3 例和 2 例。

的正式入“释”，并完成了行政机关负责人出庭应诉与实质性解决行政争议之间的功能衔接。这一行政诉讼制度的重大创新凝聚了最高人民法院的司法担当和上海法院的实践智慧，以府院互动为特色和亮点的上海行政审判创新实践再次为国家层面的制度变革提供了可靠样本，中国特色新型互动式行政诉讼制度生长路径再添示例。

《五五改革纲要》将“坚持鼓励基层创新”作为未来司法改革的一项基本原则，提出“统筹不同区域进行差别化探索，推动顶层设计和基层探索良性互动、有机结合”。作为率先开展司法体制综合配套改革试点的地区，上海法院行政审判创新“破冰”意义尤为明显。巧合的是，在 2020 年 5 月 25 日最高人民法院院长周强于十三届全国人大第三次会议上所作的工作报告中，“助推法治政府建设”“优化营商环境”成为展示行政审判工作的新的“关键词”；在 2020 年 5 月 29 日上海市高级人民法院公开发布的《2019 年度上海行政审判白皮书》中，“服务法治化营商环境有所作为”成为行政诉讼工作的特点之一。行政诉讼制度功能最新表述上的一致，为央地互动式制度生长提供了广袤空间。一方面，上海法院要勇于直面行政案件数量连续下降的现实，继续围绕实质性解决行政争议、诉源治理的有效机制进行探索，实现依法裁判与协调化解的“齐头并进”①；另一方面，在承载多项国家改革任务的法治示范区，上海法院更要大胆受理新型行政案件，勇于挑起切实保障当事人行政诉权的重担，为作出更多经典裁判、形塑未来秩序创造条件。唯其如此，新型互动式行政诉讼制度生长才能行稳致远，中国特色行政审判制度优势才能转化为治理效能。

---

①　颇具深意的是，2020 年 5 月 29 日上海市高级人民法院在发布《2019 年度上海行政审判白皮书》的同时，一并发布了“2019 年上海法院行政审判典型案例”和“2019 年上海法院行政争议实质解决案例”，前者凸显了依法裁判的定分止争功能，后者则映射出协调化解的案结事了功能。

后　　记

本书是我主持的司法部2018年法治建设与法学理论研究部级重点项目“行政诉讼法修改后实施效果研究”(编号:18SFB1003)的最终研究成果,分别从行政审判理念和行政审判制度两个方面对2014年修订后的《行政诉讼法》实施情况进行了较为系统的观察分析。其中,上篇为“行政诉讼理念篇”,由“行政争议实质解决论”“行政诉讼府院互动论”“行政诉讼因应诉源治理论”“行政诉权分层保障论”“行政诉讼类型构造论”五章构成;下篇为“行政诉讼制度篇”,由“行政诉讼繁简分流论”“规范性文件附带审查论”“确认违法判决适用论”“变更判决适用论”“地方法院制度创新论”五章构成。

本课题的研究始终坚持了“三个结合”,即行政诉讼法学理论与行政审判制度实践的结合、行政诉讼法律文本与人民法院司法文件的结合、行政审判裁判文书与具体工作机制创新的结合,试图立体地呈现2014年修订的《行政诉讼法》实施以来的整体情况。在本课题研究的后期,我在最高人民法院行政审判庭挂职担任副庭长,通过办理再审行政案件、参与司法解释及司法文件起草论证、参加重大疑难行政案件讨论,全方位了解了行政审判实践,进一步印证或修正了某些观点。本课题的部分阶段性研究成果相继发表在《法学研究》《中国法学》《华东政法大学学报》《法学论坛》《东方法学》等法学权威和核心期刊,有的篇目还被人大复印报刊资料、《中国社会科学文摘》全文复印或转载,体现了课题研究成果的质量和影响。在此,对上述刊物的支持表示诚挚的谢意。课题研究过程得到了司法部的经费支持和北京大学出版社的出版支持，一并表示衷心的感谢。

本书上篇五章及下篇的第六、十章由我独立完成，下篇的第七、八、九章由青年学者黄娟副教授独立完成。在撰稿过程中，我们查阅参考了大量学术文献、司法文件和裁判文书，并一一进行了注释核查。限于研究能力和时间限制，书稿错漏及不当之处请学界师长和读者朋友指正。

行政诉讼制度是一个国家法治建设的“晴雨表”，也是国家治理体系和治理能力现代化的重要内容。2014 年修订的《行政诉讼法》实施以来取得了一些成效，但也存在诸多问题和挑战。本书的出版，如果能为中国特色行政审判理念的更新和制度的完善提供一些参考，我们就心满意足了。

章志远

2022 年初秋时节于沪上苏州河畔